拒绝被神化，回归商业思维的本质
厘清移动互联网时代下企业经营内涵

别再迷恋互联网思维

陶旭骏　陈平　刘羽
秦若毅　蔡建军　方亮　著

ZHEJIANG UNIVERSITY PRESS
浙江大学出版社

被神化的互联网思维

"互联网思维"是 2014—2015 年非常火热的一个词汇。

在百度上搜索"互联网思维",约有 133 万个词条,而搜"北京雾霾"却只有 127 万条。看来大家对互联网思维比对呼吸更关心。

这个词的火热,绝对和互联网大佬们的推波助澜有关系,而且在传统媒体和网络空间上都引发了激烈的讨论。随着讨论气氛的进一步热烈,黄太吉、雕爷牛腩、马佳佳都被媒体作为互联网思维的新实践者广为传播。卖情趣用品的马佳佳给万科上起了房地产营销课。还有那个号称第二年要拿出 1 亿元奖励团队的青年创业家,都引起了媒体和大众的极大关注。

不过有趣的是,情趣用品现在好像卖不下去了;1 个亿最终也没有拿出来。其他很多被推崇为互联网思维的案例,都很少能像小米那样风光无限。

现在的确有不少人将互联网思维奉若神明。他们坚信唯互联网思维必胜，似乎互联网思维会颠覆一切旧思想，打倒一切旧商业。也有不少人开始对互联网思维嗤之以鼻，因为被打上互联网思维标签的很多神话案例破灭了。

不管是互联网大神的互联网思维，还是传统大佬柳传志和张瑞敏的解读，都是基于他们自身的成功经历。但是这并不能说明传统的、经典的企业战略理论和营销管理理论都过时了。相反，几乎所有的"互联网思维"都可以用传统经典来解读。很大程度上，互联网思维只是在用互联网时代的语言重新诠释商业和营销的本质。

互联网并不神秘， 不需膜拜， 但要利用。

作为商人、营销人，必须紧跟技术发展的步伐，才能跟上时代的发展。正如在 18、19 世纪蒸汽机的兴起，20 世纪电话、电报的普及一样，每一次技术发展的大潮都会产生新的想法和做法。当代人确实需要了解和充分利用互联网。当然，现在我们不会说"蒸汽机思维""电力化思维"。科学技术就是生产力，所以顺应技术的发展来调整生产、管理和营销的思维，这是理所当然的。这是每个时代的商人都必须具备的能力。

现在有个网络说法叫"吓尿指数"，说的是如果一个过去的人穿越去未来，会在多大程度上被当时的新技术"吓尿"。对比起来，一个古代人穿越去观看二战和一个二战时代的人穿越到现在，哪个人更会被"吓尿"呢？这基本能够对比出时代进步的幅度。人力、畜力相比蒸汽动力和电力，通信基本靠喊相比电报电话，有天壤之别。而手机、电脑、互联网，本来就是 20 世纪科幻小说的主要题材。互联网还只是通信和信息科技领域中的一小部分。过分夸大互联网在社会发展和商业中的地位，会让人忽视其他重要领域的新科技成就，而那些成就也同样是现在这个辉煌时代的基石。

比如：从易趣到淘宝，电商的发展不仅仅伴随着互联网技术的进步，物流和运输行业、金融行业的发展也是居功至伟。又比如：移动互联网的兴起，直接的基础就是无线通信的技术发展到了第三代，数据通信可以通过无线传播实现了，接下来才有智能手机兴起的过程。

互联网是一种连接的应用。第三次科技浪潮确实存在，但并不能将其神化和膜拜。我们应该好好利用，而不是抱着"信互联网成土豪"的心态。

不要神化互联网思维， 它只是商业思维的一种。

对于普通人来讲，学习和借鉴成功人士，一直是一种向往进步的表现。但是，学习并非盲从。成功人士推崇互联网思维的内在逻辑和原因以及他们实际的行动，都是要作为我们学习的信息，而不能只是学习成功者的语录。

小米现在并没有如雷军所言专注于开发手机，而是积极试水各种电子产品，已经可以看到其清晰的发展路径：米聊—MIUI系统—小米手机—小米路由器和智能IT周边—小米各种电器。这是一个打造智能生活生态圈的格局。创业初期需要专注，站稳脚跟后则不必然如此。所谓专注，并非只做单品。所以只看语录，就不能理解这些现象。

江湖流传的互联网思维制胜的故事里，有的确实是成功了，但只是事后总结了几点成功经验往互联网思维上靠；有的做的和说的并不是一回事；有的是博个名声方便融资时讲故事；有的红了一时随即就不见了；有的其实就是给老故事套了个互联网的外衣。

其实互联网大佬们非常清楚什么是真牛，什么是吹牛。前面讲到要分红1个亿的公司，之所以没有得到俞敏洪的投资，恰恰就是因为这句话。① 如果这

---

①　网易科技报道. 俞敏洪：当时因余佳文的一句话让我放弃了投资他［EB/OL］.
(2015-08-20)［2016-03-02］. http：//tech. 163. com/15 /0820 /11 /B1F8HF1L00094P40 _ all. html.

种博眼球的言论算是宣传互联网思维的话，只会起到反作用。

当然互联网思维里面有很多有意义的新观点、新思路，值得我们在互联网时代的经营中去学习。但是一定要看到其本质，才有可能用得好。如果只是学点皮毛，照着别人的成功故事复制，结果一定会坏了大事。因为你根本没搞懂当年人家为什么能成功。

作为一名长期关注通信和互联网行业的咨询顾问，我经常被问到这样的问题：我们没有互联网基因，能做好这样的事情吗？我们做不好这个，是不是因为我们不具备互联网思维？我很想大喊一声：不是的！世界上没有互联网思维和传统思维的区别，只有正确和不正确的思维。

那么为什么互联网思维会受到如此追捧？至少有一个原因是它很简单。我们都愿意相信简单的事情，就像总有人相信吃绿豆能治百病，学了成功学就能成功，喝了心灵鸡汤就会幸福。盲信和曲解成功者的语录，对真心想要拥抱互联网的传统行业经营者以及不熟悉商业规律的草根技术创业者来说，真的只是买了一本"如来神掌"。

我们写作本书，是希望传统行业从业者和草根创业者，在互联网思维之外，看到其他的东西，回到商业的本源去寻求事业成功的路径。因为那些互联网思维的成功案例，本来也是如此。

我们在写作过程中也遇到了很多的困难。因为互联网思维并不成体系，也不是很严密，很多更像是禅宗公案而不是商业思维方法论。我们试图将其归纳到战略的环境分析、营销管理的 STP（市场细分、目标人群、定位）和 4P（产品、定价、宣传和渠道）体系中。但是有一些互联网思维的关键词是跨界的。比如"快"既可以理解为战略决策和执行要快，也可以理解为产品开发要快、迭代要快。这就使得写作的结构很难确定。

最后，我们还是用了战略和营销两个层次来叙述。因为在实际的经营中，一般都会经历这样的过程，也不能忽略这些环节。虽然现在这些知识已经非常普及，但如果有一些经营者之前没有接触过这些经营学的内容，也可以借这个机会了解一些经典理论知识。我们无意在本书中大篇幅介绍这些理论，大家可以自行查阅原文。本书的目的仅仅是想利用这些理论和体系来建立一个解释、剖析互联网思维的结构。

对于普通大众来说，看着互联网商业明星们不断成功，加上媒体的持续推波助澜，互联网思维简直成了一个成功学宝典。希望通过本书，能够让大家更客观地看待互联网思维，不再"互"思乱想。

。。|目录|

1.

互联网思维是成功者的语录

所有重要的东西在很早以前就已经提到过了。

——哲学家　怀特海(1861—1947)

互联网思维到底是什么呢？

既然互联网是个洋玩意儿，这新思维是不是像之前的各种时髦名词一样，也是从大洋彼岸的硅谷传来的呢？

福布斯网站上有一篇文章题目叫 "A Bite Of China—Is 'Internet Thinking' A Fad?"

文章开头说："当前中国最流行的词汇当属'互联网思维'。我们第一次听到的时候很莫名，因为从来没有在任何英文媒体听到看到过。随着中国的高科技巨头阿里巴巴在美国临近上市之际（文章发布时阿里巴巴尚未上市），我们还是来看一看这个给了我们马云的国家最新流行的词。"①

英文媒体竟然没有听到过这个概念？

在亚马逊中文网站上，以"互联网思维"为名的书籍确实有不少。查看了其中翻译自英文世界的书，对比了中英文书名和目录之后，却发现没有一个英文词组直接表达了"互联网思维"这个词。

---

① 来源：http：//www. forbes. com /sites /ceibs /2014 /05 /20 /a-bite-china-is-internet-thinking-a-fad /.

看来,"互联网思维"应该不是舶来品,是绝对接地气的中国货,是随着中国互联网巨头的生长而逐渐浮现的。

"互联网思维"这个说法究竟是怎么来的呢?以下基本上是从网上引来的说法,仅供参考。

李彦宏在 2011 年的一些演讲中开始提到"互联网思维"一词。① 但是,当时并没有将其作为一个专有名词来提出。

从雷军出山创办小米开始,"互联网思维"这个词被引爆了。

在从 2008 年开始的多次演讲中,雷军都提及了"互联网思维"。如 2008 年的《关于互联网的两次长考》以及 2012 年的《用互联网思想武装自己》。

到了 2013 年,随着小米的极大成功,雷军的曝光度达到顶峰。这个时候,很多媒体以及自媒体名人,如罗振宇,开始推崇"互联网思维"这个概念。

2013 年 11 月 3 日,中央电视台的《新闻联播》发布了专题报道:"互联网思维带来了什么"。

2013 年 11 月 8 日,很少抛头露面的马化腾,在中国企业家俱乐部理事互访 TCL 站"道农沙龙"上的演讲中也提到了这个概念。

然后,在媒体的报道之下,各路大佬都在发表自己的"互联网思维"感悟。就这样,"互联网思维"成了当今最炙手可热的新词。

"互联网思维"到底是什么呢?鉴于怎么查也找不到一个统一的定义,笔者汇总了一些比较流行的说法。

雷军有七字诀:专注、极致、口碑、快② (雷军还有个著名的"风口

---

① 新浪科技. 李彦宏:中国互联网三大机会 [EB/OL]. (2011-04-12) [2016-03-02]. http://tech.sina.com.cn/i/2011-04-12/09485394006.shtml.

② 腾讯科技. 雷军:曾日写 300 个高质量帖 做互联网需 7 字诀 [EB/OL]. (2012-04-07) [2016-03-02]. http://tech.qq.com/a/20120407/000103.htm.

的猪"① 的说法）。周鸿祎则提到了：用户体验、免费模式。② 笔者突击阅读了不少关于"互联网思维"的书籍。这些书高度一致地提到了：标签思维、简约思维、No.1 思维、产品思维、痛点思维、尖叫点思维、粉丝思维、爆点思维、迭代思维、流量思维、整合思维等词。

互联网思维随着互联网创业大潮的兴起，成为 2014 年最火的名词，并被奉为企业发展的圣经。互联网思维真的有那么神吗？

1.1　互联网只是冰山一角

过去的一二十年里，互联网一直是大家关注的热点，也创造了一大批神话般的公司。历史上，科技一直是商业发展的重要推手。以互联网为首的信息科技确实是这几年的重要课题，但绝对不是唯一的。

科学技术一直在推动商业发展

每一次科技的革命性进步，都能够推动社会生产力的提升。于是社会关系也发生了变化，直至社会制度也发生变革。我们的历史里充满了这种"技术—能力—关系"的螺旋形上升。比如，大航海时代开启了资本主义殖民帝国时代的序幕；蒸汽机开启了工业革命，带来了资本主义的大发展；19 世纪末的电气技术带来了全球化的浪潮；直到现在互联网时代的到来。

单独地讲某个技术如何促进了商业的繁荣、进而推动了人类的发展，基本

---

① 中国企业家网. 雷军：创业一定要做最肥的市场 [EB/OL]. （2013-12-08）[2016-03-02]. http：//www. iceo. com. cn/renwu2013/2013/1208/273229. shtml.

② 周鸿祎. 周鸿祎自述：我的互联网方法论 [M]. 北京：中信出版社，2014：145.

没有意义。时代的进步，是一层一层台阶爬上去的。历史是一个螺旋上升的过程。

一般总是先在基础学科的理论方面有重大发现。首先有一群天才像得到了天启一样开悟了，比如牛顿、爱因斯坦。然后又出现一群天才，搞出了一系列重大发明，接着出现一些人把它们实用化、商用化，比如蒸汽机、内燃机、电能、核能，社会运转的效率大大提升。生产力提升了，商人们就开始变着法子想怎么更快地赚钱。于是经济学、管理学、营销学等所谓商业思维的东西也要换代升级。

19世纪初，小作坊败给了大机器生产的工厂。蒸汽机和机器生产，是这个时代最重要的话题。

19世纪末，开工厂、开公司的，要是不用电报沟通、不用铁路运输、不合理安排工作流程、不使用机器，就很可能会倒闭。电气化，是这个时代最重要的话题。

而信息化，是当今时代最重要的话题。无视互联网、拒绝信息化的企业会逐渐被淘汰。科技成了第一生产力，不关心科技发展就只能落后于时代。

斯塔夫里阿诺斯在他的《全球通史》一书中，区分了以蒸汽机为代表的第一次工业革命和二战后兴起的第二次工业革命，并举出了6个能够代表当代科技的典型实例：

1. 核能

2. 取代劳动力的机器

3. 航天科学

4. 基因工程

5. 信息革命

6. 新的农业革命

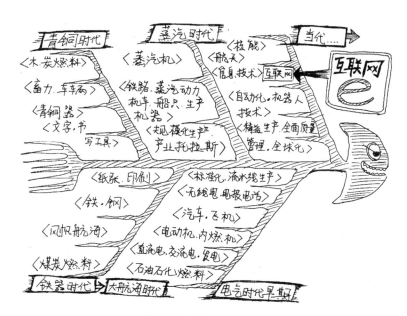

科技推动社会发展示意图

信息革命是现代商业社会的基石之一，但不是唯一的。社会前进的基石可不止一个。对一个企业来说，和竞争力有关系的技术因素，至少表现在以下几个方面：

生产工具：与生产的成本、效率相关。

信息沟通：与管理成本、运作效率、市场推广相关。

物流体系：和贸易的成本、效率相关。提供纯虚拟服务的企业较少涉及这一方面。

近年来信息科技一枝独秀

可是，为什么近20多年来，只有互联网成了明星，以至于产生了"互联网思维"的热潮？因为20世纪60年代以来，信息和通信技术大爆炸，但在能源、动力、交通物流、材料等方面，都没有出现像蒸汽机、电能那样的划时代发明。说到底，我们和 50 年前一样，还是靠着资源开发在推动社会发展。石油出口国还是富得流油，内蒙古、山西的煤老板还在不断发大财。

第一次工业革命是围绕能源、动力方面展开的。第二次工业革命则是因为电气化，技术革命在能源、动力和通信领域连续爆发了几十年。第三次浪潮就是信息化革命，但是在能源和动力方面还没有什么突破性的进展。

50 年来，核能、航空航天、基因工程、农业技术方面确实涌现出很多发现和发明，但都没有产生颠覆性的影响。核能是能源的重大革命，但近年来的反核能势头也非常猛烈。德国已经宣布无核化；日本经过大地震和核泄漏事故后，在核能和无核之间摇摆。以核裂变技术为基础的核电因其安全性和一旦污染所造成的巨大危害，成为一个困难的选择。核聚变技术理论上能够提供安全清洁的能源，但是距离商用还有很远的距离。

于是，这 20 年来能够普遍影响商业运行的科技，就主要集中在信息科技领域了。

近几年，我们能感受到的，就是互联网技术，还有无处不在的云计算、大数据和人工智能等。而传统的生产工具，如机床和加工机械，也是通过信息化加以提升，进而出现数控机床和智能机器人技术。还有智能工厂，比如德国人提出的工业 4.0 概念。

信息科技的提升又促使经济管理和决策规范化、科学化，提高了企业的生产、运营及决策效率，也就是降低了成本，提高了利润。

因此，近年来以互联网为代表的信息科技左右了社会发展。但是这并不代表互联网技术才是未来人类社会发展的唯一推手。

互联网只是未来的一小部分

我们不能忽视，其他方面的技术突破也将会带来新的商业革命。实际上已经有许多临近突破的各领域科技。

能源：核聚变、电池技术、无线传输电能

交通物流：智能无人交通工具、电动车

材料：纳米技术

生产工具：智能机器人技术、3D 打印

《奇点临近》一书的作者雷·库兹韦尔向我们描绘了一个未来。他预计到了 2018 年，个人电脑的计算能力将达到甚至超过人脑，强人工智能的时代即将到来。他更大胆地指出，随着纳米技术和微机器人、通信技术等技术的逐步成熟，结合强人工智能，人类将进入人体 2.0、3.0 版本。人工智能和纳米机器人可以改善人体的生化机能，部分代替我们的原生身体部件，甚至能加强人类的大脑。

人与机器的结合，使人也成为互联网的一部分。这也许非常科幻，但有迹象表明，我们正在朝这个方向迈进。

穿戴式设备正在兴起。谷歌眼镜作为增强现实的技术，为我们打开了新的使用移动计算设备的思路。另外，微机械已经在实验室中出现。

更为现实的是物联网的实际应用。结合当前的网络技术，为越来越多的物体装上传感器已经是发展趋势。当我们正处在移动互联网的热潮中的时候，一个万物联网的时代已经悄悄到来了。

在 4G（5G 无线网络技术正在研发中）、物联网、传感网等信息技术的推动下，智慧城市的伟大构想正在逐渐实现。它涉及智能楼宇、智能家居、路网监控、智能医院、城市环境管理、食品药品管理、票证管理、家庭护理、个人健康与数字生活等诸多领域。

有了处理海量数据的智能化工具，我们的生活、生产、社会管理的模式都会呈现出全新的形态。想象一下，智慧城市本身就是一个网络：人与人之间有互联网，物与物之间有物联网。整个城市现在的各种服务和管理不再是互不相通的。城市和国家的管理者和市民之间，很可能将产生不同于现在的新关系。

另外，机器人技术、人工智能、3D 打印的成熟，将为我们带来完全不一样的生产能力。信息科技和制造业的结合，特别是物联网、人工智能和制造业的结合，将会带来一次新的工业革命。智能化甚至无人工厂、大规模的低成本个性化制造，或如《创客》的作者克里斯·安德森所言，创客化的、商业互联网的制造业，也许就出现在下一个 10 年。

仅仅在信息科技领域，万物联网、人工智能、智慧城市、智慧生产和创客化，都可能引发商业革命。互联网思维可能刚刚普及一两年就过时了。

我们或许没法做到像雷·库兹韦尔那样预见未来，但未来并非凭空而来。正如在蒸汽机时代和电气时代，技术和商业的发展推动了思想的发展，产生了现在我们正在学习着的商业理论。互联网时代的商业原则和思维，也是在过去规律的基础上，结合了新时代特点后的产物。互联网可能的确颠覆了传统商业的形态，但并不代表传统商业所遵循的那些原则全是错的。了解这些原则，自己就能融会贯通，产生自己的互联网思维。

1.2 互联网没有改变商业的本质

技术发展了，人们做事的方法会随之改变，商业的思想和理论就会有所发展，这是自然而然的事情。

信息技术发展日新月异，现在的社会已经进入了移动互联网时代，社会生活发生了巨大改变。但是，商业思维并未发生什么本质上的变化。现在的商界领袖，大多数还是 40 年前出道的大佬们，互联网新贵只占很少的一部分。学习和利用新的技术和思想，本来就是商界领袖们的特质，不只是高科技行业领袖才会学习新科技。

而商业最基本的动机仍然是利润，仍要最大限度地扩大销售、降低成本、创造价值。虽然互联网时代涌现了很多不以追求盈利最大化为目的的项目，比如可汗学院这样的分享知识的服务。但是谈到商业，最常见的还是市值、收入、盈利、用户数、市场份额这些指标。盈利的本质没有变化。企业的做事方式，也就是追求盈利的方式，本质上也没有什么变化。

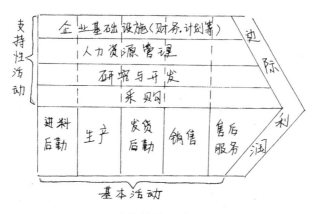

波特价值链模型

上图是波特价值链模型，用来分析企业经营的核心活动。战略大师迈克尔·波特认为，增加企业内外价值的活动分为基本活动和支持性活动。并不是每个活动在每个企业都能创造一样的价值。对某些企业来说，某些活动的价值特别高，这些就是价值链上的"战略环节"。企业经营的好坏，关键就取决于这些"战略环节"。

从手工业时代到工业化、电气化、信息化和互联网化，都是致力于对企业的这些"战略环节"进行效率提升。

在小农经济时代，生产规模小、单价高。当时的物流大多靠人扛、牛拉，水运已经是高科技、大投资了，因此商品货物的流通很不容易。此外，消息也很闭塞。很长一段时间里，西方人都不知道中国人是怎么做出丝绸和瓷器的，于是这些成了当时中国的"高科技"产品，大赚西方人的银子。在很长一段时间内，阿拉伯人还垄断了中西方交流的道路，只有他们知道东方的航路，东西方贸易成为回报极高的生意。

古代的生产、销售环节效率极低。如果要总结那时候的商业思维，主要就是把握供求关系，低买高卖。谁消息灵通，并敢于冒险吃苦、长途跋涉，谁就能赚钱。

进入工业社会，大生产发挥了规模效应，航海技术加强了商品流通，教育的普及促进了信息的流动。资本家们则主要通过提高生产和物流的效率来赚取利润。我们进入了现代社会。不过在这个时期，除了机器生产，降本增效的主要方法还是殖民地和苦工。压榨廉价原料产地和廉价劳动力的方式简单有效。但这些残酷的事情也让社会处在剧烈变革中。经过了两次世界大战、旧帝国体制的解体、民族独立运动等等一系列事件，提高效率的方式由残酷变得温柔。因为科技又在往前发展了。

这个时候的商业思维更多地关心规模和成本，因为大家都发现了规模效应。

二战后，全球运输越来越便捷，特别是空运变得普及和便宜。生产管理水平在提升，流水线等生产手段在普及。大型企业开始搞全球化采购、生产和销售。发达国家的生产和采购纷纷迁往不发达地区，利用地区成本差异保持生产成本优势。在电子大众媒体的普及下，营销也发挥出巨大的力量。市场学成为显学。

这一时代的关键词是全球化、媒体、营销，说到底还是规模效应在起作用，还是为了降低生产成本，扩大市场容量。

互联网的普及不过20多年，带来的改变确实不小。信息流通的速度越来越快，信息的泛滥和传播的去中心化也造成了新的传播困扰。而信息化极大地提高了生产的效率，又一轮成本降低潮到来。

现在的流行词成了互联网思维。但说穿了，本质还是在企业价值链的各个环节降低成本、提高效率、扩大规模。这次，用的是信息技术和互联网。

大工业时代： 机器生产扩大规模

蒸汽机标志着大工业时代的开端，并延伸到电气化机械生产时代。规模化其实就是降低成本，增加利润，通过生产工具优化、生产流程优化和规模化达成生产的效率提升。

大工厂生产和小作坊相比，生产速度极大提升。工厂还得靠工人来工作，设备是一次性投资，人则要按照时间来付工资。机器、流水线、标准化作业，只有将人的工作能力尽可能发挥到极致，才能充分利用设备投资。每一个资本家都会这样算计。

每一件产品的成本可以分为两部分：一是可变成本，二是一次性投入（投资）分摊到每件产品上的固定成本。

所谓可变成本，就是生产中所产生的成本，比如工人的工资、原料、运营中的能源消耗（煤或者电），产品的运输成本、销售成本等等。

机器、厂房等的投资则是一次性投入，即使不生产、不销售，钱也已经花出去了。一次性投入之后，规模越大，每一件商品的均摊成本就越小。生产效率越高，均摊到每一件商品上的人工成本也越小。而且，规模越大的企业，在采购原材料时议价越有优势，对销售渠道也更有定价权。

规模就是效益，这是非常朴素的道理。大家都明白，于是拼命扩大生产，然后找新市场倾销。就这样，资本主义开始成熟起来。资本不断重组、结合，企业不断扩大、多样化经营、财团化，垄断集团开始出现。

规模就是竞争力。规模能够在采购、销售两端建立起高高的壁垒，阻止新进入者破坏市场现有格局，以获得更高的利润。

连大工业时代的战争都是规模化、机械化的，基本上依靠比拼实力。战舰更多，炮筒更粗，就是硬实力。这是大鱼吃小鱼的世道。

这样下去，寡头垄断就是结局。但是，经过经济危机和世界大战之后，世界商业格局发生了变化。

现代商业： 全球化产销

电气时代，大规模生产还在进一步发展。大众媒体大爆发，销售和推广的能力极大提升。全球化生产和销售的体系则将基础设施、研究和开发、采购的成本极大地优化了。

可以这么说，这是企业的创新力、生产力和营销能力大爆发的时代。

虽然说到底还是规模效应，但靠的是提高效率来创造规模，而不是单纯靠工厂扩大生产规模来降低成本了。现代企业的工会力量强大无比，发达国家劳工阶层已经觉醒了，别说逼人干活，就连加工资不及时、休假不够多，都会引发罢工。

消费者的口味也越来越多样化。单靠价格便宜已经没有用了。人们的生活质量不断提高，必需品早已过剩。企业之间的竞争越来越激烈，对市场的把握、对消费者的理解、对竞争对手的动向，要求越来越高。针对消费者的研究越来越精深。在企业"战略"的所有环节上，都迎来了快速的创新和变革。

要降成本，只有全球化；

要提拉购买需求，就要更有力地营销推广；

要做出最合消费者口味的商品，就要好好搞市场情报。

在20世纪后半叶，跨国企业越来越多。大企业都在谈全球化生产和全球销售。在20世纪中期，随着全世界局势相对稳定，全球化外包开始流行。"亚洲四小龙"几乎都是在这一拨浪潮中崛起的。中国能够成为"世界工厂"，也是这一浪潮的结果。原因很简单：人工便宜，工人还不闹事。在我们埋头闹革命的时候，我们的邻居（日、韩、新加坡）都通过劳动密集型产业发达了，已经转型高价值产业了。中国因为劳动力丰富，赚了钱，消费能力也上去了，还成了全球最大的消费市场之一。

跨国企业把生产工厂搬到这些劳动力便宜的地方去，在当地还能顺便卖货。利用全球资源的有效配置，西方国家将低附加值的生产环节外包，有效降低了产品的生产成本。

iPhone 就是这样的"万国牌"产品。它的零件来自日、韩、美、中等国家，组装在中国，设计在美国。你看那手机背后写的："Designed by Apple in California""Made In China"。实际上，电脑行业早已如此。

产品全球化，服务更容易全球化。IT 开发很早就开始外包。印度由于有语言和教育的优势，率先成为全球软件业的外包中心。中国现在也有不小的软件外包规模，中国码农和西方比起来还是更加便宜好用。印度人仗着语言优势，还把美国英国的客户服务电话业务都接下了。

全球化，说到底，还是在降成本、扩市场。

当代社会，商品的营销方式比二战前进化了不少。当前的绝大多数企业管理、营销方面的理论，都是在近几十年形成和发展的。特别是媒体在 20 世纪发展迅猛，成为一个庞大的产业。

这种传播主要还是单向的、引导式的、洗脑式的宣传。20 世纪的信息传播工具主要是报刊、广播，以及后来的电视，这些都不具有反馈以及受众之间相互沟通的功能。

在这种以单向为主的宣传沟通方式之下，如何设计整个营销的主题变得非常关键。通常，营销人会非常强调产品的市场定位（目标客户群）、产品本身的性能和使用体验、价格以及和用户的沟通方式、内容之间的一致性。换句话说，营销就是对什么人、卖什么货、说什么话的问题。

一般在营销推广的策划当中，要考察一个媒体的受众触及面、触及频率和影响力，然后综合考虑目标客户的媒体习惯、产品的特点和要传播的信息以及费用。货要卖给谁，就要去针对他爱看的电视节目和报纸杂志，讲他爱听、听得懂的话来吸引他。

整合营销传播（IMC）的观念一度很流行，其在十几年前的热门程度不亚于现在的"互联网思维"。美国广告代理商协会对此的定义为："一种营销传播计划，它要确认评估各种传播方法战略作用的一个综合计划的增加价值，并且组合这些方法，通过对分散信息的无缝组合，以提供明确的连续一致的和最大的传播影响。"其中，对于各种媒体广告、促销接触和公关，如何综合应用，产生协同效应，并得以直接获得其反应和效果，是这个概念的重点。

虽然主要的传播方式还是单向的大众媒体传播，口碑营销、病毒式营销已经被普遍使用了。其实在媒体出现以前，这些传播方式才是主流。现代社会把这些叫作公关。利用媒体做宣传，甚至企业老板亲自上阵制造新闻热点也不算是新鲜事了。维珍集团的创始人理查·布兰森算是个中翘楚。驾驶热气球、开飞机去伊拉克……玩得不亦乐乎。在"互联网思维"里，应该管这个叫粉丝思维吧？

互联网公司的一个特点就是宣称自己以用户为中心。如果说，以用户为中心是互联网时代独有的，实在是有失公允。以客户为中心，为客户提供价值，以市场为驱动经营企业，这些概念在20世纪90年代以前就已经获得广泛共识。但是，那时要获得客户的观点是一件比较困难的事情。市场调研是了解客户的市场情报体系的重要一环。

消费者调研早已是一个巨大的产业。这个行业是建立在统计学和社会心理学基础上的，抽样是基本的方法。营销人员需要跟踪和分析用户的行为和观点，作为最基本的决策依据。

消费者调研很少进行全覆盖的普查，因为实在太费钱。如果调研者还算专业，通过抽样调查就可以获得一个接近实际情况的市场信息，包括消费者观点、使用情况、体验、购买意向等。拿这些信息来指导经营，也能八九不离十。在一些大企业，很多环节都是无调研不执行的，比如产品开发、广告设计、媒体组合选择、渠道选择、公关获得的策划和创意、价格设定、促销活动的设计等营销管理环节。企业还通过持续的调研来跟踪市场反应。

传统的调研包括消费者调查和营销数据库。消费者调查包括问卷调查和座谈会、访谈等方式。还有大量的公司在出售收视率调查、消费交易信息收集和分析、持续民意调查等营销数据库。

互联网出现之后，互联网调查也很流行。最初基本上是人们接受某个市场调查的招募，在网络上填写问卷。

商战在互联网出现以前，已经是多兵种的组合战争。除了在生产环节降低成本，还依靠营销环节的精巧运作来提高效率。

互联网时代：提升传播能级

随着互联网和移动互联网的出现，创造价值的各个战略环节——采购、传播、销售等都降低了成本、提高了效率。某些方面的成本甚至会急剧降低。利用互联网，生意有了一些新玩法。用互联网流行语来说，即媒体 2.0、调研 2.0、采购 2.0、招聘 2.0……真的是各种 2.0 的时代。和以前不同的是，在互联网的玩法里面，获得信息的方法比以前多得多，也方便得多。以往没法做的事情，现在能做成了。信息互动的便捷，是最关键的提升点。

在互联网媒体的发展初期，也就是 1.0 时代，基本上互联网媒体还只是电子版报纸。但是大家接触媒体的方式开始从报纸、杂志、电视转向网络，媒体种类迅速增加。

现在又有所不同了，因为出现了社交的概念。大众都能够生产内容了，自媒体时代早已到来。移动终端接入互联网还具有随时、随地、随身的优点，人人都是信息发布源。所有的口碑营销、病毒营销的瓶颈都被打开了。原来依靠口口相传，一个热点传起来需要个十天半个月。现在，一个不小心，半小时就能传遍全中国。这样的情况令负责市场推广和公关的员工很头痛。原来只要玩转广告公司、媒体和公关公司，稿子可以慢慢改。现在一个热门事件出来，官方社交账号上不小心就会制造出"神回复"的乌龙。就算不惹别人，说不定还有竞争对手雇了一帮人在社交媒体上"黑"你。于是，"黑"人、自"黑"、自捧、找人捧，各种复杂状况瞬间发酵，知名度就这样上去了。

和20年前的区别之处在于，原来是单向洗脑，现在是有人起哄。我说了个故事要是别人不信，一转身就能到处讲我的坏话。当然，要是听进去了，也会主动到处宣扬我的好处。互动是把双刃剑。原来能控制，现在会失控，传播的能级大大提升。

能互动的互联网，还挖掘出了新的获得市场情报的方式。个人的网络行为都有迹可循，不必完全通过抽样调查获得。特别是在移动互联网普及的形势下，位置、时间结合使用行为，可以提供很大的信息量。以前互联网不太普及时，这些数据就不值钱。现在几乎人人智能手机不离手，这个大数据覆盖面就广了。

比如，阿里巴巴集团和尼尔森已经开始合作。以往尼尔森公司一直在收集（购买或交换）卖场的零售交易数据。加上阿里系的电商数据，可以说完成了线上交易数据和线下交易数据的结合，对商品的整体销售情况能够获得更清晰的认识。消费品公司需要这样的市场数据。通过插件等技术手段获得用户使用互联网的行为信息也很普遍。

但是，消费者的心态、观点之类的信息还是只能通过调研才能获得。

互联网也刺激了工作众包的发展，因为任务分发变得太方便了。

比如代驾、专车、跑腿、上门美甲这样的平台。个体就能在这样的平台上接活并赚到钱，不用自己投资和推销。

其实，我国古代就有类似众包的生意模式。在明代的江南地区，很多丝织品生意的商人会为织工提供原料，然后向他们收购成品。这些商人和手工业作坊主不同的是，他们不集中生产，而是把工作量分散到各个家庭中。这是不是和代驾、专车之类的有点类似？

现在，移动互联网的技术让这个过程变得又透明又高效，人人都可以参与进去来赚点钱。

同样的，采购、招聘、行政支撑等后勤工作，也因为互联网而方便了起来。

但是，商业还是那个商业。从古至今，所有的努力都是为了在"战略环节"提升效率，把成本降下来，把规模拉上去。现在，互联网产生了不少新的商业模式，因此显得尤为瞩目。所以，大家都来研究如何利用互联网和移动互联网提升商业效率。但如果我们先经历从 19 世纪没有电的时代到 20 世纪的电波时代，然后穿越到 21 世纪来体验互联网时代带来的变革的话，哪个更震撼？

所以，互联网思维归根到底就是一种如何做生意的商业思维。本章开头提到的那些互联网思维关键词，在互联网时代之前就在起着作用。只是互联网公司的兴起，让大家再次注意到了这些规律。

1.3 互联网思维不是万灵药

读了这些互联网思维，我们会有如下感觉：

(1) 大佬的语录居多，但还不是完善而成体系的商业理论。

互联网是新兴事物。互联网行业的成功者多数也不是学者。他们将实践中获得的成功经验传授给大众，却并没有将之上升到管理和经营哲学层面。这一点和传统的企业战略、营销学的理论不同。

（2）涉及的面很广，涵盖经营的各个层面。

仅仅是上述的观点，就涵盖了从战略环境、战略规划到营销管理的产品、传播、定价和渠道的各个环节。

（3）互联网思维其实是普遍规律和常识。

互联网新兴企业常常会突破底线、不按常理出牌。特别是高调地利用社交媒体和传统媒体创造性地进行事件营销和公关。按部就班当然难以以小博大。而在风险资本的支撑之下，必须以小博大，在短时间内打开局面。因此一定会形成和缓慢自然增长的传统巨头企业不同的行事风格，即"互联网思维"。

但是在非互联网领域，这样的传奇性故事也在一再上演。以上的这些"互联网思维"的重要观点，非互联网公司其实一直在实践着，只是说法不同。正因为如此，对互联网思维既不应该神化，也不应该仅从字面上去理解。互联网思维只能是锦上添花，却不是万灵仙丹。

如果商业思维是个高层建筑，那么"互联网思维"是目前最高的一层，但绝不能说底下的楼都白造了。房子的地基，可能是哲学、经济学、心理学、行为学，是所在行业的科学和技术。底下的这些楼层，就是营销学、管理学的诸多原理，是帮助思考如何开展商业的方法和思路。如果只看到互联网的优势，却忘了商业的基本，很可能会阴沟里翻船。只用互联网思维经营，没看明白成功企业在互联网思维背后其他的成功之处，那就要倒霉了。

成功的著名互联网企业，都是非常符合这些老概念的。失败的原因千千万，成功却只有一种，就是什么都做对了。

这些被冠以"互联网思维"的商业思维，其实并非源于互联网行业。互联网公司的成功经验，再冠以"互联网思维"后，就成了巨大的热点。

风口：古往今来的生意无不是在找大势。对战略环境的判断很重要。

专注：企业在做大以前，专注有利于集中资源。但当单一业务的发展饱和以后，多样化发展也是一种选择。专注是相对的。

极致：极致是为了建立差异化和优势。平庸难以在消费者心中占有深刻的印象，难以形成差异化的竞争优势。如果过头了，也会有副作用，比如成本和研发时间的问题。

口碑：口碑营销（buzz marketing）的概念其实一直备受关注。西方公司比较注重消费者对品牌和产品的看法，持续调研消费者观点。进入互联网和移动社交时代之后，获得观点的传播从线下转到了线上，个人观点的影响力被放大了。但实质是一样的。

快：快是个相对的概念。能快当然好。但要追求极致，就要多花时间。快，结果也可能是粗糙。

用户体验：日本、北欧和德国的产品一向以注重用户体验闻名。西方的消费品企业重视用户调研的原因就是要了解用户的感受。

免费模式：互联网企业比较普遍，但类似思路的生意早前也有。互联网事业由于风险投资的涌入，更敢于使用这个先圈地再赚钱的方法。

迭代思维：互联网产品确实比较适合一代一代发布，方便用户更新。实体的工业产品也有迭代。比如汽车的迭代也很快速，不停地小改款。

流量思维：实体零售业也讲流量，不过是人流量、客流量。为了获得流量，也算无所不用其极。互联网企业为了流量又发红包又抽奖，零售业为了客流量，每年大促销的时候这种活动也没少做，而且已经做了好多年了。

再看看，标签思维、简约思维、No.1思维、产品思维、痛点思维、尖叫点思维、粉丝思维、爆点思维、整合思维……基本都适用于所有行业，并且在互联网时代之前都已经被广泛运用。

信息科技和互联网的确给我们的工作和生活带来了巨大的变化，但也无须把它万能化。打个不恰当的比方，互联网技术就像是空军，打仗不能没有它。

但是"空军思维"不是唯一的法宝。做生意如果对商业的本质没有了解，就失去了根本。

要学习互联网思维，就要看清楚它的真相。片面理解、字面理解、学点互联网企业的做法、使用一些互联网思维的招数，结果很可能会阴沟里翻船。如果能看清楚它的真相，我们不但可以用"互联网思维"来思考，还可以用"移动互联的思维""人工智能的思维"来思考，以后也能赶上各种思维的大潮。

2.
风 口 之 下

故善战者，求之于势，不责于人，故能择人而任势。

——《孙子兵法·势篇》

雷军不断提到的"风口的猪",现在已经是商界名言了,也是互联网思维里最重要的观点之一。不过,什么是风口呢?谁有精确的解释?互联网思维的特点就是,没有官方定义。

一般理解,"风口的猪"就是指市场马上就要爆发了,你只要抓住这个机会,借着市场上行的大形势,也能跟着爆发。不过这让我想起一个段子:怎么分三步把大象塞进冰箱?第一步,打开冰箱。第二步,把大家塞进去。第三步,关上冰箱。问题是,具体怎么塞进去啊?

同样的,都知道要借着风口,可是风口长什么样呢?市场热点是不是风口?市场空白点呢?很多时候说这个市场机会是风口,那个行业风口来了,其实都是事后诸葛亮。手机市场竞争激烈,在小米之前,谁会认为手机市场还是个风口?

我们能看到的都是成功的案例,失败的是不会进入公众视线的。所以表面上就会得出这样的结论:成功的创业都是因为把握了风口的动向,提前布局,收获了爆发式增长的硕果。但这只是假象。就像炒股的时候,赚钱的故事都是准确预测了下一波的大幅度拉升。但如果你说炒股的秘诀就是准确预测走势,那就是正确的废话。没有内幕信息而能准确预先判断涨跌的情况,实在是少之又少。股票还有内幕消息,行业走势可要复杂得多。

从字面理解"风口的猪"是非常危险的。似乎只要搭上行业的大风，猪也能飞上天。

其实在传统营销理论中有一些理论也可以找到行业风口的蛛丝马迹。比如市场演进阶段、鸿沟理论。也有进入新市场创造风口的观点，如蓝海战略。

了解一下这些市场规律，可以闻得到大风吹来之前的味道。

2.1 跨越鸿沟是风口

风口，就是爆发前夜的市场。市场规模即将要急剧扩大，而且用户对这个种类的产品已经有所认识。同时，企业想要借上这个东风，在这个市场上要有一定优势。

市场是有不同发展阶段的。观察市场的各种迹象，利用对市场演化阶段特征的了解，可以作为找到风口的参考。

在高科技行业有个很著名的观点，叫作鸿沟理论。杰弗里·摩尔（Geoffrey A. Moore）在其《跨越鸿沟》一书中，描述了包括互联网服务在内的高科技产

鸿沟理论

品市场的渗透过程，也描述了不同市场阶段主要客户群的基本特征。

一般来说，根据采纳新产品和服务的顺序，用户被分为五种类型：创新者、早期尝新者、早期主流用户、晚期主流用户和落伍者。《跨越鸿沟》一书认为，高科技企业在市场渗透的过程中，早期使用者市场和主流市场之间有一个巨大的鸿沟。而能够跨越鸿沟进入下一个阶段，市场规模的暴涨就会给企业带来巨大的回报。跨过这个鸿沟，前面就是风口。

这是一种从心理角度的用户族群区分。书中阐述："生命周期的要素没有变化，但任何两个心理族群之间都有着不同……要各族群接受新产品的困难之处在于，如果用同样的方法面对这个市场的所有族群，几乎就是让用户立刻离开。"①

最早期的创新者是科技发烧友。他们想要的就是在第一时间买到最新的东西。贵，无所谓；性能不稳定，没关系。当然，这个族群的人数很少。

另一个族群是早期尝新者。他们有高科技梦想，但并不为了高科技而高科技，还是要考虑现实需求。他们对价格不敏感，但却很难取悦。要让他们买单的产品一定是让他们为之尖叫的。

进入主流市场后，族群的特点就会随之改变。早期主流用户是实用主义者。他们追求性价比、高质量和可靠性，不太愿意因为买了个产品而改变生活和工作的习惯，而早期尝新者则可能会愿意。

能否赢得主流市场的认同是成败的关键。在越过鸿沟进入主流用户阶段后，销售将会产生井喷，规模大增。这意味着立足已经没有问题。②

鸿沟理论可以视作传统的生命周期模型的一种延伸。③ 而且在跨越鸿沟的

---

① Geoffrey A. Moore. Crossing the Chasm [M]. New York: Harper Business, 1991: 12.

② Geoffrey A. Moore. Crossing the Chasm [M]. New York: Harper Business, 1991: 10.

③ Gerry Johnson & Kevan Scholes. Exploring Corporate Strategy [M]. Englewood Cliff: Prentice Hall, 1998: 121.

理论中，也有了切实的参考数据来寻找市场爆发的前兆。

作者通过调研等方法研究后认为，创新者和早期尝新者占全部人群比例的 2.5％和 13.5％。因此，在一项高科技产品的市场渗透率达到 16％的时候，就是这个市场来到爆发点的前兆。在突破这个渗透率之后，就要对主流消费者市场发起进攻。如果被主流消费者接受，市场就会迎来拐点，快速发展。主流消费者和早期消费者是有极大差异的。跨过这道鸿沟，成为能够被主流消费者接受的产品，就迎来了风口。如果发现一个行业、一种新产品，市场渗透率越来越高，达到 16％左右，可能一个新的风口就要诞生了。

不过，得到这个产品市场渗透率的数值其实比较难。你得把所有产品的销量去除以人口数量来获得这个渗透率。要注意，这里的所有产品不只包含自己的产品，而是所有同类的产品，包含竞争对手的。虽说是新市场，从业的企业不算多，但是要获得这些销量数据也是很难的，很多情况下都是靠猜测。当然，这至少是有了一个可以定量分析的基准点。

在对的时间做对的事情

跨越鸿沟理论也解释了为什么早早冲上去的不见得是胜利者。跨过去是站到了风口，可总还有跨不过去的鸿沟。

先行者是很困难的，先要吸引早期用户（特别是创新者）来建立产品的口碑；然后要判断市场的趋势，快速转型进入早期主流使用者的群体并建立口碑。

很多成功者是直接杀入早期尝新者后期阶段。他们吸取了先行者的经验教训，节省了大量成本。为什么中国人喜欢山寨？因为那里面满满的都是经验教训。别人付过学费了，直接山寨了就不用再付了。

在这一点上，特斯拉汽车和苹果手机异曲同工。在特斯拉之前，纯电动车已经存在了很久，但是都没有销售规模。可以说纯电动车市场一直处于早期市场阶段，用户族群基本上都是特别有钱的发烧友。因为公共充电设施很不完备，使用不方便，电动车市场一直没有推广开来。

特斯拉在电池的基础技术上其实没有实质性的突破，但是通过创新的电池组合方式增加了充电效率。但这些还不是它制胜的关键。

关键在于设计。特斯拉突出的不仅仅是电动。它表示，自己首先是辆好车。特斯拉的驾驶性能和驾乘感受是一流的。它不屑于仅仅和电动车去比拼一次充电能跑多少公里（当然，特斯拉也算是跑得远的），而是强调车本身的属性。特斯拉公司明确表示，它的产品是和宝马、奔驰、奥迪等豪华车品牌的同档次燃油车竞争的，开起来不输给燃油车。百公里加速、最高速度、操控感，这些燃油车比拼性能的指标，特斯拉都不落人后。汽车互联网、超大屏触控仪表盘、各种高科技内饰统统具备，完全可以和别家的概念车一比高下，并且特斯拉还实现了量产。

另外的卖点在于，特斯拉提供上门安装充电桩服务、承诺建设大量充电站、电池保修包换等措施。这些都是保证易用性、增加安全感的措施。

特斯拉的种种举措明显不在于拉拢纯电动车发烧友，而是瞄准早期尝新者和早期主流用户。

之前量产的普通电动车，有的突出使用成本低，有的突出环保。但电动车总是比同样性能的燃油车贵的，仅从价格考虑，买车多花的钱很难从节省的燃油费中赚回来。而敢于尝试的消费者，也不差那点钱。但是电动车开着软绵无力，外观不上档次，才是大问题。这样的电动汽车恐怕真的只有科技发烧友才会感兴趣。

早期主流用户实际上还是会考虑产品的使用感受。他们愿意花钱显示身份、品位，但是并不愿意整天摆弄各种设备。当然，现在的特斯拉车似乎还没有把可靠性提升到和燃油车一样高。但绝大多数特斯拉车主都不是只有这一辆车，把特斯拉开出去基本上是显摆的。随着特斯拉SUV车型和小型车的问世以及更大规模的充电设施的建设，其跨越鸿沟的意图相当明显。

当然，价格是个问题。短期内电动车还不大可能成为家庭的唯一用车。比如如果周末开到外地度假，充电就比较困难。以现有的充电技术水平，每天上下班开一开，晚上充个电，应该没有问题，但家里没有第二辆车还是会不方便。如果价格降低到一定程度，取代中小型燃油车或者混动车作为工作日代步车，市场规模将会很大。但如果价格昂贵，这部分消费者就会难以接受。

多样化需求也是个问题。主流用户的口味比较分散。如果只有跑车和轿车款，喜欢大型车的用户会犹豫。因此特斯拉已经准备推出小型车和SUV，非常有节奏感。一方面它要降低门槛、扩大销量，但另一方面又绝不能降低品牌的品位。于是它像传统汽车厂商做燃油车的产品线一样，用不同车型拉开战线。

以上这些都是最早期的电动车没有做的。因为它们还没有理解到，要向大众推广电动车，就要把电动车做到能够替代燃油车。对普通消费者来说，新能源车的性能、可靠性、价格、车型多样化都要不输给燃油车，才有可能成为替代品。现在的纯电动车性能还有待提升，不管采用什么动力，不能比以前的车性能差，这才是针对普通消费者的市场策略。特斯拉还没有完全做到这一点，谁能做到，谁就能搭上新能源车市场上升期的狂风。

早早进入市场，不等于能取得胜利。最早进入纯电动车市场的商家，都在苦苦培育市场的过程中消磨了锐气。

传统汽车巨头有能力做市场培育。它们不但在新能源方面有技术积累，更有深厚的造车经验。但是它们并不希望新能源车早早替代燃油车，还想着多赚几年安稳钱。只有丰田比较热衷于开发混合动力车，也比较成功。但这个离真正的新能源车还有很大距离。

小车厂则几乎没有获得成功的。只能支撑着积累技术，等待市场爆发的前夕，研发出相对有一定优势的技术来。比亚迪掌握着一些电池生产的优势，也是借着特斯拉这一波风头才有崛起的迹象。比亚迪低端车的形象，让早期尝新者几乎不感兴趣。主流市场对价格敏感，能接受性能一般但性价比高的车。要不是中国很多大城市限牌限购，只对新能源车开绿灯，比亚迪的"秦"估计也只是个小众车型。

在对的时间做对的事情，真的很重要。

了解了市场演化的规律，我们会发现，找风口真的是一个很需要水平、耐心和运气的事情。

首先，必须对市场数据了如指掌。每个阶段的市场渗透率和市场份额分布以及增长变化的情况都是有特征的。

其次，必须对客户的情况了如指掌。什么人开始接受新产品了？他们有什么不满意的地方？人们的生活工作习惯有什么新变化？

最后，要对社会风尚、政策风向有很高的敏感度，因为这些也会催生新机会。

以上这些只有在行业中耕耘已久的老手或者对这个领域深入观察研究的人才能做到。即使如此，以上的信息和数据也很难收集完全。信息不全，判断就不准确。

大公司资源丰富，可以多处下注，也更有能力培养市场，造出风口，它们多数会围绕自己的资源和核心能力来布局。对小公司来说，利用好手里的资源，专注于自己的特长可能更现实。

真正需要到处找风口的是投资者。钱投在风口上才能实现快速和高额的回报，踏错节奏慢慢等就黄了。

2.2　市场演进有风口

市场和人一样，也会长大、成熟和衰老。搞清楚市场演进的基本原理，才能追着最大的风口跑。

市场的演进一般分为出现阶段、成长阶段、成熟阶段、衰退阶段，每个阶段各有特点。

在出现阶段和成长阶段，市场急剧扩大，产生风口。但是在成熟阶段甚至衰退阶段，也有机会创造新的市场，产生新的风口。

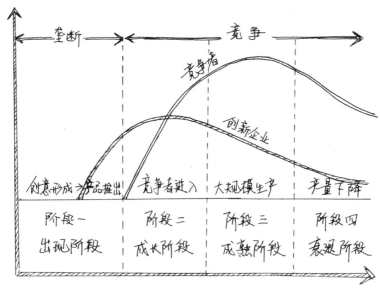

市场演进曲线

企业对产品或服务的定位和营销策略，要随着市场的发展而改变，不能一成不变。同样的市场，不同区域的发展阶段也可能有所不同，也有可能要实施不同的策略。

出现阶段

在还没有具体的产品投放市场以前，市场只能叫作潜在市场。比如，我们想要无人驾驶的汽车，但还没有实际可以购买的产品，那么无人驾驶汽车市场就是一个潜在市场。当第一辆无人驾驶汽车被卖出去，那无人驾驶汽车这个市场就进入了出现阶段，并开始演进。

在市场出现阶段，企业面对的是一片空白的市场。通常有这么两个方向可以选择：

一是做一个中间的定位（也叫大众市场策略），提供的产品能让大多数人都接受。实力雄厚的企业一般都会这么做。有足够资源做出一个通吃方案，为什么不做？最好是做得绝一点，让消费者直接把这个产品名称当成这一类商品的代号。

二是做一个小众定位（也叫单一补缺策略），提供的产品只满足一小部分人的使用偏好。这是定位于市场的角落。当然，有时候也会多做几个小众产品（多重补缺策略）。如果公司实力一般，那么覆盖整个市场就比较困难，采取这种方式更合理。很多科技类产品就属于这种情况。企业对那些早期狂热喜爱新科技的用户已经比较了解了，因此针对早期使用者的特点进行定位会比较容易切入市场，然后再逐渐推出新的产品，把定位向中间靠拢。

由于早期使用者常常是意见领袖，他们会引领潮流。他们还会出于炫耀的心理，不遗余力地向亲朋好友介绍，这自然就有了一个口碑传播的过程。因此，早期的定位可能是一个小众的需求，然后逐渐被推广成大众化的需求。

早期的 Facebook 是一种大学生社交工具，用户最早仅限于哈佛大学，后来扩展到波士顿的其他大学，然后是常春藤盟校，就这样一步步在大学生中推广开来。用户需要有大学邮箱，比如后缀是".ac"或".edu"，才能完成注册。《社交网络》这部影片描述了这个过程。这个原本的大学生社区网站，现在已经成为全世界最大的社交服务网站，其每月活跃用户总数超过22亿个。现在Facebook不再是个前卫小青年或者学生族的玩意儿了，外国大妈也用上了Facebook。外国叛逆小青年们甚至纷纷改用其他社交工具以躲避父母。

第一批提供产品或服务的企业，是市场的开拓者，实际上面临着培育客户的责任。这个时候市场的规模还小得很。这个阶段是市场井喷的前夜，风口初现。但是也有可能最终市场没有接受这个概念，风口没有起来。

当这个产品的销售开始持续上升，到了一定规模，市场就进入了成长阶段。

成长阶段

如果在市场出现阶段的公司经营良好，那么其他公司就会快速模仿。很快就有新的竞争者加入，市场成长阶段就开始了。看到这个迹象，一般人都能判断出这是个风口了。但这时已经晚了，挤进来的人会越来越多。

所以在成长阶段，所有人的目标都是快速跑马圈地，尽可能占据更大的市场份额。这个市场是新的，增长也很快，现在不圈地，未来就会被淘汰。因此，推广、促销的力度都会很大。因为到了这个阶段，大家都看明白形势了。市场开始拥挤起来。

如果是实力较强的公司，就可能会采用大众化营销，争取大面积打击，和领头公司抗衡。如果是小公司，会避免直接竞争，采取细分策略。细分市场会越来越多，同质化、差异化的各种产品的数量也会越来越多。

先行者创造了新的市场，后来者在市场成长阶段把竞争打到白热化。所以这个阶段的早期就是风口出现的时候。同时，竞争也瞬间变得激烈。

成熟阶段

当市场挤作一团，细分市场已经五花八门的时候，整体市场发展的增速也在降低，甚至可能出现整个市场销售量开始下降的趋势。

这个时候，市场上可能有一大堆品牌在提供产品和服务。小公司没法在一个细分市场滋润地活着，不得不开始互相侵入他人的细分市场。在上个阶段，是快鱼吃慢鱼；到了这个阶段，已经是大鱼吃小鱼了。由于竞争强度越来越高，整个市场的利润水平在下降。开始有公司被收购，或者因为撑不下去而退出市场。

成长阶段是一个不断分裂的阶段；到了成熟阶段，市场开始了一边分裂一边再结合的过程。

有些公司开始提供新的对市场有吸引力的卖点，这个卖点如果能吸引很多细分市场的客户，就重新定义了市场细分的维度，甚至会重构市场。在这个重新定义的过程中，新的市场被创造出来。如果成功的话，就会进入新的成长阶段。一个新的风口又产生了。智能手机就是典型的案例。

当然也会有竞争者立刻跟进，在此基础上直接竞争或者进行细分。市场在整合和分裂中震荡，就像《三国演义》开篇所说的"天下分久必合，合久必分"。

衰退阶段

当产品需求开始下降，市场规模越来越小，市场就进入了衰退阶段。这个时候，很可能已经有了新技术、新产品或新的服务方式的替代。

新产品去替代旧产品的时候，就完成了一个演进的循环。新的市场将再次经历出现、成长、成熟和衰退的过程，产生一波又一波的风口。

每个阶段都有风口

市场的演进不是总会沿着出现—成长—成熟—衰退这样一条直线下去的。

产品可能会直接死在出现和成长阶段，还没有成熟就被别的产品替代了。比如说 PDA 市场，一直不温不火地在少数商务人士中间流行着，然后就被智能手机替代了。

也可能在成熟阶段，在衰退之前，就通过新的产品重新定义了市场，开启了又一轮成长。比如说汽车市场能不能通过电动车的崛起，焕发又一春呢？个人电脑市场和手机市场，总体上来说都走过这样的道路。

个人电脑在中国的普及是被兼容机市场带起来的。20 世纪 90 年代的时候，品牌 PC 机是"高富帅"的象征。要又便宜又好，就自己去电脑城组装一台。那时候电脑城的繁荣也算是一景，电脑市场绝对是个风口。

品牌机太贵，所以大部分人都选择去电脑城买组装机。那时候的小伙伴们讨论的都是主板、声卡、显卡、内存。在组装机的竞争压力下，品牌机开始降价。直到大多数人玩腻了组装电脑，品牌机也便宜得不像话了，兼容机和个人电脑市场一起走向了衰退。

这时候，笔记本电脑市场兴起了。笔记本电脑刚出现时，可以看作个人电脑市场的高端细分领域，主要是满足商务客户的移动计算需求。但随着台式电脑价格不断下降，厂商们的关注点转移到笔记本上面。笔记本价格还在高位，又不太容易自己组装。市场演化的结果是一样的：笔记本不再专攻商务市场了，游戏、视频、学生、女性，各种细分的笔记本电脑不断上市，也少不了以性价比著称的品牌。市场不断扩大的同时，笔记本电脑也降到了白菜价。

然后，平板电脑又再现了这个过程，而且发展速度更快。最终，随着技术的发展，以及消费者对计算机的需求逐渐趋向移动化，或许会有一种装置逐渐取代大多数桌上电脑、笔记本电脑和平板电脑，市场又将重新整合。

再来看手机。其实在功能机时代末期，手机市场的细分就达到了极致。从外形设计上看，各种折叠方式的翻盖、滑盖、旋转屏、直板、全触摸屏，数不胜数。专注于功能的，发展出音乐播放、收音机、拍照等功能。还有针对商务人士、女性、青少年、儿童、老人的手机，能想到的细分市场，各大领先品牌以及无数小品牌都在提供商品。

然而，智能手机就是一台小电脑，一下子把这种细分的基础打没了。

其实智能手机很早就出现了。比如 Palm 是 20 世纪 90 年代至 21 世纪初著名的 PDA 和智能手机供应商。在 Palm 收购 Handspring 公司后，推出了著名的 Treo 系列产品。微软则开发了 Windows CE 作为智能手机平台，被很多厂商使用了很长时间。在苹果手机之前，主要的智能手机品牌都是针对商务人士的，几乎都是 PDA＋移动电话＋电子邮件功能，价格昂贵。智能手机一直到 21 世纪初都只是手机市场上一个针对商务客户的细分。

苹果手机虽然价格昂贵，但目标不是定位于商务人士。苹果手机走的是时尚路线，拼的是酷感。虽然多点触控的全屏设计高科技感很强，但当时商务人士写 E-mail 还是习惯用实体全键盘手机。苹果手机完全不考虑这些功能，甚至一开始连群发短信和彩信的功能都不具备。但它就是牢牢抓住一个新的属性：时尚。手机不仅仅是高科技通信工具，也是生活和时尚的一部分。这个新的属性重构了手机市场。智能手机借着 3G 数据网络的普及，冲破了商务移动计算领域，走进了日常生活。这是一个市场整合的过程，也取代了功能手机的份额。

如果从手机市场整体来看，从功能机时代的末期开始，已经是成熟阶段市场的表现了。苹果手机的出现基本上算是创造了一轮新的风口。

随后手机市场逐渐被智能手机整合，将手机市场一下子拉回到了成长阶段。现在智能手机已经成为手机市场的主流，功能手机反而成了小众产品。但是接下来的智能手机基本上都是"苹果化"的长方形大屏，有雷同的趋势。

就像在电脑市场上演过的，智能手机市场也要面临细分。小米发现了硬件发烧和性价比这个属性、Vivo走的是功能机时代突出拍照功能和女性时尚路线、魅族突出的是音乐和时尚元素……差异化还在继续，只是智能手机所体现的差异化特点实在是不明显。由于技术和设计的原因，苹果手机之后的智能手机基本上都没有能够突破由苹果定下的市场规则，包括苹果自己也没能突破设计的局限。

现在的市场正在酝酿新的产品，比如各种可穿戴式设备、3D显示手机等。移动设备在输入和输出两端、外形和功能上，都有重新发现用户需求属性和重构市场的可能性。当然，可能那时候的新产品已经不叫手机了，成为新的产品品类，开创新的市场。

各个市场阶段，都有机会出现风口，但也都各有风险和危机。

最早进入市场的公司有机会在客户心中建立第一的地位，甚至让自己的产品成为整个品类的代名词，比如可口可乐。但若实力不济，没有将这个品类撑起来，就会沦为"先烈"。

在成长阶段进入，市场的发展速度最快，比较容易借势。毕竟领先者已经把市场教育好了。但这个阶段的竞争会越来越激烈，市场分裂越来越严重。要么直面领先者的竞争，要么先吃下一小块细分市场再寻找发展机会。没有绝对的实力后来居上再一统天下，会比较困难。

成熟阶段看上去似乎没有风口，因为里面站满了人，很难再挤进去。但也有机会通过新的属性重构市场，把分裂的市场重新组合。有的时候，行业会因此进入新的成长阶段。老的行业里有革命性的新产品出现，可能就是新的风口。比如苹果用iPhone和iPad把手机和个人电脑行业重新拉入成长期，个人娱乐、高移动性和时尚成了新的竞争属性。

对企业来说，只能不停地通过创新来寻找新的竞争属性。如果成功了，那么竞争者会很快跟进，就得找下一个。因此，一个创新产品不是核心竞争能力，能够持续创新才是核心竞争力。创新要依靠充分理解消费者，从消费者生活、工作的点点滴滴中去发现新的属性。如果这个属性有广大的代表性，就有可能产生巨大的市场规模。当产品、服务和营销做到位的时候，就能乘风而起。

2.3 市场细分创风口

互联网业有赢家通吃的说法。

我觉得第二个关于"风口"的误解恰恰就是赢家通吃，把风口全占了。

市场这个大饼并不是铁板一块。就算原来是铁板一块，也是可以敲开的。即便是领先的企业，也难以一口吃掉整个饼。后进入的企业敲开其中的一大块吃下去可能就饱了。一块一块敲下去，可能还会反超原先的领先企业。寻找什么地方去敲这块饼，是个大学问。

对企业来说，好的风口至少应该有这样几个特点：

1. 够大，有规模；

2. 单个价值客户不太低；

3. 自己至少有某项明显优势。

独占很难

如果企业发现了一个很肥的市场，是想着全吃了，还是先吃一块饱了再说？这代表了两种思路：大众化营销和细分营销。

在大众化营销中，企业赢在规模大，为所有人提供单一产品。不过，大众化营销可能会给人带来错觉，认为它所提供的都是低档产品和便宜货。其实并不一定如此。大众化营销的成功要诀在于规模效应。但不同客户群体的市场需求差异，却被价格因素的刺激所掩盖。当价格因素不能刺激形成消费决策时，客户就会转而寻找其他有鲜明特点的产品来满足自己。而且大众化营销也不能没有定位，单凭价格驱动销售。

细分营销只针对一部分客户。人是千人千面的，很难满足整个社会的需求。但是可以把整个社会划分为多个规模较小的细分市场，每个细分市场由具有相似需求的人群所组成。根据这种特征，企业策划出特定的产品和营销组合。单一产品策略也不一定就是大众化营销。小米手机在初期就是单一产品，但实际上也是采取了针对细分市场的策略。

在互联网服务当中，大众营销和细分营销都被熟练采用。比如，百度搜索、360安全搜索、微信、微博等平台或引擎类的业务，基本都属于大众化营销。它们针对的是整个人群。比较典型的细分，在互联网服务中被称为"垂直领域"，常常在大众化的服务平台之后出现。比如，虽然微信几乎统治了移动社交领域，但陌陌也取得了成功。

细分可以从很多方面入手。一般来说，年龄、地域、收入、教育水平等明显的维度会被作为细分的依据。而企业要在产品设计、价格、传播方式、销售渠道、服务方式等手段上体现出特别针对这个细分市场的设计。

近几年，基于心理因素的细分更为流行。在消费品、服务行业甚至互联网和移动互联网服务，族群细分已经成为一种重要的手段。

物以类聚、人以群分。使用什么产品和服务是人们生活态度的一种表达，也是族群身份的一种象征性符号。这种族群细分，基本上是地理因素、人口背景、心理和行为等各方面综合的结果。比如，数字化年轻人群的概念，实际上就是90后、成长在互联网时代、主要生活在都市等一系列特征的结合，也被称为"数字原生代"。

地理因素

区域：南方．北方．东部沿海．．中部省份．西部．．．
人口密度：都市．郊区．农村．．．
气候：寒带．热带．．．．．．

人口背景因素

年龄：6岁以下．6~11岁．12~18岁．19~22岁．23~34岁．35~49岁．50~64岁．65岁以上．．．．
家庭规模：1~2人．3~4人．5人以上．．．
家庭周期：青年单身．青年已婚无子女．青年已婚有儿童段子女．青年已婚有6岁以上子女；中年以上与子女同住．中年以上子女已成年．中年以上单身；其他．
职业：～～～～～～～
教育水平：～～～～～～
宗教信仰：～～～～～
代际差别：60后．70后．80后．90后
国籍．．社会阶层：

60后　70后　80后　90后

心理因素

生活方式：文艺青年．运动．户外．夜店．．．．．．
个性类型：内向被动．外向热情．控制欲　野心

行为因素

使用的时机：普通．特殊场合．．
追求的利益诉求：服务．质量．性价比．速度．面子
使用状况：从未用过．首次使用．曾经使用．经常使用
使用率：轻度．一般．重度～
品牌忠诚度：无．一般．强烈．绝对．～
购买意向：不知．知晓．兴趣．想买．已买～
对产品态度：热情．积极．无所谓．否定
有敌视感

细分市场因素

从稍长远一点来看，独占跑道实际上是不可能的。

使用大众化营销是因为这样的手段已经能够满足整个市场大多数人的需要，而且产品在各个方面都还占有优势，不需要去满足更细小的独特需求。但是市场演进规律告诉我们，市场总是会分裂，细分营销早晚会出现。这是演化规律。

而且细分也是创造风口的一种方式。因此，后来者也一定会利用细分和再细分进行差异化营销。市场领先者可能利用大众营销占领了领先位置。挑战者看到市场大势已成，就会利用创新的维度来竞争。为了防止被人挖墙脚，领先者自己也会这么做。

细分也能创造风口

在实际案例中，很多细分的概念都是由商家创造出来的。通过创新维度的细分，在市场中找出一层差异化需求的市场，常常能获得出其不意的效果，创造出新的行业增长点，也就是新的风口。

很多人看到"细分"两个字就会认为：如果针对特定的人群的需求来营销的，就没法扩展到其他市场了，这样很有局限性，格局会很小。这样的想法不对。即使定位于一种需求，也未必不能覆盖大多数市场。

2002年，中国移动推出针对年轻群体的客户品牌"动感地带"（M-Zone）。这是中国移动的第一个客户品牌，明确针对年轻人，在品牌形象整合、产品开发、资费设计、销售渠道和服务设计方面全面考虑了当时年轻人群的特点。

"动感地带"品牌定位于"新奇"，中国移动宣称"时尚、好玩、探索"是其主要的品牌属性。早期，为了支撑这个概念，中国移动采用了短信包月的形式，提供多种图片和铃声下载。后期，"动感地带"还集成了跨电脑端和手机端的在线聊天工具"飞信"。"动感地带"是预付费，不需要签约，买充值卡或者在网上就可以充值。这些特点对年轻人来说是有针对性的。

到了 2014 年，这个品牌基本被"和 4G"的单一业务品牌所取代，中国移动结束了客户品牌时代"全球通""神州行"和"动感地带"三足鼎立的局面。但"动感地带"可以说是其中塑造得最成功的品牌。

中国移动三大品牌

"动感地带"是针对年轻人的品牌，但实际的使用者什么年龄层次都有，基本上算是个大众化品牌。因为除了年轻人，别的年龄层次的人也会有相同的需求。从品牌的格调上来讲，谁又不想要像年轻人那样呢？所以其品牌定位并不妨碍吸引中年人老年人来使用。

在此之前，如果大家还有印象的话，中国移动已经有了一个"全球通"品牌，是作为其业务品牌推出的。在 2002 年前后，"全球通"以高质量服务的品牌形象深入人心，已经是商务和高端人士的首选。为了进一步发展，中国移动必须进入中低端市场，但继续利用"全球通"品牌就会遇到一个两难困境：如果直接降低资费，高端人群会对"全球通"不满意；如果不降价，竞争对手就会利用低价策略抢占中低端市场。

当时，中国移动通过客户品牌战略解决了这个两难问题，"动感地带"和"神州行"分别覆盖最主要的两种中低端客户群：年轻人和中低收入者。这两类客户群有一个统一的特点——通信上的消费不太高。但是两者也有着截然不同的生活观点，不能仅仅以低价一概而论。因此，中国移动的思路是：建立族群的概念，并分别满足这两个族群的通信需求。

短信和飞信是"动感地带"在产品上最有针对性的设计。短信是当时年轻人新的通信方式，甚至有"拇指一族"的说法。年轻人之间更喜欢利用短信进行对话。短信直至现在也并没有消失，只是被即时通信工具替代了而已。文字、表情的你来我往，比通话更能消磨时间。因此，将大量短信额度打包进入资费套餐成为"动感地带"最重要的产品卖点，这正好切中了年轻族群的消费特征。

2006—2007 年推出的飞信（一种即时通信软件，可以在电脑和手机之间发送短信息）也起到了相似的作用。2009 年野村综研在上海的大学校园中进行的"意向通信使用习惯调查"显示，超过 60% 的受访学生使用飞信，使用比例和手机 QQ 相当。值得注意的是，当时飞信还只能在中国移动网络内使用。由于年轻群体周边大多数的同学和朋友都在使用飞信，形成了圈子效应，这也为竞争对手争夺用户竖起了很高的障碍。

同样的故事在日本也发生过，但是角色发生了变化。NTT DoCoMo 凭借高质量服务在高端商务人士群体中抢占了市场，其领先几乎是全方位的：网络质量、手机设计、产品和服务都获得了很好的口碑。作为其主要竞争对手的 KDDI 完全无法企及。出于差异化的考虑，KDDI 在 1998 年引入 CDMA 网络。KDDI 认为在当时手机快速普及的进程中，NTT DoCoMo 对年轻人群体的服务有所欠缺，因此准备专注于这个细分市场。

2000 年，KDDI 的前身之一京瓷公司成立了"au K. K."公司，发布了"au"品牌。"au"在日语读音中有遇见、见面的意思。因此，"au"品牌想要表达通过手机和各种各样的人邂逅、进而产生价值的含义。另一方面，"au"也包含着"access to you"的意思。经过一系列合并，"au"成为 KDDI 旗下的移动通信品牌。

在 2003 年，KDDI 引入了 3G 服务，并使出了一系列针对年轻人的招数。

日本的手机都是运营商参与设计并包销的。因此在功能手机时代，手机和手机上承载的各种服务就成了产品的差异点。KDDI 的手机非常重视设计感，外形靓丽，还专门设立了 au Design Project 项目，邀请著名时尚设计师参与设计手机和操作系统用户界面。这种对设计的重视延续到后来甚至形成了专门的独立品牌系列 iida。深泽直人（著名日本设计师，曾任爱普生设计师、无印良品的顾问委员会成员）、岩崎一郎（著名日本工业设计师）、草间弥生（那个被称为"圆点女王"的先锋艺术家）都曾操刀设计过 KDDI 的手机。

2001 年，参与设计项目的深泽直人提出了 INFOBAR 手机的概念，并在 2003 年第一次以 INFOBAR 为名发售手机。

KDDI INFOBAR 手机

突出设计感

这种设计感极强的手机，按现在的说法，就是"颜值高"。它已经不仅仅是科技产品了，KDDI 的意图就是把它往时尚靠拢。好看，就能够打动年轻人追求时尚的心。

但是它也不光靠好看吃饭。2003—2006 年，KDDI 连续出招。

一方面，KDDI 邀请明星拍代言广告，代言人先后有仲间由纪惠、ARASHI 等，都是在日本非常受年轻人欢迎的明星。

另一方面，KDDI 推出迎合年轻人喜好的增值服务。全世界的年轻人都喜欢音乐，所以 KDDI 在音乐领域下了大功夫。其于 2006 年投放的 LISMO 平台可谓是巅峰之作。除了整曲下载（对网络有很高要求，之前都是片段下载）之外，LISMO 业务允许用户在不同设备间分享和播放音乐，还打造了音乐主题的网络社区，用户可以通过手机和个人电脑使用。这类似于智能机时代的云音乐加移动微博。

因为这些服务都非常消耗流量，而年轻人一般都还不富裕，因此必须配合合适的资费设计。KDDI 第一个在日本推出流量包月和双平面包月计费。

2003—2006 年，KDDI 用户数量猛增，连续三年用户净增份额位居日本第一。其优势地位一直保持到软银进入市场，引入 iPhone 后来居上。

KDDI 的阶段性胜利是典型的利用细分营销的套路，算是找对了风口——移动数据通信市场大发展，还站对了位置——主攻青年时尚人群。

从上面的两个例子中，中国移动发现，在市场发展的下个阶段，青少年群体和低价值客户群体将会是决胜的关键，于是率先主动出击这两个细分市场，并将企业的品牌体系改成客户群品牌体系，从而实现三者通吃。中国联通原本的定位比较模糊，但价格稍便宜的印象已经形成，如果中国移动坚守"全球通"，在之后的市场爆发期中，中国联通就会占有优势。中国移动要蚕食低价值市场，却没有仅仅从价格入手，而是以细分营销切开市场，在保持商务市场优势的情况下，用青少年这个新战场和中国联通竞争。由于推广资金占优、策划准备充分，青少年市场和校园市场被中国移动一举拿下。

几年之后，当中国联通加入青少年细分市场竞争的时候，"动感地带"已经树立起极高的标杆。短信、音乐都玩过了，当时也没什么创新可玩了。在没有新的手段支撑整体营销战略的情况下，中国联通的青少年品牌"Up 新势力"几乎复制了"动感地带"的营销组合。产品体验、宣传主题同质化，在资金并不占优势的情况下不可能赢得反攻的胜利。更重要的是，青少年族群的风口已经吹过了，再玩，就要玩点新的。

而 NTT DoCoMo 和 KDDI 的例子则相反。中国的故事是"高富帅"继续轻松领跑，日本的故事则是穷小子的"逆袭"。NTT DoCoMo 一直坚守高端形象，也没有采用多个客户品牌的战术切开市场，而 KDDI 则决心用新的定位迅速成长。

日本通信市场比较特殊，一直是一个全民高端的市场。虽然已经过了 20 世纪 80 年代的黄金期，又经历了"失去的十年"的 90 年代，但直到现在，日本市场也不能接受价格低但质量差的产品。所以，NTT DoCoMo 的判断是坚持全面领先。

KDDI 看到的是新趋势。在渗透率进一步提高时，势必要将中低端客户拉入目标客户群，所以 KDDI 选择了切开市场。从时尚感、年轻感入手设计产品，并在这个市场快速建立了标杆，无形中把 NTT DoCoMo 推到了公司员工、严肃白领、上班大叔这样的市场上去。有趣的是，NTT DoCoMo 竟然接受了这样的产品定位。它并没有塑造新的时尚市场竞争品牌或产品，而是用家庭计划抢夺青少年。这也算一种新的市场细分，也就是在青少年市场中再切一刀，拿走一部分由父母统一付费的副卡用户。NTT DoCoMo 通过建立家庭圈的概念增强用户黏性，拓展了一部分青少年客户。

领先者自己切开市场并率先进入新的细分市场，是一种进攻性的防御措施。

将这种细分策略用得最好的是日用消费品行业的宝洁公司。据不完全统计，它仅仅在洗发水市场就建立或收购了 6 大品牌，包括飘柔、海飞丝、潘婷、沙宣、伊卡璐和威娜，多达20余个系列，同时还"雪藏"了一个润妍品牌。这些品牌各有一些差异化的要素，比如：

飘柔：柔顺

海飞丝：去屑

潘婷：养护滋润

沙宣：专业发廊

伊卡璐：草本

威娜：专业美发

通过不断地主动细分市场，甚至让兄弟品牌之间互相争夺市场，宝洁抢先占据了新竞争者可能进入的细分市场。这种不断细分、不断加入新品牌的策略，使整个市场更加拥挤，进入门槛提高。

但这种策略缺点也是明显的：成本高、风险大，自我的市场替代情况严重，连宝洁这样实力雄厚的企业也很难长期承受。当市场停止增长，这种细分带来的增长不再强劲，而成本不断提高的时候，整个企业的表现终归会跌落。就在2014年8月，宝洁宣布剥离或者退出旗下的90～100个品牌，并专注于70～80个优质品牌，这些品牌为集团贡献了90%左右的销售额和约95%的利润。

如果一家大公司首先进入一个市场，它会建立一个兼顾大多数使用者的品牌和服务。当另一家大公司也要进入这个市场时，可能也会去建立一个同质化的品牌，形成直接竞争。因为实力相当的大公司，目标都是一统江湖。

但如果是小公司后进入，通常都会避免和先入者直接竞争，而是选择一个市场的角落切上一刀。显然不能一上来就引起江湖大佬的注意，否则一下子就被灭掉了。进入的小竞争者越来越多，一次吃一口，蚂蚁搬家也很厉害。宝洁做多品牌，就是怕出现这种情况。但这也说明，先来的再有实力，小领域也总有机会。

互联网服务行业玩垂直领域的特别多。阿里巴巴集团的淘宝击败易贝（eBay）、易趣之后一路发展，然后又开设了天猫商城。现在淘宝基本上统治了C2C市场，B2C也已经处于极其集中化的市场阶段。

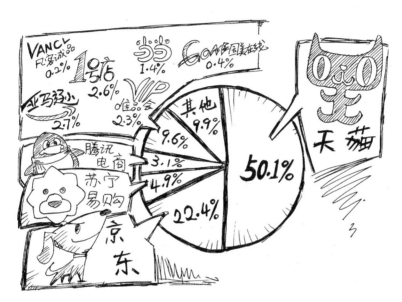

数据来源：中国电子商务研究中心（100EC. CN）。

2013 年中国 B2C 网络购物交易市场份额占比图

但即便如此，仍然有很多垂直领域的电商可以做到相当大的规模。它们虽然不能和天猫及京东相提并论，但在各自的领域也做得有声有色。上图中排名靠前的这些电商虽然基本上品类较多，但除了天猫之外，都有或者曾经有主要聚焦的商品品类。

虽然微信一家独大，各种移动社交和即时通信工具仍然层出不穷。比较著名的如："陌陌"的陌生人社交、"YY"的低端群体社交、"啪啪"的兴趣爱好社交、"唱吧"的音乐兴趣社交、"抬杠"的语音社交，等等。除了"陌陌"是主要一对一的社交之外，以上其他都是以一对多的社区模式作为差异点，并且针对某个特别的目标群体。

互联网玩法里面切开市场的方式，本质上和洗发水市场没有太大差别。

说了那么多，以上的故事可以总结为：

对于完全新的市场领域，在一段时间内比较容易独占风口，对于成熟的市场就不太可行。消费者市场的产品要比针对政府和企业市场的产品容易通吃。

假如企业已经很有实力，面对全新的市场，可以考虑一开始就通吃。自己培育的市场，肥水不流外人田。企业进市场的时间越早，越有机会通吃。市场越成熟就越没有机会。

不过可惜的是，在现在的市场上，通吃的机会越来越少了。从市场演化的规律来看，只有创造了新的市场，从早期到中期都一路垄断，才是通吃。现在各行各业都已走过了早期阶段。就算等来了新风口，通吃也是巨无霸企业的事。草根企业采取细分营销的方式最为现实。

即便是市场创造者，也得好好培育自己的独特之处。要不然，一大群模仿者追上来，也会让人吃不消。

2.4　创造蓝海新风口

风口一旦被全社会认定了，就会变得竞争者众多，拥挤不堪。一群人挤在风口也是个很麻烦的事。别说通吃，抢个跑道都会被打得鼻青脸肿。

那么能不能换个思路，寻找别的风口呢？著名的蓝海战略，就是换个风口的战略。

蓝海和红海的概念，是 W. 钱·金（W. Chan Kim）教授和勒妮·莫博涅（Renee Mauborgne）教授在《蓝海战略》一书中提出的，在过去十年中红得发紫。蓝海战略认为，战略视野应超越竞争对手、转向买方需求，跨越现有的竞争边界。企业应该从改变定位转向改变市场结构，从而避开激烈竞争的"红海"，进入广阔的"蓝海"。

书中主要讲述了四项战略制订的原则：重建市场边界、注重全局而非数字、超越现有需求、遵循合理的战略顺序。还有两项战略执行的原则：克服关键组织障碍、将战略执行建成战略的一部分。其中，重建市场边界，是跳出红海、找到蓝海的基础。

这本著作引起了很大的关注，也引发了很多争议。书中很多例子其实可以被看作市场细分的某些不同的演绎，而非完全地跳出原有的竞争领域。也因此，笔者把这个内容放在细分之后来谈。但是其主要观点还是得到了比较广泛的认可。

互联网相关的事业和商业模式选择，有很多可以看作是蓝海战略。书中提到了 NTT DoCoMo 的 I-mode 和苹果的 iTune。中国也有不少这样的例子。

携程是中国网络订票行业的领先者之一。这类企业主要的商业模式是和酒店、旅行社、航空票务代理一家一家商谈，在网站上展示这些资源，并对客户的订单收取佣金，实际上就是旅行产品的网络渠道代理。当然，现在携程也在经营一些多样化的业务。

票务行业在网络化以前实际上就已经非常拥挤。票务代理服务的起点很低，竞争也很激烈。但总体来说，客户其实缺少一个快速获知所有航班信息并且很容易订机票、订酒店的地方，以前客户需要打一堆电话，甚至还要跑去营业部办理。

网络订票行业之所以能横扫天下，正是因为解决了这个用户需求。相对于普通票务代理，网络订票服务市场当时还是一个蓝海。当然，很快这个市场就迅速变为竞争激烈的红海。现在从事网络旅游和预订的公司多得数不过来。

所以，蓝海不是静态的，也会变成红海。

《蓝海战略》中特别提到了 NTT DoCoMo 的 I-mode。书中认为 I-mode 带领公司进入了移动互联网业务领域，摆脱了语音市场的红海，进入了蓝海。但不久之后移动通信市场就换了人间，蓝海很快就被杀成了红海。软银移动的进入重构了日本移动互联网市场。整个日本通信行业的日子越来越难过。这个市场和理想中的蓝海并不一致，但仍挡不住软银移动的成功。现在软银已经超越了 KDDI 成为日本第二大运营商，还收购了美国的第三大运营商 Sprint。

上文曾提及，NTT DoCoMo 的主要对手 KDDI 在不久以后就推出了音乐和娱乐门户 LISMO 与 I-mode 竞争。当时还是功能手机时代，以 NTT DoCoMo 为代表的移动运营商建立起手机—移动门户体系，即"封闭的花园"。手机是运营商定制的，移动互联网门户是运营商制作的，I-mode、LISMO 就是这个体系下的产物。客户要想使用这家运营商的网络，就只能买这个运营商的定制手机，也就上不了别家的移动互联网门户。内容商和服务商则在这个平台上卖内容和服务。在这个体系中，如何向用户展现内容和服务，完全是运营商说了算。作为这个体系的造物者，运营商处于绝对统治地位。

在智能机风行日本之前，移动互联网业务其实已经杀成了红海。然后功能手机时代结束了，在智能机的浪潮里，以软银移动引入苹果手机为标志，软银和那些跨界的竞争伙伴们一起杀了进来。

智能手机的商业生态体系类似于个人电脑，有封闭体系也有开放体系，由手机、操作系统、应用和服务分发平台、应用和服务供应商组成。苹果的体系和 I-mode 很相似，也是封闭的。苹果掌控了手机—操作系统—平台体系，只有在苹果手机上才能使用苹果的软件商城、下载苹果的应用，这下彻底把运营商踢出局了。安卓是个开放体系，手机、操作系统和平台并不由一家公司单独掌握，用户可以自由选择。运营商还可以参与一下，但实际上很容易做出一个软件商城平台，用户就不稀罕用运营商的平台了。

智能机的全面普及来得太快。NTT DoCoMo 已经失去了统治力，和对手处于同质化竞争之中。I-mode 原本是它具有差异化优势的战略性武器，但是在智能手机时代，像是完全被废了武功。软银本来就没有指望把整个生态链上的钱赚完，手机、移动互联网服务的钱就让别人赚。通过引入苹果手机这样的大杀器，软银把日本推入智能机时代，把运营商行业的平台业务优势彻底摧毁了。

现在日本这三家运营商——NTT DoCoMo、软银移动和 KDDI，都卖着苹果和安卓的手机。在移动通信的战场上，苹果、谷歌、手机厂商还有大量的互联网服务企业，成了人们主要的关注对象。与其说是运营商将 NTT DoCoMo 拉下马，不如说是跨界的苹果和谷歌改变了整个市场的运行规则。

所以，《蓝海战略》只把这个故事说了一半。在书里面，NTT DoCoMo 从语音时代到功能机的移动互联网时代跳进了蓝海，过上了幸福的生活。在真实的世界中，它刚刚过了几年舒服日子，就被人一把拉进智能手机的移动互联网时代，用红海的方式吊打。

这是一个市场重构的过程。本来日本的移动通信行业胜负已分，两大巨头已经从激烈竞争转向打默契球。结果软银杀进这个红海，令市场形成了新的平衡状态。这说明了一个道理：就算市场被大佬定了规矩、控了盘，或者正杀成一片红海，也不要紧。如果能把骑马打仗的规矩破了，把大家都拉下马肉搏，而自己正擅长肉搏的话，那这个战场也是一个"风口"。

找到蓝海，重构市场，发现新的风口，就不用和别人挤跑道了。

蓝海是一个相对的概念，没有永远安全的蓝海。竞争不激烈的市场永远具有吸引力。当先入者凭借智慧找到"很肥的市场"——蓝海之后，自然会吸引其他竞争者蜂拥而入，蓝海瞬间成为红海。所以，持续创新才是长久繁荣之道。

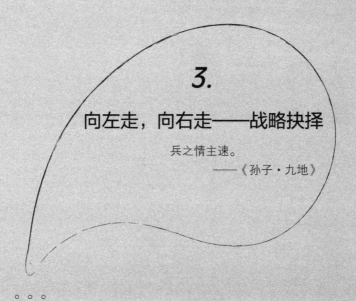

3.

向左走，向右走——战略抉择

兵之情主速。

——《孙子·九地》

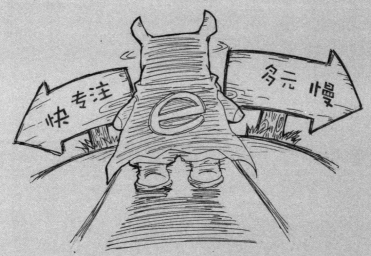

上一章讲了要看清形势，找到风口。找到了风口，在跳下去以前，还得把怎么飞才能飞得高、飞得久的事情先谋划清楚。这就是战略。

战略一词的英文是 Strategy，源于希腊语的 Strategos。这个词是"军队的将军"的意思，在古希腊和拜占庭帝国时期，也指"国家的军事长官"，后又被引申为如何指挥作战的方法。一开始，这是一个军事用语，但后来在商业领域被运用得非常普遍。

"快""专注"，是现在最火爆的互联网思维战略法宝。引申开来，它们都是为了"No.1"在打基础。在十几年前互联网经济刚刚兴起的时候，"互联网思维"的说法还没有出现，但有"快鱼吃慢鱼""赢家通吃"这样的箴言。

但是"快""专注""No.1"却又不是绝对的。人们经常看到四种观点，在此有必要讨论一下：

1. "快"：就是任何动作都要快。早一点总好过晚一点。

2. "专注"：就是只做一个产品、一个品牌、一件事情。

3. 战略规划无用论。

4. 否定定位理论，因为互联网时代要做 No.1，要通吃。

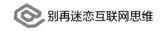

3.1 既有兵贵神速， 也有欲速则不达

兵法中有所谓的"兵贵神速"，武侠中有所谓的"唯快不破"。"快"字诀估计是互联网思维里面最为人所推崇的法宝。《孙子兵法》中说"兵之情主速"。日本战国名将武田信玄曾将"疾如风、徐如林、侵掠如火、不动如山"放在其著名的骑兵的军旗上。其中的"疾如风"，便是"快"字诀。

"快"是否就是战略真理呢？只要快就能取胜吗？事情绝不会这么简单。

关于战略的选择，有两个关于"快"和"慢"的战争故事。

兵贵神速

《三国志·魏书·郭嘉传》中记述了一个郭嘉为曹操出谋划策、制订战略征讨乌丸的故事。

在官渡之战后，曹操听从郭嘉的建议，集中力量征讨乌丸，平定北方。大军到达现在的河北地区之后，他们就下一步行动的战略进行讨论。

当时，曹操可以选择稳步前进，等待人马集结、粮草辎重到位后再发起进攻。这样准备比较充分，但是需要一些时间。

郭嘉却认为"兵贵神速"。虽然曹军人困马乏，但这时敌人更加没有准备好。不如留下笨重的军械物资，轻装快速前进，趁敌不备发起进攻，就能大获全胜。

曹操按照郭嘉的建议，快速进军。结果乌丸军在毫无准备的情况下被击溃，蹋顿单于被杀，北方边境被一举平定。

郭嘉的战略思想就是集中兵力专注于北方的战争，而非兼顾两头；快速进军，杀敌于不备，也减少被南方的敌人侵扰的机会。如果北方战胜，就能腾出手专注对付南方。这就是这次战役的战略方针。为了把"快"字发挥到极致，执行计划就是立刻抛弃辎重，以轻装部队和敌人决战。二战时期的纳粹闪击欧洲也是采取一样的战略。

郭嘉的战略充分体现了互联网思维的关键词：专注、极致、快。

在互联网思维当中，"快"字是极其被推崇的一种战略思维。雷军把"快"和"专注""极致"配套使用。小米仅创立几年就跻身 200 亿美元公司的级别，真是够快了。

欲速则不达

但是慢就一定不对吗？

同样是进攻作战，英格兰人在征服威尔士的时候，就没有采用闪电战，而是采用"温水煮青蛙"的战略。

当时的威尔士人不和英格兰人正面决战，因为他们没有足够的实力。他们采用游击战，打一下就跑，把英格兰人骚扰得不得安宁，就这样前前后后打了快 1 个世纪，一直到爱德华一世时期。爱德华一世是个战略高手。1276 年，爱德华一世组织了一支 15000 多人的大军（要是放在中国实在也不算多），准备打一场持久战。他不急着一下子搞定，而是每攻下一个地区，就建一个城堡据点，然后巩固防守，最重要的是利用城堡的驻军控制这个地区的物资供给。这样减少了威尔士人的后勤补给，增加了自己的物资供应。5 年以后，英格兰人占领了全部的威尔士领土，然后继续大修城堡。虽然威尔士人不时反抗一下，但是很快都被扑灭了。

这样一口一口啃的战略虽然慢，但是和以往的英格兰君王们轰轰烈烈搞一次次的快速入侵又无功而返比起来，效率要高得多。

曹操要专注解决北方问题，因此要快，太慢的话南方的军阀就要蠢蠢欲动了。为了快到极致，只好扔了辎重上阵，虽然机智但也是赌博。而在英国的例子里，爱德华一世的先王们用曹操的战法就没有成功。欲速则不达，反而用一口一口吃的"拖"字诀把威尔士人绞杀了。

道有快慢，术则唯快

快、慢并不是绝对的。互联网行业很早就有"快鱼吃慢鱼"的说法，和传统行业的"大鱼吃小鱼"相对应。但是，不管是互联网行业还是传统行业，不可能简单化地对立为"快"和"大"两个战略思维。

在做战略决策和执行的时候，应该尽量地快，慢慢吞吞地空耗时间不可取。拿破仑说过："我可以输掉一场战斗，但我绝不输掉一分钟。"经营也是如此。调研、分析、沟通、决策、研发、生产、销售执行等环节都慢上一点，就把大好机会给拖黄了。

不过快也得有快的本钱。

纳粹德国打闪击战，是因为他们的坦克、飞机用得好。他们集中力量建立装甲师，而不是把坦克和其他速度慢的兵种放在一起。这样，坦克装甲车在进攻的时候，支援部队也能以同样的速度跟上，空军也能全程配合地面进攻。

当时的法国人也有不错的坦克。法军的指导思想是坦克支援步兵，所以坦克都被打散，和步兵配在一起。这样分散使用的坦克不可能快速驰援，还得等着步兵和支援部队，因此当时的法军打不出闪击战来。以当时编制的法军，为什么不能让各个部队的坦克甩开步兵和后援部队去和德军死磕呢？因为平时没有这样训练过，战时油料弹药都跟不上，去也是找死。

快速制胜是在不乱章法、不牺牲质量、不省略步骤的情况下才成立，否则就是赌博。在电影《火星救援》里，NASA 为了省 10 天时间，赌了一把，省略了测试火箭的时间，结果火箭爆炸了。这一把没有赌赢。

在商业经营中，如果不做调研、拍脑袋决策，能省下前期的时间。若产品也不精益求精，差不多就推向市场，又省了研发的时间。但这不是快，是偷懒。磨刀不误砍柴工，关键是速度够快，要么平时就准备了磨快了的刀，要么一边砍一边磨，砍柴才能够足够快。

另外，战略上的"慢"有时候也是一种策略。在前面的故事里，爱德华一世用稳扎稳打的方式慢慢绞杀了威尔士人。恺撒大帝征服高卢也足足用了 8 年时间。因为在兵力、后勤资源等各方面都占有优势，而且最终目标是征服而不是击垮，所以对于爱德华一世和恺撒来说闪击战起不到作用。击溃敌军不能保证自己的国境线绝对安全。慢慢绞杀虽然耗时，但是成功以后便一劳永逸。

在经营上，也存在有选择的"慢"。比如说，在技术还不过硬的时候，强行快速推出产品，用户体验就不好。在有技术储备但竞争不激烈时，可以逐步推到市场上，这样既能保持领先一点点的优势，又能尽量多地获得用户。这样以"慢"取胜的例子也不少见。

苹果手机的更新换代也并不以快取胜，每两年才换代一次，每年推出个小改款的 s 版。说是 s，基本上就是加了点小"调料"，样子基本不变。

慢慢来的背后，是市场第一的强势地位。手里的好牌慢慢打，不着急一次出尽，反正后面追着的那些产品还有点距离。

苹果手表也让果粉们等了很久。市场上的主要手机厂商几乎都推出了自己的智能手表，苹果差不多是最晚的一个。虽然苹果手表和苹果手机并未超出果粉的预期，但横向对比起来依然是最受捧的智能手表。它吸取了别家的经验教训，产品自然更加成熟。

但是战略反应慢、执行过程慢的公司，即使是市场老大，也会很危险。公司越成功，就越容易患得患失；公司越大，决策流程就越长；公司部门越多，执行的时候互相掣肘的现象也越多。公司文化、制度、结构，都是影响速度的重要管理因素。如何让大公司保持活力和速度，是一个重要课题。

"快"有战略、战术两个层面的快。

在战略上，快是为了抢占先机，打得别人措手不及。慢是为了稳扎稳打，步步为营。在战术上，快则是执行能力的体现。在保证安全的前提下必须要快。慢慢吞吞拖着，不是管理有问题，就是能力有问题。

所以，"快"也得一分为二地看。如果将战略比喻为中国的"道"，战术执行是"术"的话，那么可以总结为一句话："道"有快慢，"术"则唯快。

3.2 既可专注，也可多元

"专注"是互联网思维中又一个影响巨大的关键词。和"快"字诀一样，绝对化地理解"专注"会带来很大的问题，仅仅从字面理解"专注"，又会漏掉很多信息。

专注与否，是一个战略问题。战略分成两个层次：

1. 企业的方向——企业战略；

2. 具体怎么做事——事业战略。

在企业战略里，不能因强调"专注"而忽略了适当的多元化。事业战略里，"专注"不仅仅指专注于一个产品、一个市场，也包括对一种特长和优势的专注。

成功企业，多元化是迟早的事

企业战略包括企业的使命和战略意图。企业经营范围就和"专注"直接相关。"专注"是不是应理解为选择单一领域业务发展的企业战略？这个不能一概而论。

经营者团队最有可能产生分歧的是具体经营范围。这个问题确实很难在企业初创时期就讨论清楚，因为随着形势的变化，具体经营范围也常常发生变化。很多耳熟能详的大企业，都经历过不断增减和转换经营范围的过程。换行业、搬地方，都很常见。

互联网行业中初创企业多，一般都比较专注，也没有精力多线作战。但长大了的企业几乎都不专注，这是因为发展的压力很大，不换方向就要坐吃山空。

诺基亚公司已经将手机业务卖给了微软，这个曾经的手机行业的老大，现在专注于通信行业。诺基亚的发展史就是企业经营多元化，而且不断转换经营核心领域的传奇。

诺基亚是一家创建于 1865 年的芬兰企业，最早从事的是造纸业，1868 年进入了橡胶和轮胎行业。1902 年，在其中一位合伙人利奥·米其林（Leo Mechelin，不是那个米其林轮胎）的突发奇想之下，诺基亚开始生产通信电缆，这才和通信行业搭上了边。在 20 世纪 60 年代以后，诺基亚已经发展成为一个跨行业的大型公司，产业涉及造纸、化工、橡胶、电缆、制药、天然气、石油、军事等多个领域。诺基亚甚至还制造军火，比如子弹等。当时的总裁 Bjorn Westerlund 非常看好电信行业。他成立了电子部门，这就是后来那个巨大电信帝国诺基亚的前身。

到了 20 世纪 90 年代中期，诺基亚差点倒闭。因为当时其经营的产业太多、很多效益不高的行业占用了太多资源，拖累了整个企业。当时的管理团队把诺基亚拆分了，卖掉了几乎所有的传统产业，只保留了电子部门，专门做手机和无线通信方面的研发。经过几年的努力，诺基亚转危为安。从 1996 年开始，诺基亚手机连续 15 年占据手机市场份额第一的位置。

但最近 10 年，诺基亚在智能手机研发和操作系统推广方面总是慢一步。

被苹果和三星打了个落花流水之后，诺基亚找了微软结成战略联盟，并引入Windows Phone。问题是微软也没赶上智能手机的热潮，这个联盟只能算是两弱结合，声音不小，但效果不佳。2013年9月，诺基亚终于宣布将手机业务部门出售给微软。现在的诺基亚专注于网络设备和Here地图服务。长大了之后减肥，然后再长大再减肥，几乎是企业难以改变的宿命。

公司经营范围的增减，是企业往哪里走的路线问题。企业初创阶段，人少钱少，专注于某个领域是自然而然的事情。但所有壮大了的企业几乎后来都抛弃了单纯的"专注"战略，不同程度地走上多样化。

诺基亚开始进入通信行业，是因为当时判断这个行业在未来会赚钱。壮大了通信制造业务以后，诺基亚在20世纪90年代又剥离了其他行业，因为这些行业不赚钱了，也很难再有发展。现在它扔掉了手机制造而专注于通信设备，也是因为它在手机行业的竞争力不强，公司资源也不太够用。在公司核心业务很赚钱的时候，就应积极开拓新的业务领域。这样等到核心业务走下坡路的时候，就可以迅速转型。所以，不专注在这里成了救命稻草。

观察世界上的知名企业，大致有两种类型：一是财团化的企业，二是单体企业。在不同程度上，它们都在多个领域发展。

前者典型的有日本的几大财团，包括三菱、三井、住友、丸红等。韩国的三星、LG、SK也是这类财团化企业。这些企业集团从事的行业无所不包，行业之间的相关性还都不大，母公司作为投资方更多的是考虑不同行业的周期性规律和前景、投资回报等财务方面的因素。也就是说，什么赚钱干什么。

后者典型的企业有宝洁、福特、微软、谷歌等。美国的企业比较喜欢采取这种形式。虽然这些企业也在诸多领域进行经营活动，但相互之间大多是有联系的，可以说是有相关性的产业延伸。宝洁基本上聚焦于快速消费品领域、福特聚焦于汽车整车和零部件产业链、微软和谷歌聚焦于高科技领域。这类企业要么是相关业务横向形成事业集群，要么是通过上下游贯通形成合力效应，不过总体而言都算是在一个大的事业范畴之内。

这个也很好理解。不管是股民还是机构投资人，对企业的要求都在不断地增长。问题是，企业在一个领域发展到一定程度，就会碰到天花板。市场就那么大，不要说市场饱和、竞争激烈的时候，就算是一帆风顺地发展下去，一家独大也会触顶。再加上行业发展有周期，如果不开发出新的市场，发展停滞和衰退都是分分钟的事。趁着手里有钱有资源，进入别的行业和别的地区，是最为常见的选择。这里讲经营范围，不仅指行业，也可以指地区。

绝大多数我们耳熟能详的百年企业，都不可避免地要跨领域经营。实行"专注"战略得分情况考虑，主要要看市场演化阶段和企业发展阶段。

前一章中对市场演化阶段已经有所阐述。当一个企业在市场出现阶段中投入一个产品的时候，不管是中心定位还是小众定位，快速站住脚是第一要务。专注于一个产品，集中优势兵力打歼灭战，这个道理谁都懂。快速，是硬道理；不专注，是快不了的。

但当一个产品进入衰退期，企业如果还专注于这个品类，是不可能成长的。成熟市场的整体规模已经无法快速扩张了。留在里面的企业专注于一个品牌或者一个产品，基本上不可能再更上一层楼。继续投入的边际效用也会很低。这个时候，选择延伸才会有新发展。

何况还有资本的要求。投资人、公众上市公司的股东们，要的是持续的高速增长。除非公司是老板一个人的，老板可以没有什么野心，小富即安。但是股东们会用脚投票，投资者也会"逼宫"。企业成长的故事说完了，资本对未来可就没有期待了。为了达到资本的增长需求，不专注就成为必然选择。

真正完全不相关的延伸的确很少，而真正长期专注于一个产品、一种技术、一项服务的公司也很少。比较有趣的是，大财团最为盛行的日本同时也盛产这种小企业。世界上历史最悠久的企业是一个叫金刚组的家族企业，创建于公元 578 年，相当于我国的南北朝和隋朝时期，现在已经传至第 40 代。从一开始，这家企业就一直从事庙宇的营建事业。在 20 世纪五六十年代，当这家企业转化为现代的有限公司制度后，短暂扩张到了建筑业。但后来在日本经济泡沫破裂时，金刚组因为过度扩张导致巨大负债而清盘。高松建设在 2005 年接手后，新"金刚组"重新专注于庙宇建筑。

这些家族企业比较少受到资本的影响，只要领头人团队内部意见一致，就比较容易按照自己的轨迹发展。而在资本相对更发达的西方体制下，特别是管理团队职业经理人化、风险投资、公众上市等因素的催化之下，高增长是不得已的必然选择。当一个市场遇到瓶颈，眼光就容易转向外部。

雷军的小米正在重新诠释自己的"专注"概念。随着公司价值的高速膨胀，现在小米已经不是一家单纯的手机厂商了，产品线覆盖手机、平板电脑、智能电视、路由器、电视机顶盒、移动电源等许多周边附件产品。在度过了初创时的单一产品专注期之后，小米现在的产品领域已经扩大到信息数码消费品领域，甚至还搞起了家居装修。此外，一直有各种关于小米产品领域的传闻，比如智能汽车。其实假如小米真的进入智能汽车领域也并不意外。小米当然不按传统方式制造汽车，如果是信息化、互联化和智慧化极强的车载设备或者操作系统，也属于信息数码消费品。小米本身只做研发设计和产品营销，制造环节都是由合作伙伴代工。因此，它也可以选择浅度合作，将自己的解决方案置于别人的产品之上，这样进入新领域相对容易一些，也没有脱离自身的核心能力。

从另一个角度来看，作为知名投资人的雷军本人，也投资了不少产业，是不是也可以视作另一种多元化呢？

通过投资不同企业，创建或收购新的品牌，就可以实现在新领域的增长。投资行为的市场化，使中国民营企业的财团化早已开始，只是很多企业体系并不像日本那样都置于一个企业名称之下而已。如此一来，又何必将诸多产业置于一个企业主体之下呢？

保持一点不专注，才能及时转身

除了扩大经营范围外，像诺基亚那样转变主要经营行业的例子也极为常见。很多情况下，这也是企业转型的一个契机——凤凰涅槃、轻装上阵、再铸辉煌、持续发展。

IBM是一个每次转身都获得了极大成功的企业。在改名IBM（国际商用机器）之前，公司名叫CTR，生产穿孔卡片机。早期IBM生产的员工打卡钟、穿孔卡片设备等产品很有名。IBM在商业计算工具市场的巨大成功也奠定了其在电子计算机领域的霸主地位。二战期间，IBM还曾经为美军生产过M1卡宾枪和勃朗宁自动步枪。这与其在计算工具制造方面积累的加工工艺和精密设备制造经验不无关系。

我们所熟悉的IBM是计算机硬件、软件、信息服务、咨询业的巨头，也曾经是首屈一指的个人电脑巨头。但在2004年，IBM将个人电脑业务出售给中国的联想公司。实际上，IBM从20世纪90年代起就已经开始从硬件制造转向重点关注软件和信息服务。

1996年，IBM喊出了"电子商务"口号，而当时几乎没有人能想象出今天电子商务的红火局面。2002年，IBM又以35亿美元的现金和股票收购了普华永道管理咨询公司，在信息服务和管理咨询方面打下了坚实基础。直到2004年出售个人电脑业务，IBM基本完成了转身。在硬件产业方面，IBM基本上只留下了高端服务器、大中小型计算机、专业商业用终端机、POS终端机等产品，完全退出了个人电脑行业。

现在的个人电脑行业已经是充分竞争的红海。21世纪初在个人电脑市场如日中天的时候，能够准确预判如今的趋势并及时转身着实不易。当时市场仍在高速成长，IBM的个人电脑仍占据着高端市场，但中国大陆、韩国和日本的品牌已经开始利用低价、设计感等各种手段瓜分细分市场，各大品牌都在为占据头名而拼杀。2002 年惠普完成了对康柏电脑的收购，一举成为当时规模最大的个人电脑生产商，并将该战绩保持到 2012 年。但是，在 2014 年，惠普却拆分为惠普企业和惠普公司两家公司，前者从事面向企业的服务器和数据储存设备、软件及服务业务，后者从事个人电脑和打印机业务。

如此看来，IBM 在 2004 年的出售行动确实高明。在设计、生产、营销等成本居高不下的情况下，美国的个人电脑厂商即使将规模继续扩大，甚至是转移生产基地，也难以和亚洲的生产商进行价格竞争。而且个人电脑已经进入高渗透率的阶段，销量高速上升期已经过去。亚洲公司通过不断地细分市场、降价来拉低市场利润空间。继续在这个产业拼搏非常消耗资源，收入和利润的增长却不能满足要求。

因此，IBM 选择了断臂求生，转而将资源投入信息服务这一快速兴起的领域。在互联网和移动互联网大潮之下，IBM 不断推出"电子商务""大数据""智慧化"等议题，顺应了新的发展势头。

诺基亚是在丢失了第一的光环之后迅速陨落，不得已断臂求生；而 IBM 是在预测未来市场走势后就立即转身，还没开始衰落就转型了。在 2008 年金融危机期间，IBM 还创造出营业收入 1036 亿美元、税前利润 167 亿美元的历史纪录。如此结果，实在是非常幸运。

专注是正确的。创业初期要集中力量办大事，困难时期要收缩防线集中资源渡过难关。这些都需要专注。但只知道专注又是不正确的。繁荣时期的不专注，是为了追求更高的发展目标；也是为了将来行业走下坡路的时候，能有新的业务增长点而准备的后招。专注或不专注，各有各的理由，还是得因时而异。

经营范围的另一个方面，是区域。

初创企业由于资源问题，一般很少选择跨区域运营。企业要发展壮大，往往又要走出去，扩大市场容量。走出公司初创的地区，甚至走向全球，是一个非常宏观的话题。不同地方和国家的文化差异、法律法规、人脉关系等，经营者都要考虑。

做什么、不做什么，进入或者撤出哪个经营领域，在企业发展的任何阶段都是大问题。有时候，进入新领域是形势所迫，撤出旧领域也是逼不得已，浴火重生的例子比比皆是。观察市场和行业发展的阶段，摸清自身的资源和实力，看准发展势头，才能决定是专注还是多元发展、专注于哪里、多元又该往哪里去。

3.3 既有产品的专注，也有战略的专注

专注就是指做单品吗？如果这样理解就非常狭隘。

专注是产品的选择，更是一种战略的选择。上一节谈到企业的单一行业和多元化选择，就是指战略层面是否专注的问题。

专注于单品是很多描述互联网思维的著作着重描述的。如果单一产品销量巨大，可以极大地摊薄成本，形成规模经济。但是，我们希望谈一谈产品之外的专注。

倾己之力是专注

著名的《战争论》一书的作者克劳塞维茨认为，兵力原则是军事上的基本原则。所谓的"兵力原则"，就是要人多势众。那么以少胜多怎么说？那是因为在一个时间段内，胜利方集中了优势兵力。因此，克劳塞维茨推崇集中优势兵力，他说："必须在决定性的地点投入尽可能多的军队进行战斗。"这就是

说，要专注于一个最重要的战场。

商场上也是如此。一般来说，大公司可以不断用资源挤压小公司的生存空间。小公司似乎连抢人才都很困难。但是如果小公司瞄准一个小市场精耕细作，常常也能够获得很好的成长，并逐步挑战大公司。大公司的战线长，需要照顾的市场面很宽。在一个特定的小市场上，大公司很可能有所忽略或者无暇顾及，并不一定能比小公司更加投入。幸好如此，要不然这世界迟早会只剩一家公司。

集中优势兵力一定要够快。如果军事行动迅速，优势兵力就可以在各个战场之间迅速转移。这样在不同的时间点和不同的地点都能分别形成优势。所以曹操集中主要兵力尽出快速解决乌丸，就能够迅速脱身再去对付刘表。要是和乌丸纠缠起来，大军被拖住，估计刘表就要背后捅刀子了。

因此，互联网思维中的"专注"和"快"是配套的。"专注"和"快"是为了集中优势资源。首先专注地投入，在一个小市场上占有优势。随后防守住这个优势，减少投入的资源，腾出手再投入优势资源去专注另一领域。

扬己之长是专注

战争不会因为我们选择了某个成功的战略就必然会胜利，还要看看我们是不是具有选择这个战略的能力。致力于形成自身的特长，而不是人云亦云地跟随，也是一种专注。

在战争中，武器的质量、士兵的素质、训练的强度、军队的数量、指挥官的能力都会影响军队的战斗力。在商业竞争中，技术储备、产品、营销能力、资金和经营者的素质则是商战的基础。

马其顿使用长矛的步兵组成密集方阵横扫了中东。成吉思汗的骑兵拥有当时世界上射程最远、杀伤力最大的复合弓，箭法娴熟的骑兵能远距离把欧洲的重甲骑兵射个七荤八素。

这些古代军事超级大国制造出了先进的武器，并围绕这些武器发展了适合的战法，还配合了训练有素的士兵和水平高超的指挥官，因此形成了强劲的战斗力。但这些先进的武器和高超的战法，却是凭借自身条件发展出来的，他人很难复制。

马其顿地域狭小，农民多、贵族少。当时打仗的装备都是战士自己掏钱买的。没钱的农民装备不起昂贵的重甲，所以马其顿缺少重装步兵。结果，马其顿发展出长矛密集方阵辅以轻骑兵协同的战略，在对手面对像刺猬一样的方阵难以下口之时，轻骑兵就包抄给予致命一击。

而蒙古族人是从小练习骑射的民族。不论是欧洲人还是汉人，农耕民族没有这个条件训练这样的骑兵。

武器处于弱势的军队也可以发展适合自己的特长，比如游击战术。越南人将此发挥到极致，在丛林里把具有优势兵力和优势武器的法军击败，后来的美军也拿他们无可奈何。

弱者如果仅仅学习强者的套路，不可能战胜强者。黑格尔在《历史哲学》一书中说过，所有伟大的历史事件总是会重复出现，第一次出现是喜剧，第二次出现就成了闹剧。只有专注于开发最适合自己的能力，才有可能战胜强者。

别人的先进经验再厉害，自己学不好也是白费。不具备必要的基础，硬是去学，只能装装样子，上了战场没有用。红军打游击战运动战就能成功反围剿，学堑壕战硬拼反而被动，就是这个道理。不是堑壕战不"给力"，是红军的武器和训练都不到位，做不到。但是利用地利、人和打运动战，对手就一点办法也没有。

在商业方面，小弱企业和领先企业拼实力、正面作战也很难取胜。在技术、资金、人才都不如对手的情况下，弱势企业需要准确把握自身和市场的特点，发展出自己的特长来应对。

全球的移动社交市场基本上已经被各大巨头把持。在玩过垂直、语音、图片、视频、阅后即焚的概念之后，还能有什么花样？WhatsApp、微信、脸书（Facebook）、Skype、Line 这样的市场领先者，不是自己开发就是收购小公司。如果有竞争者想玩差异化，它们也可以用最快的速度抄袭，还抄得比原版更好。

但来自硅谷的 Open Garden 还是玩出一个新招：不需要接入互联网，而是利用移动设备的蓝牙功能建立网状网络。在大型团体活动，比如音乐会、体育比赛的时候，手机网络拥堵得谁也发不出信息的情况大家都碰到过。如果遇到自然灾害，网络瘫痪更让人们因为无法向亲友发送确认安全的信息而心急如焚。这个名叫 Firechat 的应用则可以在这些场合大显身手。而在某些不发达国家，网络费用非常昂贵。如果足够多的人利用这个应用，都作为这个网络的节点，理论上所有用户都可以不需要接入手机网络而连接到其他用户，并且不需要缴纳任何流量费用。

Open Garden 发展了领先公司不可能学习的武器和战法。蓝牙传输有其局限性，必须在 30 米左右的范围内有其他 Firechat 用户。蓝牙技术传输的带宽也限制了某些大容量的内容。现在的领先企业如果模仿这个思路，就要被迫放弃一些已经很有市场的功能。Open Garden 在这方面发展出技术优势并推出的产品，大公司不会抄袭，也很难反击。

真正的竞争优势要可持续，而且要别人在短时期内不可复制。

对于强者来说，可以通过不断的快速创新来保持优势。特别是领先者，要有决断地针对已经达到顶峰的业务进行颠覆性创新。但是这点很难做到。因为自我颠覆是要以当前业务的下滑为代价的。很可能新的业务还没跟上来，旧的业务已经完蛋了。

对于弱者来讲，仅仅是复制领先者的成功经验无法成功，还是专注于发展自身独特的战斗能力吧。想想有什么是领先者们难以做到的，自己就去苦练这个绝技。如果练成了，领先者反而很容易陷入纠结的状态中。这类故事一直在反复上演。

克敌之短是专注

领先者有难以舍弃的东西，弱者要击败他，就要以此来发展自己的特长，因此不需要对领先企业已经建立起来的优势特别畏惧。领先者也有弱点。船大调头难，并不是领先者没有看到极盛背后的危机，而是它们的事业就建筑在这样的基础上，推倒重来简直是断臂重生，是极为惊险的选择。

百事可乐就对可口可乐发动过这种攻击。

1915 年亚历山大·萨米尔森设计了可口可乐弧形瓶的原型（就是那种"美人腰"形状的弧形玻璃瓶，容量是 195 毫升），由鲁特玻璃公司持有专利。这种瓶装的可口可乐极其成功。独特的造型不仅美观、手感好，还极具实用性。当时小贩会在箱子里放上碎冰块，把各种饮料放在里面冰镇，有人要买的时候就伸手进去摸一瓶出来。可口可乐独特的瓶子造型很容易识别，不会摸错。

可以说，这个瓶子已经成为可口可乐战斗力体系的一个重要部分了。

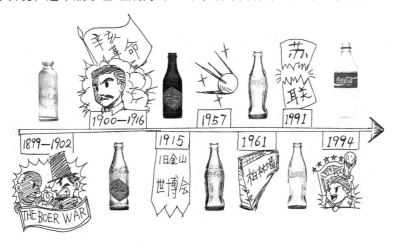

可口可乐瓶身演变图

但在 20 世纪 30 年代，随着美国经济萧条，百事可乐钻了可口可乐的空子。它推出了 355 毫升的瓶装，价钱和可口可乐一样。

这不是价格战那么简单。可口可乐的瓶子存货是改不了的；装瓶工厂、运输的工具，都是围绕瓶子设计的，改起来也太麻烦。特别是在 20 世纪 30 年代的时候，可口可乐已经投入了几十万台自动售货机，这些高科技的家伙没法全废掉。

可口可乐认为自己的瓶子深得消费者的喜爱，又好看又顺手，简直是完美的设计。但是这个包装方面的优势，在面对百事可乐的加量新包装攻势的时候，却成了不能回转的尴尬。改包装去迎战，经济损失事小，坏了形象事大。

因为不愿面对损失，可口可乐几乎是硬挺了十几年。直到 20 世纪 50 年代，它才开始大规模推广 300 毫升、355 毫升和 780 毫升的包装。60 年代可口可乐推出了钢罐包装后，把弧形瓶图案印到了罐子上，算是解决了这个形象和品牌的问题。直到现在，弧形瓶形象还是可口可乐的商标之一。就在 20 世纪五六十年代，百事可乐成就了赶超可口可乐的第一步。到了 60 年代，可口可乐和百事可乐的市场份额大约为 2.5：1 的状态。

百事可乐没有正面进攻，但也不是零星地针对一个不引人注意的小市场一口一口吃。艾·里斯和特劳特在《商战》一书中把这种做法称为侧翼战，尼克·斯凯伦（Nick Skellon）在《公司战》中则称其为突袭战斗。不过很快，百事可乐就和可口可乐展开了正面决战。到 20 世纪 80 年代，双方的市场份额已经不相上下了。

强者的弱点可能在产品，也可能在渠道和空白市场等等。什么都跟着领先者学，比如原材料供应、技术、渠道、广告，什么都和领先者一样，也无法超越它。必须更好，还不是更好一点点。不如另辟蹊径，跳到大公司的包围圈外。

比如，小企业也可以去试着占领大企业没有全力占领的渠道。只要集中力量，在这些渠道上小企业可以投入比大企业更多的资源，从而取得优势。

在中国的化妆品行业，外资品牌的形象比较高端，非常注重在百货商店、购物商场一类的业态中拓展。在一、二线城市，这些业态非常发达，外资大品牌也能够为这些百货业态提升档次。国产品牌进入这类渠道的门槛很高。大公司、大品牌挤占了渠道空间，这属于典型的绞杀战。

因此，很多国产品牌转战三线以下城市，它们发现了化妆品商店这样一种业态。通过高佣金和渠道补贴，它们在这些渠道站稳了脚跟。由于外资大品牌在三线以下城市地区的经销商网络薄弱，也没有心思苦心经营，就和国产品牌形成了差距。事实上，即使是一线城市，业态也出现了变化。专业化妆品店和药妆店开始崛起。小品牌在新渠道对外资品牌发起突袭，开始占得一席之地。草根品牌成功"逆袭"的案例，在日化、食品、小家电等快消行业屡见不鲜。

竞争战略里的专注

企业需要建立持续的竞争优势来存活和发展。通过一个合理的竞争战略，有可能找到获得竞争优势之路。

迈克尔·波特的商业竞争理论广为流传，而近几年又颇受争议。广为流传是因为几乎所有商学院的战略课都会提到该理论，而且也会把波特的书作为参考书让学生去读。颇受争议，主要是因为波特大师自己参与创立的咨询公司摩力特（Monitor Group）已经倒闭了。这样一个算命大师没算准自己的命运，在互联网上引发无数评论。

在波特的通用竞争战略中，差异化和聚焦战略也是"专注"思维的重要来源。

虽然这个理论发表距今已过去了 36 年，但到现在为止的几乎所有商业战略，都是这三个思路的变化和组合。客户之所以选择某个产品和服务，原因无非就是：要么感觉便宜、要么感觉更好，或者兼而有之。因此，各种五花八门的市场竞争战略，都是围绕如何做到让客户感觉更便宜、更好而形成的。

成本领先：专注于成本、追求价值第一

成本领先战略，说白了就是我能比你更便宜。在这个战略下，企业必须有成本优势，推出的产品和服务才能比竞争对手便宜。成本优势的来源，可以是内部管理好，也可以是规模大，还可以是有资源优势。这些优势可以从成本上阻挡竞争者。

但是，把东西卖得便宜不算是成本领先。成本不比别人低，定价却比别人低，这是"勇敢的心"，不是成本领先。

低成本也不仅仅是指低端市场策略。其实，成本领先战略的公司也有卖高端货的。雷克萨斯汽车就是一个典型的实施成本领先战略的高端市场产品。

丰田在1982年以奔驰和宝马为标杆来设计汽车，花费6年时间、投资5亿美元进行研发。但是当时丰田采用和奔驰宝马完全不同的方式来生产汽车。德系豪华车设计领先，不太考虑成本。因为产品价格高，为了提高性能、增加功能，加上德国的工人成本很高、假期很长，这些都导致整车成本居高不下。

但是日本人是长期在低成本下生产汽车的。利用高度自动化生产线、零缺陷质量管理、即时生产体系以及高效率的供应商网络，丰田在质量和成本之间平衡得很好。相反，奔驰的S级车几乎是完全手工打造的奢侈品。于是，雷克萨斯在1989年推出LS400车型的时候，定价比奔驰S级轿车低了3万美元，并宣称质量和性能与之相当。

当然，为了弥补品牌影响力的不足，丰田瞄准年轻精英阶层，推出更为周到的服务体系——全新的4S店和展厅网络以及全生命周期质保承诺。

高质量、低成本，是成本领先战略的极致追求。

互联网思维常常讲免费模式。免费模式的某些例子看上去像是变相的、极端化的成本领先战略，但实际上其本质是不一样的。成本领先只是通过规模效应、技术手段来压低成本，但做不到免费。在成本领先状态下，低价也可以赚钱。免费模式归根结底是吸引客户，达成规模，然后在别的地方赚钱。免费产品本身不可能直接赚钱。

虽然大家都公认免费模式是互联网思维的特征，但是在还没有互联网的时候，免费模式早已存在。电台电视免费收听收看，但是要插播广告，这是一种免费。商品是免费送的，但是得购买配件，这是延伸销售，也算一种免费模式。

现在还有一种真免费，就是烧钱换市场。虽然还不知道怎么赚钱，但是产品和服务的人气很高，于是有大笔的风险投资注入来维持这个烧钱的过程。这种做法也不是成本领先，姑且算作"存款领先"。

差异化：专注于扬长避短，单项优势做第一

差异化战略就是和对手不一样。执行差异化战略的企业，要推出具有独特性的产品和服务。产品和服务可以差异化，品牌也能差异化。

小米在初创品牌时，品牌号召力远不及现在。当时国产品牌和洋品牌相比还比较"土"。但小米产品"发烧"的概念很吸引眼球，并且通过硬件性能等方式体现出来，确实有很好的技术支撑。样子不难看，性能属于发烧级，用户还能提意见参与改进软件，这些产品概念很独特。

小米的传播和销售也很独特，这也是雷军互联网思维的重要支点。

一是通过互联网的传播方式以及雷军的个人号召力，树立品牌推广的优势地位。这一点别的手机厂商不太能模仿，因为雷军的个人品牌太突出了。他是话题人物，容易引起目标客户群的注意（初期的目标客户群是 IT 发烧友、通信工程师）。他运用社交媒体很有一套。这是个每时每刻都不能掉以轻心、极其累人的活，并非所有公司 CEO 都能做到。在隔海相望的日本，软银的总裁孙正义也精于此道。

二是初期只通过网络电商的方式销售。其实小米作为一个初创品牌，产能不足是个劣势。但玩起饥饿营销之后，反而吊起了大众的胃口。只在网络销售产品也很符合互联网精神，与品牌形象很匹配。当然，现在小米也发展了不少线下渠道。

第三点，当然也是最重要的一点是，小米的东西不贵。宣扬互联网思维正好支撑了小米物美价廉这个卖点。消费者需要一个理由来相信一个便宜的东西不是因为原材料便宜、工艺档次低。使用互联网思维调动网友参与来做开发、利用电商来销售，这两个理由听着蛮有说服力，不少人会相信。

到这里为止，小米手机成了发烧手机里最便宜、便宜手机里最发烧的。专注于互联网概念，小米打出了性价比的差异化牌。

差异化战略可以引出"专注"和"No. 1"思维。因"专注"而独特，因独特而成为"No. 1"，获得差异化优势。

执行差异化战略的公司，必须专注于自身的特点，打造不同于别家的能力，而不是追求全面发展。在资源有限的情况下，追求全面发展无疑会毫无建树。发展出特点之后，就要创造出具有独特优势的产品和服务来。在传播的时候则强调这种独特性，营造在某个领域"我是第一"的口碑。

聚焦：专注于小规模市场，小范围里做第一

聚焦战略就是盯着一个小市场做到极致，比对手做得更好。更好也有两种方向：（1）成本更低；（2）针对小众客户，满足独特的需求，体验更好。

专注于一个细分市场的思路，为很多企业所采用。对于后进入市场的企业，尤其应该如此。

廉价航空是典型的低成本聚焦。国外有著名的易捷航空（EasyJet）、亚航等，国内有春秋航空。春秋航空在飞机上不供应餐食，需要的话需另外购买。其座位要比一般的航空公司更窄，这样就能多放些座位，压低成本。行李限额只有7千克，超过了要付费，而一般航空公司有20千克。空乘主要不是进行服务，而是销售各种商品、食品和饮料。但以上都不重要，因为它的票价便宜。

小众客户聚焦，显著的例子包括各种奢侈品、豪华跑车、专业产品。莲花跑车算是跑车界的小众产品。绝对简化的内饰和附加设备、超级轻量化的车身，一切都是为追求极致驾驶性能而设计的。这种车坐上去绝对谈不上舒适，注定只能卖给真正热爱驾驶、而不是想彰显身份的跑车发烧友。

聚焦战略和差异化战略有什么区别？

聚焦战略是瞄准一个小众市场。企业发现有一个客户群有独特的需求，而自己在满足这种需求方面正好有优势，就可以采用这种战略。

差异化战略则是满足相对较大的客户群的某一种比较普遍的需求。企业在这个方面能够做得比别人好，就会采用这种战略。

有时会出现这样的情况：本想做差异化，一不小心却做成了小众市场。本来以为是大家都会有的需求，结果却只有少部分人愿意为这种需求买单，结果将差异化战略做成了聚焦化的小众市场。

相反，也可能原本只是想做个小众市场，结果却不断壮大。本来是面向某个小众市场的产品，结果这种需求被扩散到大众市场，成为一种主流需求。

也许举的例子不恰当，前者就如锤子手机，后者则如小米手机。

锤子手机从情怀入手，强调以工匠的精神精心打造，不拼配置、不拼性价比。这种宣传的调子通过社交媒体的发酵，的确非常有效地实现了大范围传播。老罗团队初始的想法应该是通过这种传播来进行一次用户教育，将用户关注点从小米的性价比优势上移走，并形成自身的差异化优势。这不是瞄准小众客户的节奏，而是直击所有人的需求。

但这个策略暂时还没有成功。

首先，初期发现的手机质量问题，对工匠精神和情怀的破坏力极大。其次，被情怀和工匠精神打动的消费者，似乎没有达到足够的数量。不得不承认，这还是针对单一细分市场的定位。用户教育需要时间、耐心、机会，还有巨额的资金投入。

小米手机的巨大成功，被无数人解读了无数遍。从竞争的角度，一开始从米聊粉和硬件发烧友入手，可以归类为一个小众市场聚焦的战略。

用户参与的快速迭代开发方式、发烧的硬件配置和高性价比的定价，都高度符合这个小众市场受众的习惯。这个目标群大多是电子、软件、互联网从业人员或爱好者。他们熟悉器材，不喜欢没有价值的花哨功能。在 PC 时代这些人热衷超频、换配件；在智能手机时代喜爱刷机、跑分。他们希望能够体现自己的水平，能参与产品改进会极大提升他们的自我满足感。①

在电子消费品市场的舆论环境中，这些人大多是意见领袖，活跃于各大论坛和社交媒体。他们的好评对小米手机品牌的提升有很大帮助。而最大的帮助，则是把硬件发烧和性价比给生生变成了手机行业新的产品优势。后来各大手机商都意识到，和苹果比体验实在没什么生路，都挤到了硬件跑分这条路上。不管怎么样，本来是发烧友的乐趣，现在成了评判手机竞争力的要点。

这样，小米建立了手机价值的新标准，并在这个标准之下取得了优势。它已经不再聚焦于发烧友，而是采用了基于性价比的差异化战略。由于其强大的号召力，在供应链和销售渠道上也具有很大的优势，最终形成了全面的竞争优势。现在的小米，甚至已经可以采取成本领先策略了。雷军提出的 7 字诀完全体现了他在小米初期的战略思路，也完美地实践了我们所熟知的这些战略套路。

首先是明确的战略目标，要在非常短的时间里累积起极大的知名度和良好的口碑。这样能迅速建立起行业优势，并不断获得资本注入。因此需要专注以便集中优势资源（聚焦战略）。利用产品迅速迭代和用户互联网方式参与开发，不断创造传播的机会，也是快速增加口碑的手段。

---

① 这高度发挥了软件开发这个产品的特征。实体产品不太可能快速迭代开发，体现用户参与感的点也比较少。

产品要做到极致，但不可能在任何方向上都做到极致，因此应聚焦于目标人群最关心的那些特质去做到极致。由于口碑营销的作用，这些人群会引导整个社会中的很大一部分人认可"硬件发烧"和"性价比"这两个概念。由于在这个概念上的领先，小米手机能够建立起和别的手机厂商有差异的竞争优势。然后利用规模优势，达成成本优势。

3.4 从专注到定位，再到 "No. 1" 思维

快、专注，都是为了达到第一名。谈"No. 1"思维，就不得不谈市场细分和市场定位。

差异化战略讲究专注于自己的特长，提供与众不同的服务和产品；聚焦战略讲究专注于小市场目标客户的需求，提供极致的产品和服务。这两个战略都是致力于成为某个领域的"No. 1"。但是如果没有市场定位，在哪个领域称王的问题就复杂了。

不过，定位理论却也引发了很大的争议。有人认为定位是互联网时代的大毒草。因为互联网时代应该以用户为中心，利用长尾效应和赢家通吃，做"爆品"。还有一个普遍存在的观点认为，在互联网时代或者在互联网思维下，体验应该是第一位的，各种体验都要好、各种人的体验都要好。反正各类互联网思维里确实没有定位思维。

不过，这里要指出的是，"No. 1"思维恰恰来源于市场定位。不仅仅是在互联网行业，在传统行业中也要力争第一才能活得更好，互联网行业则将这个需求进一步放大。

在很多传统行业，大鱼吃小鱼、小鱼没得吃的过程进行得比较慢。传统社区小店或者街头小杂货店，是传统的消费品实体渠道。在一、二线城市，大卖

场、超市和便利店这样的现代业态已经开始挤占这个渠道形态，传统杂货店已经非常边缘化，几乎快要消失了。但这整个过程从开始到今天，已经进行了超过 10 年。

互联网行业则快得多。在风险投资的推进下，一个新的领域被发现后，大家立刻就会涌进去，两三年间就会分出高下。如果不能争到第一，企业的资金支持就会面临断裂的危险，危及生存。所以，"No.1 效应"在互联网这样的新兴行业特别明显，"No.1 思维"也就特别受到推崇。

因为要争取第一，所以要专注。因为要专注，所以要细分市场并且设计定位，这样才能专注于这个细分市场。

定位不是大毒草

如果专注思维是互联网思维的真理，那么定位理论就不会失效。不定位，要往哪里专注呢？

美国的营销学家温德尔·史密斯（Wendell Smith）在 1956 年最早提出了市场细分的概念。后来，菲利浦·科特勒在温德尔的基础上进一步发展，形成了 STP（Segmentation-Targeting-Positioning）理论，也就是市场细分（Segmentation）、目标市场选择（Targeting）、定位（Positioning）。这个框架被作为现代市场营销的核心理论而广为流传。

艾·里斯和杰克·特劳特后来发展了定位理论。在《定位》一书中，他们提出的观点引起了争议："定位的基本方法，不是去创造某种新的、不同的事物，而是去操控心智中已经存在的认知。"①

定位理论不是源于《定位》这本书，而是承袭了细分市场的思想。但或许

---

① 艾·里斯，杰克·特劳特. 定位 [M]. 王恩冕等译. 北京：中国财政经济出版社，2011：8.

正是由于《定位》这本书中的一些表述，引发了对定位理论的批判。因为单单看这些文字，定位简直就是"忽悠"的代名词。很多人据此完全忽略用户使用产品和服务的感受，只关心在宣传的时候让用户认为产品和服务是什么。

但是，这里面其实有重大误解。

《定位》这本书中描述了定位的游戏规则，其中一条是要保持客观："实施定位的重点之一就是，要能够客观地评价产品，并且了解顾客和潜在客户是如何评价这些产品的。"① 定位不是巫术，不能光凭起个好名字或者拍个好广告就让一个很烂的产品创造长期辉煌的销售业绩。

其次，市场定位包含了对现有产品的重新定位和对新开发产品的市场定位两种情况。

重新定位，是因为产品的设计和生产质量应该有更好的市场表现。通过对产品的名称、包装、价格、销售渠道策略、宣传策略重新设计，可以吸引潜在消费者。假冒伪劣产品是不可能通过出色的定位取得成功的。

而开发新产品，则一定要使产品具有吸引目标市场消费者的特点，在这基础上再设计相应的价格、销售渠道和宣传策略。

艾·里斯和杰克·特劳特的定位理论最大的贡献，是他们另一个重要观点：成为第一，是进入受众内心的捷径。这就是"No.1思维"的基础。

总结一下艾·里斯和杰克·特劳特的定位理论，可以得到一个4步法：

(1) 分析外部环境，特别是对竞争对手的情况。

(2) 避开对手在顾客心目中的强势印象或利用其强势中蕴含的弱点，确立品牌优势，也就是做出定位。

(3) 为定位寻求一个可靠的证明。

---

① 艾·里斯，杰克·特劳特. 定位 [M]. 王恩冕等译. 北京：中国财政经济出版社，2011：282.

（4）将定位整合进企业内部运营的方方面面。

我们常常关注第 1 步和第 2 步。但如果不去执行第 3 步、第 4 步，就会陷入"吹牛皮吹破了"的境地。因此，绝不能仅仅将其视作一种广告创意思路。

《定位》一书的着眼点更多偏向于传播。菲利普·科特勒总结的 STP 法则更偏重于对营销战略的整体把握。先进行市场细分，将所有消费者的行为、习惯区分开来，得到不同的需求。再进行目标市场选择。根据企业自身的实力和市场的竞争态势，如果设定的是一统江湖的目标，那就用成本领先的策略，把所有消费者一网打尽，满足所有需求；如果有所长但没有实力一统江湖，就扬长避短，用差异化的策略，满足一部分消费者的需求；如果实力不济，就瞄准一两个小的市场，精细耕耘，满足少量消费者的特别需求。

根据目标市场的特点，设计和制造产品。然后，需要一个市场定位，以便围绕目标客户的特点，设计产品的营销组合，包括名称、包装、价格、销售渠道、卖点提炼、广告设计和宣传途径。

沿着 STP 的过程，同样说明定位绝对不是搞出个宣传噱头就万事大吉了。定位是为了将产品的特点用合适的方式传达给目标消费者。

定位才能达到 No. 1

可以满足一部分消费者的所有需求，并且让这些消费者获得极致体验；也可以满足所有消费者的一部分需求，并且让消费者在这一点上获得极致体验。如果要满足所有消费者的所有需求，而且都获得极致体验，那么产品的价格一定会同样极致。如果试图满足所有人，就得打造一个完美的产品，还要在合理的价格范围内，这是不可能完成的任务。

或者也可以把产品线拉长，用很多产品满足很多种需求。宝洁之类的消费品企业就是这么干的。只有巨无霸企业才能这么做。而且，这样分散兵力，也难保每个产品线都在自己的细分市场上领先。专注于一个市场、一个需求、一类人群，更容易在这个领域做到 No.1。

"专注"思维是和"No.1"思维配套来理解的，恰如市场细分、目标市场和市场定位是配套执行的。艾·里斯和杰克·特劳特的定位理论的一大贡献，正是明确了要在细分市场上获得第一的口碑。这正是"No.1 思维"的要义。

不论使用的是差异化策略还是聚焦策略，都需要一个市场定位。专注于这个市场定位才有机会达到 No.1。合理的定位不仅仅是一个天马行空的点子。它是整个营销战略的一部分，其基础是企业的核心竞争力。在开发市场定位的时候，要将确立企业核心竞争力作为最重要的事情之一。

集中火力应对某种需求，或者狭窄的目标人群。不仅仅是要找到重要客户，还要找到对他们来说最有价值的点，俗称"痛点"。如果针对这个"痛点"提出一个解决方法，并且是利用自身比较独特的能力才做得到，那恭喜你，你距离一个有竞争力的定位不远了。

然后还得看看，这个市场有多大，你能拿到多少份额。这个就得看竞争对手的水平了。如果不是有独特的能力，很容易被别人赶超。因此，自己的核心竞争力一定要非常独特。

所谓核心竞争力，并不是现在我的产品比你的好、我的产品价格比你便宜。能够保持优势的能力才能被称为核心竞争力。如果产品能不断更新换代保持优势、成本不断下降，这才是核心竞争力。围绕核心竞争力的定位创意就是可以接受的选项。

但是，这还只是个开始。作为一个完整可执行的战略，营销过关了，还得看支撑营销的工作能不能完成。

为什么只有靠谱的定位才能专注，才能成为 No.1？《定位》这本书写作的年代，已经是一个媒体爆炸、产品爆炸、广告爆炸的时代。因此，杰克·特劳特才会认为，占领心智是品牌领先的要务，成为第一是占领心智的捷径。

现在已是互联网时代。媒体、产品和服务、广告都极大地丰富，可以说是媒体爆炸时代的加强版。由于互联网空间无限大，信息获取的方式较之以前也大大简化，只需要在联网的终端前就可以了解全世界的信息，因此信息大爆炸来临了。据英国《每日邮报》2014年9月17日报道，在线数据统计网站"互联网实时统计"（Internet Live Stats）日前发布数据显示，全球互联网网站数量已经超过10亿个，且还在持续增长。虽然其中75%处于休眠状态，这仍然是一个天文数字。

但同时，大量同质化的信息、产品和服务也充斥于网络之上。要让自己的产品脱颖而出非常不容易。占领心智的理由不但没有削弱，反而更加强化了。

比如，2014年3月，App Store向全球155个国家的iPhone、iPod touch、iPad提供超过100万款应用。这还仅仅是苹果应用商店的软件应用数量。互联网服务和软件应用产品的数量之多可见一斑。而互联网行业的同质化竞争也比较厉害。一拥而上的"千团大战"仍让我们记忆犹新。

其实非互联网媒体的数量和种类也多如牛毛。中国有4000多家电视台，其中包括400家左右无线电视台。加上传统的报纸杂志、户外看板、户外液晶屏、公交出租车、楼宇和电梯液晶屏等，新兴的免费Wi-Fi热点、社交、移动应用内广告等，企业的广告投放部门面临的是乱花渐欲迷人眼的困境。

一个人每天会在各种场合看到多少广告信息？很难统计，因为连受众自己都记不清了。互联网时代，产品、媒体和广告的大爆炸进一步加强。加强差异化和寻找吸引人的点成了不得不做的事情。

重新定位对手，创造自己的No.1

《定位》一书认为，如果不能成为第一，那就重新定位对手，想办法创造一个新领域并成为第一。互联网行业讲究做垂直领域的No.1。当你创造了一个垂直领域的时候，其实也是把竞争对手的定位重新定义了。

这样的做法以前其实也屡见不鲜。乔布斯在 1984 年推出的麦金塔电脑是第一种广泛销售的基于图形用户界面操作系统的电脑。1982 年，Apple Ⅱ 电脑的销量是 27.9 万台，IBM 和其他同类产品是 24 万台。但到了 1983 年，IBM 成了老大，IBM 和 IBM 兼容机销售了 130 万台，苹果的 Apple Ⅱ 的销量虽然上升到 42 万台，但是份额却落后很多。苹果在酝酿一个新产品进行反超。

按《乔布斯传》一书的说法，"一直以来，乔布斯都将自己想象成一个抗击黑暗势力的反叛者"。他主导下的麦金塔电脑，用一支惊世骇俗的广告拉开了序幕：《1984》广告片。在这支广告中，乔布斯重新定位了对手 IBM。

政治寓言小说《1984》是英国作家乔治·奥威尔的作品，书中假想了一个集权控制下的国家，通过改写历史、改变语言、打破家庭等极端手段控制人们的思想。具有监视功能的"电幕"（telescreen）是其中一个重要标志。这个电视机状的装置用来监控人们的行为以及播出领袖"老大哥"的讲话，传播对领袖的崇拜和敌人的仇恨，是维护集权社会运行的关键装置。

在乔布斯《1984》广告片中，一位女性手持铁锤冲出，在"老大哥"讲话时，把铁锤砸向"电幕"。旁白念道："1 月 24 日，苹果电脑公司将推出麦金塔电脑。你将明白为什么 1984 不会变成《1984》。"

这个广告明确地说出了乔布斯的战略。广告把 IBM 塑造成邪恶的"老大哥"，企图用"电幕"式的电脑统治世界、控制用户。而苹果的麦金塔是站在用户这边的为自由而战的挑战者。这种定位希望抓住青年人的眼球。政府和大企业使用的电脑代表着平庸、控制和毫无生气，不是青年人和自由主义者想要追求的生活状态。

乔布斯很善于利用媒体进行宣传。《新闻周刊》《滚石》杂志都曾被找来专访乔布斯。乔布斯认为，命令行后的那个光标已经过时了——而那正是 IBM 和兼容机的 PC DOS 界面的模样。

在麦金塔的发布会上还有一个噱头。演示完各种图形界面操作系统、软件之后，麦金塔开始自我介绍："你好，我是麦金塔，从包里出来的感觉真好。"而且它还不忘调侃一下 IBM："我想和大家分享一下自己第一次见到 IBM 大型机时的感想。千万不要相信一台你搬不动的电脑。"[①]

20 世纪 80 年代初的美国正和苏联对峙，且实力还略逊一筹，因此美国人将"老大哥"的集权形象投射到苏联身上。IBM 被暗示成这样的形象，效果明显。在发布会上，苹果崭新而漂亮的产品形象坐实了这种对比式的定位。苹果承认 IBM 的第一位置，但却把这个第一的领域推到了黑暗世界那一边，并自诩为自由世界的领军人。之后的苹果产品也常常扮演这样的角色。

但仅仅依靠一个反面广告还不算是成功了。或许引发冲突对挑战者来说是一夜成名的机会，但别忘了 4 步法中的第 3 步、第 4 步：找到定位的可靠的证明并要结合运营的方方面面。

苹果拿出了图形界面和外形设计漂亮的产品，确实把对手比下去了。如果乔布斯吹嘘了半天，自己拿出一个难看又老土的东西，就成了笑话。将对手重新定位，消费者对自己的期望就会提高。不超越用户的期望，跌下来的时候可能会摔得更惨。

领先者无法阻止竞争对手把自己推到一个新的定位上，如何拦截对手产品在客户那里抢占心智是一道难题。根据观察，大致有这么几种应对之策。

1. 抹黑对手

这个做法在互联网上叫"撕逼"。例如康师傅和农夫山泉的水源地大战。最后两家都难以收场，就互相指责对手搞黑公关，最终成了一场"罗生门"。但是让对手用抹黑的方式重新定位，还是要慎用。

[①] 沃尔特·艾萨克森. 史蒂夫·乔布斯传［M］. 管延圻，魏群，余倩，赵萌萌，汤崧译. 北京：中信出版社，2011：157.

2. 多品牌、多产品出击，挤占市场空间

这算是防患于未然的手段之一。改变自己的定位是非常难的。新进入者可以开辟一个新领域成为第一，已经做大的企业就很难转弯，有时候新做一个品牌还更容易些。为了防止别人来一手《1984》式的定位，不如自己对市场进行细分，然后打造新品牌进去占个第一位。宝洁公司就是此中高手。

但这么做缺点也很明显：多线作战，资源分散。而内部的其他品牌管理层也常常会把新产品和服务当作对手来应对。

3. 不停收购相关领域的创新业务

"买买买"，互联网大佬们有充足的现金流、新业务增长的故事、生态圈的展望，有什么理由不收购呢？

如果一群创新企业一拥而上，即使是大佬级企业，也不愿总是陷入不断被人重新定位的局面。收购和投资是快速扩张的有效手段。成功的企业在现金流充裕而市场空间狭小的时候，收购可能形成差异化或补缺的新兴企业，也是一种防守手段。

3.5　互联网时代不需要战略规划吗？

欧美经济在二战以后高速增长，经营学也同时突飞猛进。经营战略方面的学说和观点几乎都是在 20 世纪 50—80 年代提出来的。但现在互联网行业开始有一种战略已死的论调。

大多数互联网企业都是初创企业。要做好战略规划，有时候非常兴师动众，而且互联网时代的环境变化实在太快，在信息缺失之下，战略判断能否准确做出？又如何及时调整？这些确实是难题。

因此，甚至有人喊出不要战略，大胆试错。一般战略规划都是以 3—5 年为期，每年滚动规划。3—5 年，在互联网产业可能就是一整个品类过气的周期。所以这种不要规划的观点似乎也有道理。因为等你规划完了，世界已经变了。

试错就是先干起来，不行就换一个套路再试，行得通了，就在这个基础上加以改善。在"试错"的思路下，企业追求的不是最佳方案，而是先做再改。

但这其实也是战略，仍然需要"计划—决断—检查—行动"的过程。计划的时候也要周密思考，只是速度明显加快，变化的频率也越来越高。原来每年执行 3 年滚动规划，现在则要不间断地进行战略思考，并根据当下的情形调整自己的经营。面对急剧变化的环境，更需要清醒的头脑和敏锐的市场感觉，持续地进行审视和修正。既要有认准了就坚持的决心，也要有不断调整战术的反应力。

互联网时代，更需要具有既见树又见林的战略思考。迷信"快""专注""第一"这样的口诀，却连口诀背后的那些经营战略的观点都不想深究，是危险的。

延伸阅读

战略是为了创造价值

战略不仅仅是口号、方针和精神。只有口诀是不能称之为战略的，必须有战略落地细化的过程。战略地图是一个有用的工具，可以帮助我们制订详细而且可量化的战略措施。

1992 年，卡普兰和诺顿在《哈佛商业评论》上发表了第一篇关于平衡记分卡（Balanced Score Card，BSC）的论文，阐述了 1990 年以来他们参与的利用平衡记分卡进行公司绩效考核的项目中所获得的发现。在 1993 年，他们在《哈佛商业评论》上再次发表文章指出，平衡记分卡不仅仅应该作为绩效考核的工具，更应作为企业战略管理的工具，应该根据企业战略实施的关键要素来选择绩效考核的指标。

在具体利用 BSC 工具的过程中，也有一些失败的情况。

功利主义：很多企业仅仅把这个工具应用在绩效考核上，去建立薪酬制度和考核制度，甚至利用这个工具进行人员淘汰。

虚无主义：矫枉过正，从只看财务变成忽视财务结果，只有过程管理，而且 KPI 繁多不实，缺乏量化标准。这两种都是对 BSC 的误用。因此卡普兰和诺顿又出版了《战略中心型组织》和《战略地图》两本书来阐述平衡记分卡在战略规划当中的使用方法。

卡普兰认为，战略描述了如何为股东、客户和国民创造价值。[①] 互联网思维中非常强调以客户为中心的观念，但其本质就是以客户为中心的价值创造，确立公司的存在价值，继而为股东创造价值。公司的经营，就是创造价值的过程。

平衡记分卡是一个描述战略的工具，管理的体系和平衡记分卡挂钩，因此体现了战略的意图。衡量，才能管理。因此所有的一切战略目标一定是可衡量的，所有的战略举措才能可执行。在这个框架中，财务业绩、客户层面、内部层面、学习和成长层面的目标互为因果，构成一条关系链条。人力资本、信息资本、组织资本是企业的无形资产。这三点的增强和协调一致，能够改善学习和成长，进而驱动内部层面，增强企业的能力。成长的能力驱动面向客户的价值提供能力，进而获得更好的财务表现。

所有企业都会提升人才、升级信息化水平、优化流程和组织结构，但却常常流于表面。比如"我们需要一个扁平的组织结构"就不是一个

---

① 罗伯特·卡普兰，大卫·诺顿. 战略地图：化无形资产为有形成果 [M]. 刘俊勇，孙薇译. 广州：广东经济出版社，2005：4.

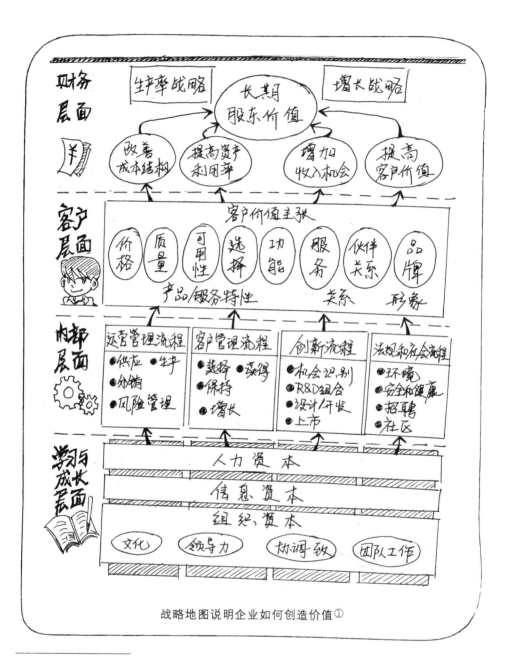

战略地图说明企业如何创造价值①

---

① 罗伯特·卡普兰，大卫·诺顿. 战略地图：化无形资产为有形成果 [M]. 刘俊勇，孙薇译. 广州：广东经济出版社，2005：9.

好的描述，而"减少一个管理层级"相对更好。每一个举措都必须配合能够评估和考察的指标。即使是事务性工作也要制定事务完成的关键节点和完成的标志。

同时，举措和目标以及和上一个层级的举措、目标之间的逻辑关系必须清楚明确、合理。在制订完成的战略地图中，每个行动方案都会影响一到两个目标。任何一步没有做到，一个关键目标就会失败，整个因果链就会崩溃，继而总的目标就不能完成。这也反映出一个残酷的现实：做成一个事业，是无数小事情都做对了以后的结果。

还有不能或缺的要素是行动方案的预算。这样，就形成了一个可视化的战略框架的结构。

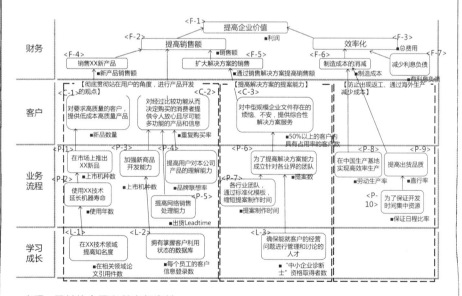

来源：野村综合研究所内部资料。

某厂商的战略地图

在上图中，框内的文字是战略举措。【】括号中的是一个创造价值的主题，或者说因果链。黑色方块后的文字则是 KPI 指标。所有指标都是可评估、可定量衡量的。

有一个有趣的观点认为，互联网时代瞬息万变，没有办法制订战略，所以大多数互联网公司的战略是试错。先做，如果错了再快速修正，这样要比坐等更有机会。这种观点有一定的误导性。即使是试错，也需要一个战略计划来指导。而且，战略本身就应该考虑到环境的剧烈变化，并为之做好准备。战略也不是一成不变的，它应该在不断地执行、重审、修正、执行的循环中得到改善。

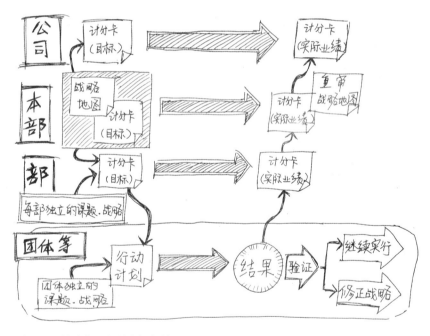

来源：野村综合研究所内部资料。

战略行动计划的展开

在互联网时代，更需要一种能够及时修正的动态的战略管理方式，否则就会陷入混乱当中。很多互联网企业通过员工持股保持他们的积极性，或通过阿米巴化形成了小团队内部创业的机制，但如果没有一个整体战略的规划和落地执行，企业一样会陷入没有方向的境地。

战略地图工具的好处就是方便快速修正。在战略地图中，战略举措和企业战略目标、阶段目标之间的因果链非常明确。当辨识出环境的变化对战略目标和举措产生了影响，就可以比较快速地判断哪里需要修改。特别是，因为战略地图的终极目标是达成财务目标，对于投资人来讲，特别简单明了。互联网企业需要非常强调长短期的目标协调，明确地通过一个又一个阶段目标的达成来完成一轮又一轮融资，同时又在不断逼近企业的远景目标。

卡普兰和诺顿在《战略地图》一书中也描述了利用战略地图规划战役时，如何量化目标值、为业绩设立时间线、计划等。通过 6 个步骤"规划战役"，形成企业价值创造的动态过程。[①]

(1) 确定股东/利益相关者的价值差距；

(2) 调整客户价值主张；

(3) 为持续性结果规划时间表；

(4) 确定战略主题（少数关键流程）；

(5) 确定和协调无形资产；

(6) 确定执行战略所要求的战略行动方案并安排预算。

战略地图工具的另一个好处在于有利于落地执行。不论是目标、行

---

① 罗伯特·卡普兰，大卫·诺顿. 战略地图：化无形资产为有形成果 [M]. 刘俊勇，孙薇译. 广州：广东经济出版社，2005：296—299.

动计划还是预算，最终都会落实到业务单元、部门、工作组及个人头上。在执行中，通过检查各项指标逼近目标的进度，可以掌握战略执行的情况。量化、可视化，非常清晰。修正战略的时候，连带这些细化的内容也一同修正。因为有细分计分卡的存在，避免了遗漏。因此这种细化工作也是非常重要的一环。

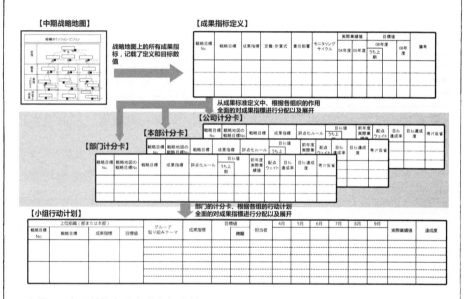

来源：日本野村综合研究所内部资料。

某企业中期战略展开图

战略地图工具是繁多的战略规划方法的一种，在使用中也有各种变化和结合。但战略规划的本质是一致的，就是寻找创造公司价值的过程。

（1）战略是统一思想和行动的工具。战略规划是企业中形成共同意识，协调工作的重要工作。即使是以试错为战略的公司，也需要一个如何试错、错了该怎么办的战略。

(2) 战略规划必须有量化目标、细化方案、具体落实和推进进度。

(3) 战略规划要适应动态化、及时审查、适时修正的需求。

不过，要注意不能过度陷入这个过程当中。必须理解业务如何创造客户价值，继而创造了公司的价值。细枝末节是否严丝合缝并不是战略规划的要点。否则，再精密的规划也只是一个好看的 PPT。

4.

极致的白日梦
——工匠精神管用吗？

言治骨角者，既切之而复磋之；治玉石者，
既琢之而复磨之，治之已精，而益求其精也。
——朱熹

要赢得战争，既要有能够指点江山的领袖，还要有能够冲锋陷阵的猛士。同样的道理，在商业王国里，仅仅有战略是不够的，重要的是怎么去做。"怎么做"至少要回答 4 个问题：提供什么样的产品？卖多少钱？如何去宣传？在哪里卖？互联网思维也有围绕这 4 个问题的各种观点。

首先还是从产品说起。古人云"酒香不怕巷子深"，雷军也在一次采访中说过："最好的产品就是营销"。产品是市场的根本驱动力，也是企业的核心竞争力。驰名中外的老干妈辣酱 30 年来坚持"四不"原则：不打广告、不改包装、不上市、不提价，专注做好自己的产品，小小辣酱一年也能卖出 40 亿元。

在互联网思维界，有"四大天王"之说。这"四大天王"是指四个互联网时代的产品——雕爷牛腩、黄太吉煎饼、马佳佳的"炮否"和 roseonly 玫瑰。它们都是用互联网思维来经营的，并且在短时间内获得了成功，作为互联网思维下产品实践的成功案例，备受推崇。

这四个产品最大的共同点，就是互联网思维中的"极致"二字。雕爷牛腩宣传自己花了 500 万元买了菜品配方，连碗都是根据用户口型触感定制的，可谓"逼格"十足；黄太吉硬是将煎饼果子吃出了国际范，搞起开宝马送煎饼的活动；roseonly 从厄瓜多尔进口全世界最优质的玫瑰，连包装也都是请知名设计师设计的。

用互联网思维做产品，强调的是要将产品做到极致，极致表现在产品本身，更表现在用户体验方面。产品的每个环节都要发挥极致的精神，产品的开发也要采取迭代的模式，持续改进。

4.1　辩证看极致

精益求精的古老哲学

到底什么是极致呢？先看看互联网思维是怎么说的，不同的人有不同的理解。

所谓极致，就是将一项已有的功能和切入点做到无人能够超越，让一个解决方案变成现在最好的解决方案。

——《互联网思维：商业颠覆与重构》

极致就是把产品和服务做到最好。

——《互联网思维——独孤九剑》

虽然极致没有一个标准的定义，但不同出处的解释都在强调一个关键词——"最好"，在各方面超越对手，成为市场上的"No.1"，极致思维蕴含的是对产品品质和用户体验的一种锲而不舍的追求精神。

无印良品是一个很低调的品牌，据说一个代言人都没有请过，但年销售额却能做到百亿元，其成功的秘诀就是极致的精神。就拿其店内产品陈列来说，对于细节的要求接近变态。比如文具区所有笔盖都必须朝向同一个方向，美容护肤品类的各类瓶子的瓶盖和标签也必须朝向统一，被挂在高处的搓澡棉、浴花必须保持同一水平高度。无印良品在陈列上的做法基本上是做到了极致，很难被超越。

极致思维虽说是一个新的名词，但这种精神内涵其实在我们古老的文化中早有体现，《诗经》中就曾有这么一句话："如切如磋，如琢如磨"，宋朝的朱熹针对这句话又做了这样的批注："言治骨角者，既切之而复磋之；治玉石者，既琢之而复磨之，治之已精，而益求其精也。"

这段话说的是骨、角、象牙、玉石只有反复地切磋和琢磨，才能够成为上等的器物。做学问和为人修养也是同样的道理，要有精益求精的精神，即便是已经很出色了，还要做得更好。这和极致定义里所讲的"最好""无人超越"不谋而合。精益求精是从普通到好、从好到更好、从更好到最好不断追求的过程，和极致在本质上说的是一个意思。

古人的智慧不仅仅是停留书卷中的几段文字和文人口中的道理，也广泛地应用于生活与生产中。中国的传统手工工艺就一直秉承着精益求精的态度，将极致思维发挥得淋漓尽致。

作为传统手工工艺的代表之一，景德镇的瓷器制作始于汉代，已经有两千年的历史了。在长期的制瓷过程中，景德镇瓷器形成了一套非常严谨的手工制瓷工艺。明代的科学家宋应星在《天工开物》中就曾这样描绘景德镇的工艺："过手七十二，方克成器"，说的就是景德镇瓷器即使是一只普通的杯子，都需要经过 72 道制瓷工序。在 72 道工序后，一捧普通的瓷土就会变成惊艳的瓷器。

景德镇瓷器有一种特有的工艺叫"扒花"。这种工艺始于乾隆年间，指的是在高温烧制的白瓷上，用粉彩满绘，再用针装工具细细地刻画纹饰，然后再进行低温烧制。这种装饰的花纹很细小，而且基本上整个瓷器都是装饰，对于工艺要求很高。一个小的失误，就有可能破坏整件器物。瓷器烧制往往需要花长达 3 天的时间，先大火烧制 1 天，然后花 2 天的时间均匀地将温度降下来，整个过程中全部靠人眼和经验来控制火的温度。

为了将手工制瓷的工艺做到极致，工匠们几十年如一日，一笔一划，一转一磨，不断重复枯燥的动作，花费毕生精力。一件瓷器在成型的阶段有一个重要的步骤叫"利胚"，指在旋转的陶车上，将胚体多余的部分镟掉。利胚的动作很简单，去过陶艺吧的人最快几堂课就可以学会，可景德镇的学徒至少要学3年以上。

从很多传统手工工艺身上我们都能看到极致的影子。现在它还有一个很有情怀的名字：工匠精神。在这些传统的手工工艺领域，工匠们往往对细节有很高要求，追求完美，对精品异常执着，力求将品质从99%提高到99.99%。为此他们不断提升自己的工艺，也享受着产品品质升华的过程。

在互联网时代，也有人谈论工匠精神。罗永浩在推出锤子手机时，没有过多地谈互联网思维，因为这些概念雷军和小米已经玩了很多了。他为自己的产品贴上了"工匠精神"的标签，虽然说的还是极致，但听上去又很专业。

工匠精神说的是传统手工艺的灵魂，极致思维则是互联网的理念。它们来源于不同的年代，说法不一样，应用的领域也不一样，但讲的都是一种锲而不舍的精神和追求完美的态度。

这种精神和态度是值得我们学习的，但是我们也需要辩证地去看待。完美是不存在的，只能无限接近。对于一个实用主义者而言，面对极致可能会存在类似的困惑：为了做到完美，我要付出多少呢？这样的付出是否值得呢？我们做产品恰恰也要从实用性的角度出来考虑问题。古人早就教过我们这个道理。

过犹不及的道理

古人不但告诉我们精益求精的哲学，还告诉了我们过犹不及的道理。

　　过犹不及最早出自《论语》。孔子有两个学生子张和子夏。子张常常超过周礼的要求,而子夏常常达不到周礼的要求。子贡问孔子,子张是不是比子夏更贤明。孔子的回答出人意料,他说:"过犹不及"。他不觉得子张更贤明,原因是超过了和达不到效果一样。

　　凡事都要把握一个度,事情做过头了反而会起到反作用,做事要懂得拿捏分寸。过犹不及是孔子中庸之道的典型代表之一,许多商界领袖都深谙此道,比如柳传志的"妥协",任正非的"灰度领导力"以及史玉柱的"当坏人,做好事"等等,强调的都是做管理不能太激进、太急促,要学会适当妥协,否则管理的效果会大打折扣,甚至会出现管理危机。

　　做学问、做人、做管理是如此,做产品也是如此。

　　无论精益求精还是极致,都给做产品定了一个非常高的标准,要超越市场上所有的竞争者,还要超越自我。它们有一个共性的问题:标准很高,但是没有具体标准以及实现方法。就如同告诉了我们方向,但没有告诉我们目的地在哪里。极致是没有上限的,所以在实际的操作过程中难以把握火候,很容易做过头。有人为了极致而极致,可能就会剑走偏锋,钻牛角尖;也有人为追求极致付出了很大的代价,结果却没有达到预期的效果,只能说是看上去很美。极致与过犹不及之间往往也只是一念之差。

　　传统手工工艺不能以销量来衡量它的价值。在宋真宗景德年间,景德镇的瓷器都是作为贡品进贡朝廷,而前面所说的"扒花"工艺也是因皇室审美的极致要求而诞生的。这种情况下,肯定是要将产品做到最好,因为万一有瑕疵,惹皇上不高兴了,是要被砍头的。但朝廷贡品不用担心成本的问题。

　　作为一个职业的工匠,如果将追求极致作为一种乐趣和追求,无论如何精益求精都是无可厚非的。但在商业王国,产品是用来赚钱的,企业在产品上花的每一分钱不是自己的就是投资人的,都是要有回报的,所以追求极致不能那么"任性",一定需要把握分寸。一张椅子明明能够承受 100 千克就够了,非要设计成承重 200 千克的,为此将材料从铁换成钛,结果可想而知。谁会花大价钱去买一个钛做的椅子呢?

要极致, 也要平衡

将"精益求精"和"过犹不及"结合起来看,从不同的视角来审视极致思维,可以更加客观和全面地去理解极致。我们追求极致的时候,也要注意寻求平衡。

于丹在《论语心得》中讲了一个关于豪猪的故事。冬天,一群豪猪挤在一起,因为天气太冷,它们就互相靠近,希望凭借对方的体温让自己暖和一点。但是,当它们靠近彼此时,就被对方身上的刺刺痛了,扎得鲜血直流后急忙跳开,但是天气实在是太冷了,它们被冻得又向彼此靠近,被刺扎到了,又跳开;冷,再靠近;疼,又跳开……就这样,最后它们会找到一个合适的位置,既扎不到彼此,又能最大限度地取暖。

极致下的平衡就类似于丹笔下的豪猪,要在温暖和刺扎之间寻找一个合适的位置。产品极致的平衡需充分结合企业和产品自身的实际情况,考虑两个最重要的因素:成本和时间。简单地说,极致应该是在成本能够承受得起,而且时间允许的情况下来达成的。

首先是成本的问题。极致对于用户而言是一个主观感受,背后隐藏的却是对产品每个环节的投入。材料需要精挑细选、加工工艺需要不断提升、宣传也得铺天盖地,这些都需要钱。苹果手机为了给用户提供流畅的使用体验,可是砸了不少钱。据说为了研发 iPhone 5 上搭载的 A6 处理器,苹果前后总共花费了 30 亿元。

但是,不是所有的企业都像苹果这么财大气粗,成本控制是非常重要的。绝大部分的企业都要考虑企业能否承受巨额的成本支出,不能为了追求将产品做到极致，而不计成本地投入。

更何况，并不是投入越多就越好。在经济学中，有一个理论叫"边际效益递减"，指的是当投入增加到一定数量后，对于产品产出的影响是不断递减的。德国经济学家戈森也曾提出一个有关享乐的法则：同一享乐不断重复，则其带来的享受逐渐递减。一次投入 100 万元可以带来产品品质 5％的提升，然而再投入 100 万元，可能产品的提升只有 1％了。追求极致也是一样，当产品的成本投入达到一定程度后，极致的效果会逐渐变弱。

其次是时间的问题。我们讲到了"兵贵神速"，互联网时代做产品也讲究抢占先机，"快"非常重要。但是，极致和快本身是矛盾的。俗话说，慢工出细活。极致讲究的是精雕细琢，要做出极致的产品，需要花上一番功夫。但若因此而错过了风口，被对手抢占了先机，就会非常被动。

迅雷联合创始人程浩曾经谈到，因为浏览器是下载的入口，若入口在别人手中，压力就会非常大。所以迅雷在比较早的时候就开始关注浏览器的研发。但是迅雷的团队精益求精，一直觉得产品还不够好，最后没有及时推出。当浏览器市场的格局非常明朗的时候，商业利益已经很清楚了。但是这个时候浏览器市场已经非常拥挤，时机已过。程浩认为这是迅雷错失的一次比较大的机会①。

引申到产品上，产品在追求极致的时候，也不能忽略效率的问题，不必非要先发制人，但也不能因为埋头苦干而被对手领先太远。花了很长时间好不容易做出一个完美的产品，结果发现市场已经被人瓜分完了，想成功也很难了。

说到极致，我们不得不谈到一个国家，那就是日本。日本被公认为是做事认真和追求完美的民族。长期以来，他们在生活和工作的细节上有着近乎苛刻

---

① 程浩. 迅雷联合创始人首次反思：我们为什么会错过这三个大风口？ [EB/OL]. (2015-09-01) [2016-03-02]. http：//www.huxiu.com /article /124798 /1. html？ f = chouti.

的标准。就拿日本人做寿司来说，不仅要好吃，而且每一个寿司都非常精致、摆放整齐，有如小小的艺术品。日本人对于饮食的一句话概述就是"用眼睛享受美食"。

而在产品制造上，日本人更是坚信"匠人精神"，在工艺、材料、外观的每个细节都追求完美，力争打造极致的产品。前面说到的无印良品是一个典型的例子。除了无印良品，日本的很多品牌都以极致著称，这也一度成就了日本企业的辉煌。比如，过去几十年里，日本凭着出色的产品，几乎统治了整个电子产品领域。

但在近几年来，日本的企业纷纷开始走下坡路，仿佛在一夜之间，索尼、松下、三洋、夏普等这些昔日辉煌的巨头都面临巨额亏损。人们都在寻找背后的原因，是什么导致了这些追求极致的日本企业的衰败呢？成也萧何，败也萧何。日本的产品依然不缺乏精品，但因为过分追求完美，忽略了成本、时间等因素，被其他更加平衡的产品赶超，从而丧失了市场的优势。

索尼笔记本曾是全球笔记本的领导者。当年索尼笔记本之父小笠原伸一表示，"索尼要挑战设计的极限，把许多不同技术运用到一个狭小的空间"。索尼确实在不断挑战着各种极限：设计极限、材质极限、轻薄极限、性能极限，做出了"世界上最轻最薄的笔记本""性能最强的笔记本"……在 Wintel 平台下，索尼笔记本是最兼具时尚和性能的选择。

但这样如此多的极限，却也造成了极限的价格。2012 年索尼推出的 Z13 笔记本，根据配置的不同，价格高达 1.3 万～3 万元。这样的价格让绝大多数消费者望而却步。

在早年，市场竞争还不太激烈，笔记本电脑属于稀缺品，索尼凭借顶尖的工艺和领先的技术推出了一批堪称经典的产品，在市场上具备一定的定价权。但随着技术的成熟，越来越多的竞争者进入市场，三星、联想这类后来者同样把笔记本做得很好。技术上的创新和产品上的极致已经不是打动消费者的唯一因素了，性价比变得更加重要。对于消费者而言，再时尚、再轻薄，似乎也不如便宜 1000 元更好。但索尼并没有根据市场做出战略上的调整，仍然坚持对于产品极致的执着追求，产品价格也一直居高不下。结果几乎每个人都对索尼笔记本产品赞不绝口，但真正会购买的并不多，索尼笔记本电脑持续处于叫好不叫座的困境。所以我们不幸地看到索尼公司的个人电脑在 2012 财年出现了经营赤字，随后一蹶不振，市场份额急剧下降。持续的亏损最终导致索尼断臂求生，在 2014 年索尼宣布出售全部个人电脑业务。

索尼的最大问题在于不计成本地追求产品的性能和品质。假若索尼当年能够少一点执着，控制产品成本，也许情况会有所不同。

索尼是日本企业的一个缩影。这些年来转入低迷的日本企业，其实并不缺乏出色的产品，主要的问题还是在于性价比。因为过分追求产品的极致和完美，不计成本，因此走向了失衡的极致，这是日本企业集体衰败的一个重要原因。

有趣的是，索尼创始人盛田昭夫曾经给儿子写了一封信，信中说"放弃一味追求完美，会让自己快乐起来"。做产品、做经营和做人的道理其实是相通的：放弃一味追求极致，会让产品更容易成功。

"极致体验"是一把双刃剑。用得好，会成为卖点，用户也愿意为产品的优质体验买单；用得不好，极致可能会成为包袱，企业可能会在成本控制或者市场机遇的把握上出现问题，产品可能会面临叫好不叫座的局面，难以赢得市场。在这方面，企业更像一个平衡的高手，不断地平衡着极致与成本、时间的关系。

重新理解极致

互联网时代，极致已经成为做产品新的标准，似乎极致就是制胜法宝。极致的理念已经深入人心，大家都希望自己的产品能够做到极致，这样才能够吸引更多的客户。正因为如此，正确地看待和理解极致变得非常重要。

锤子手机刚推出时，人们普遍认为定价过高，罗永浩自己在微博上给出这样的解释："由于对于工艺和元器件品质毫无节制的苛刻要求，导致我们的生产成本节节上升。"锤子的"毫无节制"和索尼的"挑战极限"，都是在追求极致体验上的一种失衡的表现。锤子手机卖得不好，价格是一个重要的原因。锤子手机刚推出时，罗永浩说，"低于 2500 我是孙子"，可一年后，他也在"市场先生"面前低下了头，T1 手机售价从 3000 元降到了 1980 元。

极致，需要平衡。极致是一种态度，但缺乏具体的标准，所以火候很难把握。做产品要有极致的态度，但也要有商业头脑。在追求极致的时候要注意与成本和时间的平衡。

极致，需要合理取舍。正因为极致需要平衡，也就意味着不可能方方面面都做到完美。对于一个产品或体验而言，在有限的成本和时间下，必须有所取舍。这样的取舍可以以客户需求为依据，在用户的痛点上做到极致。

极致，是一个动态的过程。追求产品极致是循序渐进的过程。先拿出一个可用的产品，在一两个点上做到极致，再根据市场的反馈持续优化，终究会由量变到质变，成为一个极致的产品。用迭代的思维来开发和经营产品，符合极致的特点和要求。

4.2　极致的体验

关于极致，互联网思维谈得最多的当属极致体验了。互联网思维中的第一个，也是最重要的一个思维是用户思维，而用户思维的核心法则就是用户体验至上。互联网思维下的产品都在用户体验上下了不少功夫，无论是黄太吉开宝马送煎饼，雕爷牛腩为用户定制碗具，还是 roseonly 请知名设计师设计包装盒，实际上都是想让自己产品的用户体验做得更漂亮。

用户体验是老生常谈

用户体验不是一个新的概念。早在 20 世纪 70 年代，著名未来学家阿尔文托夫勒在《在未来的冲击》一书中就提出了体验经济的概念，而在 1999 年体验营销大师伯恩德·H. 施密特构建了用户体验的基础理论框架。按照他的说法，用户体验分为五种不同的类型：感官体验、情感体验、思维体验、行动体验和关系体验。体验不光来自于看得见、摸得着的东西，还来自于情感和思维的共鸣。不管是传统行业还是互联网行业，用户的体验都不外乎这五方面。发展到今天，用户体验已经成为一个非常基础的营销知识，随便翻开一本营销理论书籍，"用户为中心""客户为中心"的描述随处可见。

互联网思维将用户体验放在一个比较重要的位置，体验也是互联网企业主打的一张牌。但回过头来看，如今的企业又有哪个不重视用户体验呢？大家早已经认识到客户的重要性了，传统的行业虽然没有说"极致体验"，但"顾客是上帝"的口号随处可见。这句口号最早应该源于 19 世纪中后期，美国马歇尔百货创始人马歇尔·菲尔德提出了"顾客总是对的"的营销理念。而日本歌手三波春夫在 1961 年提出"顾客就是神"，与"顾客是上帝"更接近。

既然顾客是上帝，就一定要关注"上帝"的感受。产品只有给用户留下好的印象，在使用的过程中感觉很好，才会有口碑和回头客。这样的经营理念比互联网思维更早就已深入人心了。

百年老店全聚德的传世九字规有一条就是"话要甜"，要求店员都要以礼修德，待人待客笑脸迎送、好言应诺，尽心服务。早在清朝的时候，全聚德就在店里设立了堂头的角色，就是现在所说的领班。堂头要具备超强的记忆力，客人来一次就能记住客人的身份，下次来的时候就可以及时应对。除了堂头，全聚德还在每个店里设置了一个卖手，专门教客人挑选鸭子，体现鸭子的货真价实。同时为了增强客户的归属感，客户选好鸭子后，卖手会抓着活的鸭子让客户在鸭子身上题字，证明鸭子的归属。这些做法不就是客户体验吗？这些做法要是放到今天某个"雕爷烤鸭"的店里，再加上一些宣传和包装，估计很多人就会称之为"互联网思维"了吧。

现在懂得这一点的企业越来越多。宜家家居自由温馨的购物体验让人流连忘返，海底捞人性化的就餐体验更是让人赞不绝口。这些企业因客户体验出名之时还没有互联网思维，它们坚持的恰是由来已久的基本商业原则。正如海底捞董事长张勇所说："成功没什么秘密可言，就是要把我们千百年来提倡的诚实经营、优质服务落到实处。"

互联网思维中强调的用户体验更多的是传承下来的商业法则，只是互联网思维把它重新包装了，其实本质没有变。如果一定说互联网思维有什么新东西，应该是体验的手段更多，手法更加大胆了。

传统企业与互联网思维的体验 PK

也许有人要说，用户体验确实不是互联网思维的创新，但是强调将体验做到极致，是一种新的提法，传统行业做不到。果真是如此吗？

以星巴克为例。星巴克创建于 1971 年，在创建的头 12 年里，星巴克只是将烘焙好的上选咖啡豆卖给客户，让他们自己回家研磨冲调，店里面不卖泡煮好的咖啡。1983 年，其创始人之一霍华德·舒尔霍被派去意大利参加当地的咖啡贸易展。来到米兰，他惊讶地发现，在这个浪漫之都，遍地都是小咖啡馆。人们来咖啡馆不仅仅是为了喝一杯咖啡，咖啡馆已经变成一种交际场所，是公司与家庭的延伸。在米兰的咖啡馆里人很多，气氛也非常好。店里的服务员脸上总是洋溢着笑容，咖啡师傅也会热情地和顾客们聊天。这种人和人的真诚互动深深地打动了舒尔霍，也让他领悟到了咖啡馆的精髓。

回到美国后，舒尔霍就推动星巴克经营模式的改革，将星巴克从关注咖啡转变到关注客户情感上。1986 年，舒尔霍在美国开了第一家真正意义上的咖啡店，从此星巴克走上了快速发展之路。目前星巴克已经拥有超过 2 万家门店，年收入超过 100 亿美元，这一切都离不开星巴克成功的客户体验。正如舒尔霍所说的那样：“我们不是提供服务的咖啡公司，而是提供咖啡的服务公司。”

星巴克每一杯咖啡都是星级咖啡师精心调制出来的，顾客还可以根据自己的口味定制自己专属的咖啡，以此来满足用户的味蕾。

星巴克的店面设计也很有讲究。从 1991 年起，星巴克就聚集了一批室内建筑师和设计师负责全球门店的设计。他们会结合每个店铺所在的位置和当地的文化打造每个门店的特色。在店内，所有的设计、摆放都花了很多心思。柔软的沙发、仔细挑选的装饰物、柔和的灯光、赏心悦目的色彩和轻柔的音乐，这些元素无不向用户传递着其独具魅力的格调。

在星巴克，客户总能找到一种归属感，这让星巴克成了家和办公室之外的第三空间。现在星巴克已经成为一种文化时尚的象征和生活状态的符号。我们经常可以在繁华都市看到潮男潮女穿梭于高档写字楼，手里拿着一杯星冰乐或拿铁，这已经成为他们日常生活的一部分。

星巴克为用户提供的不是单一的体验，而是混合立体式的体验，既有感官上的享受、情感上的触动，也有价值上的认同，每方面都做得很扎实，从而牢牢抓住了消费者的心。

作为传统企业的代表，可以说，星巴克将用户体验做到了极致。

前面我们讲到了互联网思维的“四大天王”，它们的成功是和它们产品的独特体验分不开的，我们试着将它们的做法和星巴克的体验做一个比较，结果发现星巴克并不输给它们，甚至更高一筹。它们所谓的极致体验，星巴克其实早已经做到了。

roseonly 称自己的玫瑰都是从厄瓜多尔新鲜采摘和空运过来的，而星巴克的采购团队经常去到印尼、东非和拉丁美洲，为的就是找到世界上最好的咖啡豆；黄太吉称 8 个月内在店里开了 6 场外星人讲座，而星巴克早在 2002 年就在上海开了 104 场咖啡文化的讲座；雕爷牛腩吃完饭将定制的"牛腩筷子"洗净送给用户，而星巴克的马克杯早就有一大批忠实的收藏爱好者了。

我们发现互联网企业所谓的很多极致体验，在星巴克身上都能找到影子。不少人承认，他们在高举互联网思维的时候，其实一直在向传统的企业和传统的营销理念取经。黄太吉的创始人赫畅在一次采访中表示，黄太吉的经营方式与星巴克类似：他们不是在卖煎饼，他们是在卖"点子"和文化。而雕爷也承认自己的雕爷牛腩受到了服装品牌 ZARA 的启示，尤其在体验方面，ZARA 通过重构服装的价值链，为目标用户群提供极致体验，对雕爷牛腩的经营模式产生了很大的影响。

甚至小米、乐视这样的互联网大佬，也曾经向海底捞学习用户体验。雷军不仅要求高管体验海底捞，还要向海底捞学习；乐视创始人贾跃亭还曾邀请张勇去乐视讲课，传授海底捞在用户体验方面的经验。

学归学，但要学好还得有个过程，目前还几乎没有一个互联网思维下的新兴企业能够像星巴克一样将体验做得那么全面和扎实。就拿黄太吉来说，自称学习星巴克卖点子、卖文化，做得还算有声有色，但是据说口味一般。黄太吉在大众点评上的口味，四星以上的评价还不到 40%。相反，人们喜欢星巴克，首先喜欢的是其咖啡的口味，然后才是被它的文化所打动。这样看来，黄太吉的体验还远不及星巴克，更不要说做到极致了。

还有一些产品只是打着极致体验的旗号来炒作，以此吸引大家的眼球，其实根本不是在做体验。还是以黄太吉为例，它有一个用户体验是"开宝马送煎饼果子"。店家开着豪车送外卖，用户体验能有多少提升呢？是让客户脸上有光了，还是让送餐速度更快了呢？这样的做法表面上是为了用户体验，实则宣传的成分更多。从用户的角度来讲，这些不是真体验，而是假体验。用多了，消费者的好感度反而可能会下降。

互联网企业不缺概念，不缺宣传，缺的反而是那种扎实做体验的精神。传统产业并不缺极致体验的例子，PK 下来，传统产业并不落下风。

从需求理论看极致体验的三个层次

大家都知道，客户的需求是分层次的。关于需求层次的理论也很多。比如马斯洛需求理论，就将客户的需求分成了 5 个层级：生理需求、安全需求、社会需要、尊重需求和自我实现；冰山理论讲的则是看得见的需求和看不见的需求，分成了 7 个层次：行为、应对方式、感受、观点、期待、渴望和自己。

需求是分层次的，所以用户体验同样也是有层次的。体验的建立是一个过程，需要一步一步来，不能一蹴而就。极致体验是体验的最高境界，在极致之下应该还有一些基础的体验层次。

那么，如何划分体验的层次呢？我们试从需求的视角来分析。经典的 Kano 需求模型给了我们很大的启发。

Kano 需求模型是由日本质量管理大师 Kano Noriaki 在 1979 年提出的，他将用户需求分成了三个层级：基本型需求、期望型需求和兴奋型需求，对应着三种不同的用户体验。

基本型需求是用户认为必须有的，往往对应着产品的基本功能，如果没有了，用户一定会不满。比如新买的电脑经常死机、汽车随便抛锚、鞋子穿两次鞋底就开裂、杯子漏水等，遇到类似问题，顾客肯定会不停地投诉，以后也不会再次购买。基本型需求如果无法满足，客户体验会非常差。

期望型需求指提供的产品或服务比较优秀，可以提升用户的满意度，但不

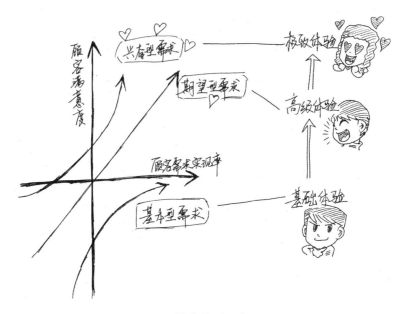

Kano 需求模型示意图

是必需的。比如海底捞为客人提供免费美甲和清洗眼镜的服务，虽然和吃火锅没什么关系，但是却让客户感觉到非常贴心。期望型需求的满足给用户提供了一种高级别的体验。一般情况下，期望型需求实现得越多，用户的体验就会越好。

兴奋型需求指不被用户过分期望的需求。兴奋型需求其实是将客户的潜在需求挖掘出来了，超越了客户的需求。比如苹果手机刚刚推出时，完全颠覆了人们对于传统手机的认知，用乔布斯的话来说是"重新定义了手机"。超大的屏幕、海量的应用、流畅的操作触感和极具设计感的外观给当时的人们带来了太多的惊喜。兴奋型需求提供的就是极致的体验，这种需求一经满足，可以带来用户满意度的急剧提高。

从 Kano 需求模型可以看出，客户需求的兴奋型、期望型和基础型需求三个层次分别对应了极致体验、高级体验和基础体验。在极致体验之下，还有两个层次。只有先把基础体验做好了，才有可能让用户感受到高级的体验，最终将体验做到极致。

我们学习互联网思维，如果单单强调极致体验，忽略还有高级体验和基础体验，那就是走进了极致体验的误区。

极致体验的误区：尖叫思维

关于极致体验，互联网思维有一个很形象的说法：产品要让人"尖叫"，很快也成为一种思维——尖叫思维。

所谓的"尖叫"，比较形象的例子就是在演唱会上，当粉丝们看到了自己的明星偶像时，发出声嘶力竭的叫声。令人"尖叫"的产品则为用户带来惊喜，让用户发出惊叹声。

那么产品真的做到令用户尖叫就可以了吗？

从体验的层次来看，尖叫之下还有基础的体验必须满足。假如你拿到一台手机，外观和功能完全把你征服了。结果用了两个星期，发现尽是小毛病：今天按钮失灵、明天突然死机、后天信号很差打不通电话。你的第一反应会是：用不了还叫手机吗？如果一个产品有很多令人"尖叫"的元素，但是基本的功能不完善，同样不是一个成功的产品。只看到尖叫，就会在尖叫声中迷失。在产品上只注重让用户尖叫的点，而忽略了产品基本的一些功能，最后只能把产品引向失败。

互联网时代向来一半是火焰，一半是海水。我们在看到互联网时代遍地黄金、新秀崛起的火热场面时，也要看到一批批的互联网企业或产品也在不断倒下。这其中不乏因为过于看重尖叫却没有重视用户基本体验而导致产品失败的案例。

陈年的凡客就是这样一个典型的例子。2007 年，国内的电子商务刚刚起步，市场规模只有目前的 10%。那时候，互联网思维还没有普及，马云还不是中国首富，京东和刘强东也没那么火，沈亚则还在长江商学院读书。就在那年 10 月，陈年创办了 Vancl（凡客），他希望通过互联网把衬衫卖给每一个普通人。

说起陈年，不得不提雷军。陈年和雷军是十几年的老朋友。他们曾一起创办过卓越网、我有网，一起经历过成功和失败。陈年曾在微博上说，雷军给过他一次长达 60 小时的时间进行交流。可见陈年应该深受雷军影响，对互联网思维应该也有深刻理解。

凡客初期的成功也证明了这一点。凡客成立时，陈年给自己设定的目标是到 2010 年销售额达 2 亿～3 亿元，然而乘着国内互联网发展的快车，他仅用 1 年就实现了这个目标。随后凡客快速发展，到 2010 年销售额已经达到了 20 亿元。陈年因此成为电商名人，凡客先后获得 IDG、软银赛富、老虎基金等知名投资机构一共 6 轮、高达 3.22 亿美元的投资。

2011 年，陈年将凡客销售目标提升为 100 亿元，并砸下 10 亿元大举开展广告营销，韩寒和王珞丹"凡客体"、黄晓明"挺住体"、李宇春"生于1984"、续签韩寒的"春天体"……凡客的每一轮广告营销都在互联网上掀起一股热潮。这样的投入在短期极大地促进了凡客的销量。由韩寒代言的 VT，上线第一周，销量就超过 70 万件。

那时陈年在互联网营销方面如鱼得水，似乎有一些小米的影子。但是，就在凡客大举开展互联网营销的时候，陈年却忽略了用户对于服装的基本需求：产品的质量。慢慢地，不少粉丝开始抱怨买到的商品质量不好：洗一洗就严重缩水的衣服，穿几次就掉色的帆布鞋……最终，凡客陷入了"质量门"，在2014 年的"双十一"国家质检总局网络抽查中，凡客有 11 款产品质量不合格。陈年曾在接受《经济参考报》采访时也坦言："品类快速的扩张，导致了很多产品质量不过硬。"2011 年，凡客 100 亿元的目标仅完成了 38 亿元，

2012 年凡客全年净利润为负，面临资金困境。凡客在 B2C 市场的份额也从 2011 年的 2.1％掉到了 2014 年的 0.3％。

如果当年凡客在大搞互联网营销的时候能够重视产品质量，也许会成为服装界的"小米"。

当下，有很多的产品靠互联网思维炒得很热，博取了不少眼球。但在背后，其实也隐藏着或者已经出现了危机，原因就是仅仅看重所谓的极致体验和尖叫，而忽略了用户对产品的基本需求。

罗永浩有着一群忠实的粉丝，他的锤子手机模仿着苹果的一切，让一群人仅为一个 IT 设备而尖叫欢呼，但最终他赢了情怀，却输了产品品质。同样，马佳佳通过营销赚足了眼球，而她自己的 Powerful Sex shop 体验店却悄无声息地关闭了，因为她本身不生产产品，而被大众所接受的计生用品本身并没有多少想象的空间，所以用户可以为她尖叫，但却少有人买她的产品。

用互联网思维做产品，不能只沉浸在无数的尖叫和喝彩中，要不断地审视产品的一些基本元素，看看是否能满足用户的基本需求，这样才有扎实的根基，才能真正把体验做到极致。

4.3　极致的产品

小米联合创始人黎万强在《参与感》一书中讲到了小米手机如何将包装盒做到极致的故事。为了保证纸盒边角的"绝对棱角"，小米专门从国外定制了高档纯木浆牛皮纸作为原材料，包装盒表层纸张背面的折角位置事先用机器打磨出了 12 条细细的槽线，以确保每一个折角都是真正的直角。整个设计团队历时 6 个月，经过 30 多版结构修改、上百次打样，做了 1 万多个样品，最终才有了现在的小米手机包装盒。正是有了小米在产品工艺上的极致追求，很多用户第一次拆开小米手机的包装盒，都惊艳于其简约与高品质。

产品要做到极致，不仅仅是工艺的问题，还有很多重要的因素需要去考虑，比如产品如何定位、不同产品生命周期的策略以及产品线的设计等等。

产品功能的取舍

最近有个时尚热词叫"断舍离"，是由日本杂物管理咨询师山下英子提出的人生整理观念。

"断"——不买、不收取不需要的东西；

"舍"——处理掉堆在家里没用的东西；

"离"——舍弃对于物质的迷恋，让自己处于宽敞舒适、自由自在的空间。

"断舍离"目前已经从一种杂物整理的方法发展为一种人生哲学。

大道理都是相通的。做产品在功能上也要学会取舍。这和我们之前说的极致的平衡也是不谋而合。极致不代表完美，在资源有限的情况下，只能专注于部分功能，将它们做到极致，而其余的功能只能暂时妥协，做到让客户满意就可以了。

一个产品涉及的因素很多，营销大师菲利普·科特勒在《市场营销原理》中解释产品概念时，讲到一个产品包含了质量水平、特色、设计、品牌名称和包装 5 个方面的特性，同时产品还为用户提供很多的附加服务。面对这么多要考虑的内容，我们又该如何选择和取舍呢？其实很简单：产品得有定位。

前面章节我们重点讲过特劳特的定位理论，它更多强调的是品牌定位。品牌定位是一种传播手段，从传播的角度讲品牌如何抢占消费者的心智。而产品定位属于生产活动，其目的是针对某一特定的市场需求进行生产，让产品符合品牌的形象。

产品定位为产品在极致上的取舍指明了方向。产品哪些方面体现了品牌的定位、满足了市场的需求，哪些方面就应该是我们努力做到极致的地方。成功的产品离不开极致的精神，但是前提是有准确的产品定位。

英国航空（BA）是英国的老牌航空公司，成立于1924年，而维珍航空比英国航空要晚60年，但很快成了英国航空的竞争对手。双方有着不同的产品定位。两家公司在航线、航班时间、机舱布置、餐食、机场服务、贵宾服务等一系列服务方面的专注点都不尽相同。

英国航空的品牌定位是用高质量服务去满足追求价值感的高端用户。它致力于提供高价值、高体验的服务：VIP用户优先登机、优先安检；休息室里从打电话到吃喝全免费；率先推出睡眠服务：乘客在休息室吃完晚饭直接上飞机睡觉，到了目的地去休息室洗个澡，出门就能精神抖擞地去办事了。英国航空还提出飞机上的旅客要随时看得到空乘，因为调查显示，随时看得见空乘、随叫随到的服务能提升满意度。当然这些主要是面向高等级用户和头等舱乘客的，英国航空在针对高等级用户的措施方面确实不遗余力。

而在维珍航空有一个理论叫"小狗论"，指的是维珍在战略上选择做"市场补缺者"，做一只跟在大企业背后抢东西吃的"小狗"，为特定的目标用户服务。维珍航空的定位与英国航空完全不同，主要目标是年轻的旅行者，它的产品定位也是非常准确的。维珍航空有着相对便宜的票价，同时产品与服务走特立独行的风格化路线，比如很早就全舱提供电影、冰激凌，还为事先预订的用户提供生日蛋糕、机上婚礼等服务。维珍航空的这些产品与服务符合年轻人的需求，也很好地执行了企业的战略定位。

那英国航空的产品能不能也加入这种年轻风格的服务呢？答案是否定的，因为这不符合其定位。实际上，除了进行一定程度上的价格促销外，英国航空并没有用新奇的招数来招揽年轻客人，反而进一步满足商务客人的需求，努力做到极致。比如用里程计划和金银卡俱乐部来做好用户关系的维系；和美国航空（AA）结成战略联盟，将里程计划和用户俱乐部的使用范围进一步扩大，以此来巩固现有的优势。对于英国航空的主要用户群商务人士来说，能在转机时换衣服和淋浴，比维珍的有趣招数更有吸引力。

另一个比较极端的例子，是以西南航空（美国）为代表的廉价航空。按现在一个流行语来说，就是便宜到"任性"。既然概念就是便宜，那么在产品上，就将所有不必要的统统去掉。飞行服务的最核心是安全高效地到达目的地，第二层是舒适，第三层是各种感觉。除了核心功能外统统省掉，这其实就是产品极致的本质。所有的产品与服务都是围绕着便宜。愿意乘坐廉价航空的用户看重的就是极低的价格，别的东西简陋点也能忍。

同在航空界，三类不同的航空公司有着不同的战略定位，一类定位于商务人士，一类定位于年轻的旅行者，一类聚焦低价。但它们的共同点就是都有着准确的产品定位，并且没有在市场的干扰下随意调整自身产品。所以它们的产品在自己的领域里发展得都不错，客户会觉得它们将产品和服务做到了极致。

反过来说，如果定位不准确，产品做得再极致也无济于事。因为方向已经搞错了，越极致反而会让产品越偏离市场、远离用户需求，效果也只能是南辕北辙。

李宁，曾经是国内运动第一品牌。2010 年前，李宁公司收入的复合年增长率在 30％以上，利润也相当可观。但 2010 年之后，李宁却犹如一辆失控的列车，业绩持续下滑，2012—2014 年累计亏损超过 40 亿元。业绩惨不忍睹，门店的陆续关闭让人甚至开始怀疑李宁能否继续撑下去。

是什么导致了李宁这种戏剧性的转折？李宁的衰败源于 2010 年的品牌重塑。李宁发布了全新的品牌标志，口号也从"Anything Is Possible"转变为"Make the Change"，这一切都是为了打造一个全新的"90 后李宁"。而在此前，李宁在二三线城市有着一批忠实的中年消费者。但是李宁的转型并不成功。有人说李宁的问题出在了品牌定位上。笔者不太认同。李宁的品牌定位基本没有问题，要走国际化路线，品牌必须要年轻、时尚。而且在 2010 年的时候，他们就看到了未来是 90 后的天下，还是很有前瞻性的。

李宁的问题出在了产品定位上。李宁做了品牌定位的调整，但产品定位却模糊不清，一直在时尚与专业体育之间徘徊。李宁的产品质量在国内算是过硬的，但是产品设计相对落后，款式不多，外观缺乏时尚元素，很难抓住年轻人的心。更加致命的是，产品没有及时跟进品牌的调整，提价速度倒很快。就在 2010 年，李宁公司先后三次宣布分别对鞋类和服装类产品连环提价 7％～17.9％，被业界笑称"耐克的价格，李宁的产品"。产品定位的失败，并没有吸引到新的 90 后用户，价格的提升又失去了原先忠实的老用户，这样让李宁陷入了非常尴尬的处境。

李宁在 2010 年前能够取得那么好的成绩，赢得稳定的消费群体，其产品一定很有优势，尤其在产品品质和专业性方面。但是在品牌定位调整后，产品没有及时调整，原先在产品上的优势就大打折扣了。因为在新的品牌定位下，用户的诉求已经发生了变化，产品的方向也不同了，不调整只能只能被淘汰。

现在很流行一种说法：方向比速度重要，选择比勤奋重要。做产品也是这个道理，极致很重要，但是正确取舍更重要。互联网思维没有告诉我们这个道理，但在经典的营销理论中，产品定位的重要性是被一再强调的，是我们做产品时一个非常关键的环节。产品必须要有准确的定位，而且要和品牌定位保持一致，才能真正做到极致。

产品也需要不专注

在互联网界做产品有一种倾向：喜欢专注做一款产品，做到极致，然后成为爆品。黎万强在《参与感》一书中谈到，"产品规划阶段要有魄力只做一个，要做就要做到这个品类的市场第一"。雷军在 2013 年广东电子商务大会上演讲时也谈及，"为小米的核心用户做电视，能不能只做一款电视"。

的确，在互联网时代，凭借一个产品就获得成功的例子并不少。比如墨迹天气的创始人金犁就是凭借一款单纯的天气软件，6年做到了拥有3.3亿个用户。

专注单品可以将有限的资源聚集起来，更容易将一个产品做到极致。但是，这样做的风险也很大，如果产品的方向"押宝"押错了，就会全盘皆输。"不要把鸡蛋放在一个篮子"，这里提到一个概念——产品线。产品线就是一个系列的产品的集合。菲利普·科特勒在《营销管理》中这样定义产品线："同一产品种类中一组密切相关的产品。它们具有类似的功能，相同的目标用户，相同的销售网点和渠道，或者在一定的价格范围内。"[①] 比如可口可乐公司拥有汽水、果汁饮料、茶饮料等多条产品线，每条产品线下拥有数个产品品牌，以汽水产品线为例，就由可口可乐、雪碧、芬达等6个产品品牌构成。

"三个臭皮匠，顶个诸葛亮。"产品线有其优势。一方面，产品线是一种进攻策略，在企业资源充足的情况下，越多的产品布局就越容易抓住更多的机遇和用户，这比单品的极致更保险。另一方面，产品线也可以是一种防御策略，不少公司就是通过扩大产品线的宽度来遏制竞争对手在某细分市场的产品发展或者对于对手的产品策略进行干扰。

在手机界，苹果是专注的典型，只做几款手机。作为苹果的竞争者，三星手机有众多系列，而且型号众多，没有任何一家手机厂商能够像三星一样拥有如此多元、复杂的产品线。有人笑称三星是在打"机海"战术。据不完全统计，三星从2009年至今，已经发布了超过100款安卓手机，几乎覆盖了低、中、高的全部市场，屏幕大小从3英寸到10英寸几乎全部都有。对于消费者而言，真是要什么有什么。英国的British Gadget Tech网站在2013年做了一

---

① 菲利普·科特勒，凯文·莱恩·凯勒. 营销管理 [M]. 梅清豪译. 上海：上海人民出版社，2006：424.

件有趣的事情,将一年来三星在英国发布的 26 款产品绘在一张图上,从这张图上可以看到一个三星产品"套娃"。

面对如此庞大的产品线和这么多的产品,我们只能说三星做手机真的是非常不专注。

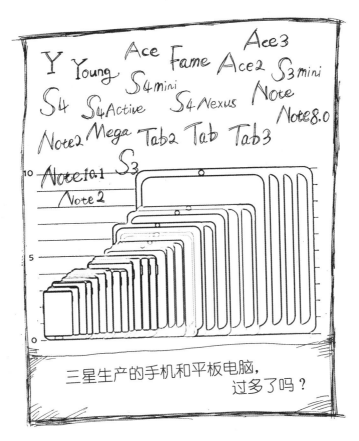

三星产品图

三星这种不专注的战术选择其实是从市场的角度出发的。

首先,苹果已经把 iPhone 的品质和口碑做到了极致,三星如果也像苹果一样专注于做 1~2 款产品,想要超越对于难度可想而知。对三星而言,要和苹果竞争,"打群架"的模式更合适。

其次，三星丰富的产品线策略也是基于当时消费者的行为有针对性地推出的。三星曾经委托咨询公司 Forrester 进行调查，调查结果声称在 25 种平板电脑应用程序中，没有任何一种能够在用户中占主导地位。

三星推出如此多的手机产品，既是对于不同层次的用户需求的满足，也是对于市场的一种试水。在众多产品中找到受到青睐的产品后，再进行重点培育，一代一代做到极致；同时也会断然放弃不受市场欢迎的产品。2011 年，三星新推出了 5.3 寸大屏的 Galaxy Note，曾被科技人士嘲笑为"迷你平板电脑"，极度不被看好。但投入市场后 Galaxy Note 却大受欢迎，三星就趁热打铁，随即加大了宣传和推广的投入。2012 年，Galaxy Note 就卖出了 1000 万台，成为有史以来最受欢迎的智能手机之一。现在一代一代的 Note 都是旗舰机之王。

事实证明，三星的产品线战术还是非常成功的。它通过广撒网、重点培养的策略来发展手机产品，在智能手机市场确定了领导者的地位。从 2012 年开始，三星的智能手机市场份额就超过了苹果，跃居全球第一并保持至今。

产品线的生产方式的优势还表现在成本控制上。因为产品线中的产品有着类似的功能，所以更适合规模化、平台化的生产，有利于产品的快速扩张。这个在汽车等制造业表现尤为突出。网上有个段子：大众公司只有一款车，叫高尔夫。拉长了就是帕萨特，帕萨特改了名就叫迈腾，减掉一个后座就是 CC，再拉长就是辉腾……这虽然是一个玩笑，但从中我们也可以读出大众的产品线规模化生产的方式。早在 2007 年，大众就发布了模块化战略，有效控制了成本和生产周期。据悉，大众的 MBQ 平台的模块生产可以让单车成本缩减 30%，整车的开发周期也缩短一年。大众的车长得很像，因为是从一个模子里做出来的，虽然外形差异不大，但是功能却瞄准了不同的细分市场。更重要的是平台化让大众的车质量稳定、性价比高，所以无论市场保有量还是销量，大众都一直处于领先地位。这一切根本还是源于其产品线的设计。

当然，如果盲目延伸产品线造成产品过多，一定会造成资源浪费和定位的混乱，同时对于公司产品管理和产品品质也是挑战。比如曾经称霸市场的HTC就是因为产品太多、产品线管理不善而衰败的。而前面讲到的三星也已经意识到产品线宽度无限扩张是有风险的，三星在2015年采取了产品线缩减战略，砍掉一些产品线，适度聚焦。

我们做产品不必拘泥于单品爆款。但同时，产品线也要易于管理，切合实际，不能盲目扩张。

产品不同阶段的策略

在产品管理中有一个经典的理论，叫作生命周期理论。最初是由美国哈佛大学教授雷蒙德·弗农（Raymond Vernon）1966年在其《产品周期中的国际投资与国际贸易》一文中首次提出的。弗农认为，产品和人的生命一样，同样要经历引入、成长、成熟和衰退4个阶段。这和我们前面讲到的市场的演进阶段非常类似。只有结合不同阶段的特点，采取针对性的市场策略，才能够真正将产品做到极致。

1. 引入期

产品刚刚投入市场，对于消费者而言，产品还是一个"新面孔"。这时候，需要专心把产品品质和功能做好。俗话说，"酒香不怕巷子深"。市场中总有一些尝鲜者，一旦产品品质得到了他们认可，拥有了好口碑，将会吸引越来越多的消费者。Facebook最初还只在哈佛校园里面使用的时候，就非常专注于产品的功能，通过不断优化产品功能来提升用户体验，因此受到了越来越多学生的欢迎。据说当年，扎克伯格、莫斯科维茨和帕克曾组建了一个团队，叫"冥想之队"，他们每天花大量时间专门研究学生们怎么使用Facebook，怎么让他们用得更方便，"留言墙"等代表性功能就是在那个时候开发出来的。正是有了初期的专注，才有了后来 Facebook 的辉煌。

在引入期，作为新进入者，产品知名度肯定不高。为了扩大产品知名度，专注于广告和宣传，吸引消费者的眼球是非常必要的。营销界有一种说法，一个产品要让消费者认识只要 18 天的时间，这 18 天是一个产品进入市场的关键。

哈药六厂从 1996 年开始研制补钙产品，而很快中国的保健品市场便风生水起，巨人脑白金、巨能钙等产品纷纷进入市场。作为处于引入期的"盖中盖"，面临着如何树立品牌，在众多产品中脱颖而出的难题。哈药集团最终采取的是异乎寻常的广告策略，快速打响了产品知名度。1999—2000 年，哈药六厂全年在"盖中盖"上的广告投放高达 8.5 亿元，这个数字放在今天也是一笔巨额的广告支出。据奥美广告公司调查显示：1999 年盖中盖广告投放量占所有钙品牌广告投放量三成以上。各类明星天天在电视里向人们不厌其烦地推荐："我信赖，盖中盖"。在"狂轰滥炸"的广告下，地球人都知道了盖中盖，而当年盖中盖的销售额达到了 15 亿元，居同类品牌第一名。

2. 成长期

产品过了"吃螃蟹"的引入期，便进入了成长期。成长期是需求增长的阶段，销售额快速上升，而规模化生产也使产品成本下降，从而带来更多的利润，同时竞争也会逐步升温，但还没有达到白热化程度。

这个时期需要持续改进产品的品质，加大宣传力度树立品牌形象，拓展销售渠道等等。产品成长期可以算是产品生命周期的"黄金时段"，正如一个年轻人在长身体的阶段，企业应该抓住这段发展的良机。如果错失，有可能就会夭折。这个时候要是过分追求利润，很可能做不大格局。

在 30 多年前，国内牙膏市场竞争还不是很激烈，北京日化曾经推出一款叫"洗必汰"的牙膏。"洗必汰"的质量、价格都非常不错，据说在当年的牙膏评比中获得了满分。1978 年，"洗必汰"开始量产，非常畅销，产品快速进入了成长期。这时候本应该加大生产和推广投入，但直到 1982 年，"洗必汰"

才开始扩大产能，又花了 3 年左右的时间。这时候国内牙膏市场已经竞争很激烈了，"洗必汰"的优势也不明显了。到了 1985 年，"洗必汰"出现滞销，并在年底出现亏损。很快，这个产品就从市场上消失，现在很少有人知道这个产品。如果当年"洗必汰"能够抓住成长期的发展机遇，积极扩大产能，也许，我们今天记住的不是"两面针""美加净"，而是"洗必汰"。

3. 成熟期

产品达到某个时点，销量增长会减缓，产品会进入一个相对成熟阶段。产品成熟期，需求变得饱和了，同时竞争越来越激烈，市场上的产品同质化现象很严重。消费者也容易出现"审美疲劳"。这时我们不能一味追求极致，要根据市场适时地变通。

这个阶段的变通怎么理解呢？关于成熟期的产品策略，科特勒在《营销管理》中谈到了三个"调整"，可以供我们借鉴。

一是市场调整。企业尝试一些新的方法来吸引更多的用户或者提高用户使用率的方法来提升整体销量。

二是产品调整。通过在产品上寻求"新的改良"来吸引用户的眼球。这些改良可以是添加新的尺寸、重量、材质或者是生产新的产品配件、提供新的服务等来扩展产品功能和性能。

三是营销方案的调整，指的是通过价格、渠道以及广告等方式的改变来刺激销售。

丹麦蓝罐曲奇是丹麦皇室御用品牌，创始于 1933 年，距今已经有 80 多年的历史了，产品早已经进入成熟期。饼干的配方一般是不能大幅修改的，所以更多地从产品形式或者附加服务上来进一步提升销量。2012 年，蓝罐曲奇推出了只有 6 块饼干的小盒装，产品小巧的包装让消费者眼前一亮，吸引了很多消费者尤其是年轻时尚人群来尝试购买。6～7 块钱的价格门槛很低，携带也很方便，低价和便捷性刺激了消费者的购买频率。可口可乐也是在 2012 年推出了 300 毫升的迷你装。这种做法的效果还是很明显的，尼尔森的数据显示，无论是饼干还是碳酸饮料，近些年里品牌多数的新增市场份额都来自于小包装而非传统包装。2012 年平均每个店铺售卖小包装饼干的比例比上一年增长了 1 倍。

4. 衰退期

产品的衰退的原因很多，有些是由市场趋势决定的，也有些是由企业或者产品自身的问题造成的。衰退期产品的销售量和利润持续下降，产品无法适应市场需求，市场上已经有其他性能更好、价格更低的新产品，足以满足消费者的需求。企业要做好撤退的准备，别再强调极致了，因为此时的极致只能意味着更大的投入，带来更多的资源浪费。另起炉灶或许是更好的选择。

4.4 极致的开发

极致的第三条理解讲的是极致是一个循序渐进的动态过程，产品需要时间持续地优化提升，不断接近极致，这其实就是迭代思维的理念。迭代思维作为互联网思维中唯一一条关于产品开发的思维，也被大家谈论了很多。

迭代思维讲的是产品开发不是一次性满足用户的需求，而是通过一次次的迭代，不断试错去完善产品。微信第一年更新版本 44 个，小米的 MIUI 系统在初期坚持每周升级一次，雕爷牛腩的菜单也是每月更换一次。互联网企业需要迭代思维来开发和经营自己的产品。

快是迭代，慢也是迭代

互联网思维中的迭代强调两个显著的特点："微"和"快"。"微"是小处着眼，进行微创新。"快"则是快速调整产品功能，满足用户需求。

有人将"快"和"迭代"放在一起，组成了一个新名词，称之为"快速迭代"。这样往往给人一种印象，"迭代"一定就是快的。小米 MIUI 系统的例子经常被拿来作为迭代的经典案例。MIUI 诞生于 2010 年，当初只是安卓系统的一个界面，但它推出后就保持一周一个版本的迭代更新速度，解决用户的各种问题，并不断增加一些新的功能来吸引客户，到现在 MIUI 在全球已经有1.5 亿用户了。一周一个版本，这样的迭代速度确实是快。

但是，不是所有的产品都需要快速迭代。苹果的产品迭代的速度也并不快，以 iPhone 为例，从第一代 iPhone 于 2007 年发布至今，基本保持着 1 年发布 1 款手机的节奏。

迭代只是一种产品开发的方式，决定快慢的不是迭代本身，而是产品的行业特点或者生产开发周期。对于一个快速发展的行业，生产周期短，就需要快速迭代。反之，则需要慢速迭代。微信、MIUI 系统都是软件类产品。对于一个软件而言，一周出一个版本是很常见的，而制造一个手机涉及设计、加工的复杂工艺，而且根据调查显示，用户的换机周期大概在 18 个月左右，手机的快速迭代也没有太大的必要。因此苹果选择了慢速迭代。

这种慢速迭代在传统行业其实比较常见。

和苹果做法最为类似的应该就是汽车行业的改款了。汽车厂商对于一款热销车型，一般每年都会升级一个版本，一方面通过新品来刺激用户的需求，同时根据用户的使用反馈和市场的变化来进行产品优化，让产品更加完美。改款已经成为几乎所有汽车厂商常用的产品营销手段。宝马销售高管 Robertson 曾说："我们从不低估任何现存或潜在的竞争，在汽车行业中没有定势的日程。但小改款却在现时的竞争中脱颖而出，这个成功使得小改款跻身一代又一代反复吸引顾客的成功车型行列。"这种小改款就是一种非常典型的产品迭代方法，它在汽车行业已经有了较长的历史，目前也成为行业内比较成熟的一种产品开发方法。

除了汽车，还有一个行业产品迭代也比较多，那就是快速消费品（快消）。快消行业本身的特点就是产品周期短，客户需求变化快。为了适应这样的市场特点和需要，产品也需要持续迭代。

汰渍是宝洁公司最成功的产品之一，被称为"洗衣奇迹"，从1946年推出至今已经有60年历史，销量一直表现不错。在这60年里，汰渍也是在持续地更新迭代，经过了70多次产品革新，平均一年就要更新一次产品。针对汰渍，宝洁建立了一套长期的消费者监控体系，对于消费者的需求进行研究和分析，跟踪消费者的需求变化，及时做出市场应对。据悉，汰渍每年用于实验室测试的衬衫和袜子就多达10000件，这里面大部分都是从消费者家中收集的使用过的衣物。

以包装为例，在纸盒包装时代，宝洁研究人员发现，消费者普遍反映洗衣粉会结块，导致在使用时无法顺利倒出。这归根结底是由于纸盒包装不防潮造成的。2002年，宝洁率先将所有的汰渍洗衣粉都更换成了新的防潮贴膜纸盒，不但大大改善了外观，而且可以提升50%的防潮能力，因此，用户的抱怨少了，销量也随之提升。

防潮包装只是宝洁多个产品改动中的一个小小的点，类似的改进在汰渍的发展史上还有很多，比如针对小朋友衣服胸前的油渍推出升级配方，针对女性朋友推出熏香系列洗衣服等等。正是在产品迭代的过程中，汰渍洗衣粉才能够不断满足用户的需求，逐步提升产品的品质，60多年来一直引领着世界洗涤技术的发展和产品的潮流。

不管是汽车行业的小改款还是快消行业的产品升级，迭代思维在传统行业其实也一直都在使用。只是传统行业的生产周期一般都比较长，所以用的更多的是慢迭代，给我们的感受不是很强烈。但实际上，迭代和快慢无关，快是迭代，慢也是迭代。迭代也不是越快越好，在快慢上的选择还是要充分参考产品和行业的特点，才能够准确地把握节奏。

迭代的风险

互联网思维强调的迭代本身是一种试错方式，先推出一个 1.0 的版本，看看市场的反应，然后逐步推出 2.0、3.0 乃至更多的版本，在这个过程中不断优化，最终打造一个优秀极致的产品。迭代的产品往往不是一次性满足用户所有的需求，而是优先满足其核心的需求。用迭代的方式来开发产品，在产品推向市场的初期，功能通常不是那么完善，甚至会有很多的瑕疵。

即使大名鼎鼎的苹果公司也经历了这个过程。苹果第一代手机的缺陷很多：第一代 iPhone 运行的是 2G 网络，上网速度和拨号差不多；没有 App Store，只有内置应用；发短信不支持复制、剪切和粘贴；不支持彩信；等等。对于一个手机而言，上面任意一条缺陷放到今天都是致命的，简直无法让人和苹果手机联系在一起，不过它们确确实实存在过。通过一代又一代的产品迭代改进，苹果才将产品做到了极致。

正因为初期产品的不完善，在迭代开发的优势之下也伴随着潜在的风险。将一个不完善的产品推向市场，消费者的体验肯定不会很好，甚至会遭到质疑。这就是考验一个产品迭代能力的时候了，如果此时产品的迭代不及时，或者迭代的能力不足，产品质量迟迟没有得到完善，迭代反而会成为产品发展的一个瓶颈，最终会把产品引向失败。

2014 年 5 月 20 日，一场盛大的手机发布会在北京国家会议中心举行，并引发了巨大的轰动。发布人舞台感十足，足足为观众贡献了 3 个小时的风趣和幽默。从设计大师到工匠精神，从致敬到感谢，背后大屏幕闪现着简洁而精致的画面。

你一定能猜到，这个人就是老罗——罗永浩。随后网络上的吐槽和赞赏几乎不相上下，但发布会的视频还是被争相传看，锤子手机名扬天下。虽然老罗在发布会上不太厚道地多次挪揄了小米硬件发烧的定位，但是锤子手机"互联网思维"式的运作，确实像极了刚出道时的小米，甚至青出于蓝而胜于蓝，因为老罗更善于表达。

但是，时间到了 7 月，情况却急转直下。7 月 8 日，锤子手机 Smartisan T1 正式发货，首批发货量仅为 1000 台。更为严重的是，大量的投诉随之而来。屏幕边框碎裂、漏光、摄像头内有污迹、前置摄像头位置不正、实体按键塌陷或窜键……发货之前的 3 天，罗永浩在题为《关于产能和发货，关于感激和致歉》的微博中表示："由于做工方面的苛刻要求，目前产线上的良品率较低……现在我们产线上不能通过质检的大多数产品，做工也要比绝大多数手机厂商的产品要好很多。"

一个手机新品在初期产能不足、产品良品率低等问题是必经的过程。小米 1 当初遇到的问题和锤子手机几乎一模一样。小米手机 1 发货不到一个月，小米论坛里就有多达 5000 条的问题反馈评论，包括手机掉漆、相机无法使用、频繁死机、通话破音等问题。而当时小米的产能也是严重不足，还一度被人解读为"饥饿营销"。

锤子之所以没有成为第二个小米，关键在于产品推出后的迭代能力上。产品出现问题了，需要快速解决这些问题，快速改善消费者的第一印象。

而实际上锤子手机的迭代速度确实不尽如人意。首批货只有 1000 台，而且到 9 月份才开始进行量产。罗永浩在发布会上说锤子有黑、白两种颜色，但白色款到 12 月才正式发售。节奏太慢，让锤子手机丧失了最佳的产品改善和销售窗口。

据业内人士分析，锤子的产能出现不足，迭代速度跟不上，可能有两方面的原因。一是锤子手机在工业设计上出现了问题，对于特定元器件的设计精度要求过高，生产工艺达不到该水平，进而使得生产良品率变低。另一种情况则可能是向锤子手机提供特定元器件的供应商无法满足锤子科技的生产要求，从而造成"物料初期供应不稳定"的局面。

这样看来,迭代还真是个技术活。既要控制好迭代的节奏,踏准市场节拍,又要有足够的迭代实力,应对随时可能出现的问题,哪个环节出了差错都不行。

我们基本上可以总结出在迭代思维上的一条规律,就是初期的产品考验或者危机是必须经历的过程,这也是由迭代的特点决定的。成功度过危机,经受住市场的考验,是对于产品本身和迭代能力的一次提升和完善。

产品开发之前,需要先审视一下自身的能力。没有基础就要先把基础打好,确保能够应对市场风险。选择迭代,就要做好产品的规划。迭代分几个版本,每个版本间隔周期多久,分别要实现什么样的功能,如果出现了问题怎么应对……这些问题事先都想好了,后面就会得心应手一些。

我们应该迭代什么

前面我们讲到了慢迭代和快迭代,也看到了成功的苹果和失败的锤子。它们之间在迭代上的差别似乎不仅仅在于迭代的速度,迭代的内容也有所不同。经过仔细研究,我们可以发现,以手机、汽车为代表的产品,在迭代的过程中,基本的功能大多保持不变,迭代的是一些外围的功能,比如汽车的小改款主要集中在外形、内饰和排放等方面。而锤子手机之所以遭遇了风险,很大程度上也是因为问题出在质量控制上,短期内迭代不了。

在极致体验章节里我们谈到了 Kano 需求模型,基本需求是必须满足的,否则客户一定不满意。兴奋型需求(极致体验)是不被客户期望的,但如果做好了,客户满意度会有明显的提升。

从客户的需求层次来看,迭代也是要区别对待的。产品的基本功能是基础,最好保持相对稳定,所以尽可能一次性地满足,减少迭代的次数。在基础功能之上有期望需求和兴奋型需求,这些则是迭代的重点,开始不用一步到位,有一两个核心亮点即可。经过多次迭代来完善,并最终将它们做到极致。

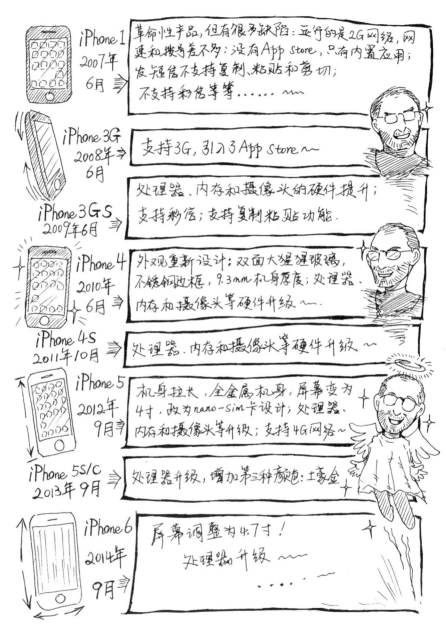

iPhone 1
2007年6月 ⇒ 革命性产品，但有很多缺陷：采行的是2G网络，网速和拨号差不多；没有App store，只有内置应用；发短信不支持复制、粘贴和剪切；不支持彩信等等……

iPhone 3G
2008年6月 ⇒ 支持3G，引入3 App Store

iPhone 3GS
2009年6月 ⇒ 处理器、内存和摄像头的硬件提升；支持彩信；支持复制粘贴功能。

iPhone 4
2010年6月 ⇒ 外观重新设计：双面大猩猩玻璃，不锈钢边框，9.3mm机身厚度；处理器、内存和摄像头等硬件升级。

iPhone 4S
2011年10月 ⇒ 处理器、内存和摄像头等硬件升级

iPhone 5
2012年9月 ⇒ 机身拉长，全金属机身，屏幕变为4寸，改为nano-sim卡设计；处理器、内存和摄像头等升级；支持4G网络

iPhone 5S/C
2013年9月 ⇒ 处理器升级，增加第3种颜色：土豪金

iPhone 6
2014年9月 ⇒ 屏幕调整为4.7寸！处理器升级 ……

苹果手机迭代示意图

让我们重新回顾一下苹果手机的迭代过程，看看它每次都迭代了什么。

苹果手机至今（截至 2015 年年底）共发布了 8 代产品。苹果手机早期的问题在第 3 代的时候就已经全部解决了，产品趋于稳定，并形成了苹果手机加 App Store 的成熟生态链。随后，产品的迭代都是围绕产品的外观、性能和操作系统进行一定程度的升级。除了第一代之外，改变比较大的是 iPhone 4 和 iPhone 6，其余版本整体变化不大。苹果手机为产品迭代树立了一个典范，通话、上网、发短信、操作界面等功能基本不动，很早就稳定下来；外形、颜色、性能等这些高层次的需求则有很大的拓展空间，是每个版本的迭代重点。

从苹果的迭代历程中，我们还发现一个现象，有些版本的迭代几乎没有内容的更新，与上一版本相差无几。每一代 s 款和前一款相比，基本只是硬件有所升级。这样的迭代看似有点过于简单，市场反应又如何呢？

根据苹果公布的销售数据，iPhone 4s 在上市前 3 天就卖了 400 万台，创造了销售奇迹。当有人还在质疑 iPhone 4s 的迭代的时候，它已经成为 iPhone 历史上卖得最好的一款手机，甚至在 2014 年第一季度还为苹果带来了 1000 万个新用户，占到了当季苹果总新增用户的 25％。

这又如何解释呢？iPhone 4s 虽然在产品上没有什么大的变化，但是它选择了一个好的迭代时机。iPhone 4s 发布时，前一代革命性产品 iPhone 4 热度还没有减弱；大环境也很好，2011 年智能手机发展迅速，出货量首次超过个人电脑；还有一个重要的事件，iPhone 4s 发布时，乔布斯去世了。这些事件共同催生了 iPhone 4s 的销售奇迹。

在慢战略下，选择一个合适的迭代时机，适当地在产品上"不作为"，看似有点偷懒，其实是很聪明的做法。准确把握了市场的节奏后，用最小的成本来实现产品生命周期的延长，让产品多"飞"一会。

但这需要准确地拿捏市场和产品，否则就会弄巧成拙。同样是手机的迭代，2014 年三星类似苹果的做法就没有达到预期的效果。

2014 年 9 月，三星发布了新手机 Galaxy Note 4。《福布斯》杂志随即就有文章指出三星产品创新不足，其产品迭代策略遭到质疑。文章认为 Galaxy Note 4 的功能与去年的产品相同，硬件配置略有改动，几乎没有任何新颖之处。将这样的产品投放到市场，虽然是一个新品，但是对于消费者的吸引力肯定会大打折扣。三星对于 Note 4 的销量期望很高，首月目标定在了 1500 万台，但实际上只售出 450 万台，实在是令人大跌眼镜。

总的来说，产品基本功能要稳定，满足客户高层次需求的功能多迭代，通过不断迭代来达到极致。此外，还得把握好市场的节奏，选择合适的迭代时机。

5.

真实的谎言——谎言重复一千遍还是谎言

"夫市之无虎明矣，然而三人言而成虎。"

——《战国策·魏策二》

三里屯优衣库事件后，优衣库曝光率大增。网络上很多人的第一反应是，这是不是营销行为？因为这太像是一次互联网炒作了。

互联网传播是最能体现互联网思维特点的，很多人希望拥抱互联网，首先就得学习互联网的传播方式。但是，对于一些互联网思维关键词，有一些不靠谱或者片面理解的危险。

比如，说产品思维，就有"酒香不怕巷子深"。互联网社交媒体自然会经传播形成口碑。更有甚者认为"传统营销已死"。因为 90 后已不再专注于电视、报纸、杂志等无法交互的媒介，他们忠于电脑以及移动终端。

真正的营销者还是要从营销传播本身去理解。互联网思维下的传播也是传播，符合一切传播的规律。

5.1 口碑营销都是局

在互联网思维大行其道的今天，我们看到了互联网传播被刻画和包装成了一个可以"无中生有"，甚至创造奇迹的领域。大家乐此不疲地在寻找互联网传播领域的"永动机"——轻轻一推或者适时引爆，就能带来自发式的广泛传播，以小的传播投入产生显著的传播效果。

于是，伴随着一个个"惊为天人"的互联网传播奇迹，口碑营销、情怀营销、病毒式营销、爆点思维、粉丝思维等成了互联网传播领域的成功法则。

互联网传播领域的"永动机"是否真的存在？

口碑营销古已有之

口碑营销作为互联网思维体系中的重要组成部分，其实古已有之。

武则天当政年间，修整洛河河道的工匠在河中挖出一块异石。异石通体发白，隐约间似有蟠龙纹路，更令人惊奇的是，白石上刻有八个紫砂大字——"圣母临水，永昌帝业"。"圣母"自然暗指登基不久的武则天。"临水"则有两层含义，一是指武则天定都东都洛阳，因为洛阳在洛水边上；二是在中国的传统观念里，自古即有"拜洛水，受图箓"，以此方式来彰显君权神授。而圣母临水，将带来"帝业"的永远繁荣昌盛。

此异象在东都洛阳的码头、街巷、市集、酒肆等人群聚集之地迅速传开，更有说书先生将此事进一步演绎，绘声绘色地描述了圣母受天意下凡，临水而居，造福生灵的过程。此外，围绕这一异象的儿歌、童谣也成为孩童们吟唱的流行内容。一时间，铺天盖地全是天降祥瑞的消息在口口相传。伴随着洛阳水路、陆路发达的交通，此异象仅在数月间便传遍全国。

而之后，武则天应群臣谏言，顺应天意，借此异石，自加尊号"圣母神皇"。在民间及朝野屡有关于其"篡权夺位"不利之声流传的情况下，宣布了武则天"天授之子"的执政合法性。同时，进一步巩固了大周初期武则天的舆论基础。这就是中国历史上著名的一次"拜洛受图"以显示君权神授的事件。

如果我们换个视角来看，这就是一次打着神灵旗号的精心策划的事件营销加口碑传播。

首先，并没有所谓异石。此石乃武则天事先授意其侄子武承嗣，暗中安排人在一块白石上刻好"圣母临水，永昌帝业"后，再沉入洛水。

其次，祥瑞事件的快速传播，是精心策划的结果：第一，选择了古代口口相传效率最高的传播渠道——码头、街巷、市集、酒肆、甚至是水井等人群聚集之地。第二，在这些传播渠道精心挑选了"意见领袖"——码头靠消息灵通的老师傅、酒肆靠制造话题以吸引客官的掌柜及店小二、街头巷尾靠热心热肠的"马大姐"式人物，由他们制造热议的话题。第三，传播内容上注重流行性——"圣母临水，永昌帝业"简短好记；说书先生的段子丰富细节，制造话题，便于老百姓议论；童谣歌谣朗朗上口，简单易传。最重要的一点是，充分发挥老百姓的智慧。用现在的话说就是 UGC（User Generated Content，用户原创内容）和自媒体。老百姓们能够发挥自己的智慧与想象力，来描述和包装这个故事。故事细节越传越丰富，情节越传越玄幻。

最后，规则制定者做好舆论监控，即确保质疑污蔑的声音消失。最后的结果就是，所有人都在用不同的方式讲同一件事情，口口相传使得百姓们对此事深信不疑。

"圣母临水，永昌帝业"不正是我们今天熟悉的口碑营销吗？

其实全是心理学

2015 年 2 月，奥斯卡影帝威尔·史密斯主演的新电影《焦点》在北美上映，上映第一周即登顶周票房冠军。在这部影片中，威尔·史密斯饰演一位诱导术大师，靠赢取各种匪夷所思的赌局行走江湖。

这部影片的最后一个赌局是：男主角尼基（威尔·史密斯饰演）与谢利源（华裔传奇赌徒，会在任何事情、任何东西上下赌注）置身于一场美式橄榄球的比赛现场，谢利源拿望远镜看向场内，随意选一个球员穿的球衣号码记在心里，然后由尼基来猜这个号码。

尽管威尔·史密斯饰演的主角很懂人心，但肯定不会读心术。所以，单看赌局本身，猜中的概率几乎为零。一场美式橄榄球比赛，双方各有 11 名队员在场上，一共 22 名队员。而且，美式橄榄球的球衣号码从 0～99 号均可任选。所以，随机选随机猜，哪怕是一个超级赌徒，赢下赌局的概率也几乎为零。

但结局总是那么出人意料，当威尔·史密斯委托女主角告诉谢利源他选的是 55 号时，谢利源瞠目结舌的表情不亚于大荧幕前的观众。

真相当然不是变魔术。通过一系列精心布局，谢利源当天被安排看到了无数次数字 55。虽然是无意识的，但是也在他心中留下了痕迹。经过不断的加深印象和刺激，终于，当他在赌局中突然被要求选一个球员号码的时候，潜意识起了作用，在他脑海中蹦出了 55 号这个数字。而且，这个 55 号球员就是个托，不停做各种动作吸引人的注意。

营销传播又何尝不是如此。宣传和传播，不仅仅要让别人接收到信息，更

要获得受众潜意识的认同。互联网思维的传播，也要直击宣传的本质：攻占受众的意识。这是一个让受众打心眼里认同的过程。就如同电影中所演绎的那样，如何让谢利源发自内心地说出"55"这个数字，前期的大量铺垫与精心策划才是传播成功的关键。

心理学中有一个名词叫心理暗示。优秀的传播，就是在场外下功夫，通过不断的暗示加强印象。

很多并没有走在互联网传播领域前沿的传统企业，也许并不一定善于用互联网传播口碑，但却深谙如何从潜意识里获得受众认同之道。互联网口碑营销，也只是其中的一个部分。口碑营销和那个骗局的原理一样，需要各种手段的全方位配合。说穿了，那都是科学——心理学。

丰田汽车最初在美国市场推广其混合动力汽车普锐斯，主要的推广策略就是塑造"环境友好"与"时髦"的口碑。丰田力求在消费者潜意识里塑造两个概念：一是驾驶普锐斯混合动力车很酷很时髦；二是驾驶普锐斯，是对生态环境"负责任"。

围绕这两个概念，丰田做了两件事情。

首先，丰田充分发挥了名人的示范效应。用今天互联网传播思维的话说，就是找到意见领袖。但是，意见领袖影响人的方式不是说教，不是夸产品好，而是自己使用这款产品，并且以一种不经意的方式被大众发现，从而制造流行话题，形成示范效应。

丰田找到的意见领袖是能引领潮流的电影明星。在2003年的奥斯卡颁奖典礼上，26辆普锐斯与好莱坞明星一起华丽亮相。随后，"像卡梅隆·迪亚兹和莱昂纳多·迪卡普里奥这样的明星和他们的普锐斯一起进入了摄像机的镜头（'看，我们多么环保啊'），'这成了一件很酷的事情'"。这样的文章在美国各知名杂志，如《商业周刊》的专栏中出现，话题就这样被制造出来。

此外，丰田还把车租给洛杉矶一家公关机构，以确保能拍到像哈里森·福特和卡莉斯塔·弗洛克哈特这样的好莱坞明星开着普锐斯的照片，再通过各种时尚杂志进行曝光。一时间，电影明星驾驶普锐斯成为了一种潮流，并引起了潮流追随者们的关注与跟进。

丰田还找到了美国非常知名的环境保护组织塞拉俱乐部（Sierra Club）以及美国国家野生动物协会为普锐斯代言。权威环境组织的支持，帮助丰田塑造了节能环保的形象。

因而，普锐斯成为丰田在美国市场的第三畅销车型，仅排在便宜得多的凯美瑞和花冠之后。直至现在，仍有些美国消费者研究机构把丰田列为全球范围内对环境最友好的品牌之一。

明星使用、机构代言，都是为了确立普锐斯在消费者心中混动车第一的印象。这些明星、社会机构，在消费者心目中投射出良好的形象。消费者开着普锐斯，就会感觉自己也变酷了。这些行动都是为了在消费者的心里埋下一颗种子。

呕心沥血的口碑营销

消费者都有自己的个人圈子。他们基本不听厂商的推销，但都听朋友说的话。

——"蜂鸣营销"创始人埃曼纽尔·罗森（Emanuel Rosen）

口碑营销的核心价值在于其超越其他传播方式的强大说服力，而互联网给口碑传播插上了效率的翅膀。互联网对于口碑营销的推波助澜体现在，"朋友"更多，"听朋友说"的方式更有效率，带来的结果就是口碑传播更快、更广。

实际上，互联网就是武则天的码头、街巷、市集、酒肆；网络水军、网络段子手和意见领袖就是武则天的老师傅、掌柜及店小二、街头巷尾的"马大姐"。而互联网传播中的段子和事件也是精心编撰的，正如武则天时代的石头、童谣和谶语。

老祖宗讲，"好事不出门，坏事传千里。"那个时候可没有互联网，但依然有些口碑传播快而广以致千里之外，有些口碑却传播得不那么有效果。说明口碑传播有其内在规律，这一点跨越千年，与传播渠道并无关系。所以，互联网思维下的口碑营销，首先需要理解什么是口碑，然后才是口碑营销，最后才是互联网如何推波助澜口碑营销。这个认知过程不能本末倒置。

从这个角度出发，就能总结出一些口碑营销的要点，实际上也是互联网传播中利用社交和口碑的要点。

1. 口碑的载体信息

做口碑传播，无非就是希望人们自发地传播一个信息，而其中含有企业所希望传达的那部分信号。所以，让人们愿意自发传播很重要。不管是互联网社交传播，还是面对面聊八卦传个风言风语，道理是一样的。人们只会传播他们想要传播的信息。

传播新鲜信息让人显得有活力。如果能够引发别人震惊、快乐、共鸣或者感谢的情绪，就会给传播人一个心理反馈。这不就是我们社交的目的吗？要在人群中找到价值感。

新奇带来震惊，显得见多识广。欢乐的共享，显得幽默。情感的共鸣让人有归属感。有用的信息让自己显得对别人有所帮助。将好的产品推荐给别人，也能体现自己的品位。

面对面的时候，讲述者可以享受即时的反馈。互联网社交媒体上则用点赞、评论、转发来体现这种反馈。如果信息不具备获得反馈的价值，也就不具备被传播的价值。

2. 控制和失控

问题是，信息内容被传播之后就无法控制了。实际上，在互联网时代之前，失控在口碑传播当中就已经是个巨大问题。

你传了个段子，造了个事件。在再次传播的过程中，别人可能会按自己的想法添油加醋，甚至全盘改编，或者直接就着你的事件制造负面信息。通常这种负面信息传播会比正面信息传播更快。比如，三里屯优衣库事件一出，网络段子手一下子编了不少各服装品牌试衣间的段子，传得比优衣库的声明快得多了。

很多企业会通过特别的广告片和事件营销来制造口碑传播。但也有很多失败的口碑营销案例。

2013 年 4 月，现代集团为推广低排放的汽车，在英国投放了一则名为"Pipe Job"的广告。广告中，一名男子试图以吸入汽车尾气的方式结束自己的生命。广告片中详细描述了他在车库里的自杀准备工作，但几个小时过去了，这名企图自杀的男子并未成功，广告最后给出了答案——"新款 IX35，100％水蒸气排放。"

这种黑色幽默非常英式，却在英国市场引发了强烈的反感。一名在伦敦从事数字广告的文案人员霍莉·布罗克韦尔（Holly Brockwell）在博客中发表了一篇沉痛的文章，她的父亲就是以此种方式结束生命的，霍莉上传了父亲自杀的照片，并以"我的父亲从没有驾驶过现代汽车，多亏了你们，我也不会"作为文章的结语。反对和批评的声音在社交媒体的作用下迅速扩大，并演变成全球范围内的声讨。在这样的压力下，现代集团撤去了这则广告，并不得不在一个月内两次发表公开道歉，希望能够平息民众的情绪。"我们理解有些人认为 IX35 的广告具有冒犯性，我们对此表示抱歉。我们已经删除了这则广告，并且不会在任何场所使用。"

在这个案例中，各种失控都有了。本来想说的是排放尾气无害，却被人抓住自杀这个负面信息。在传播过程中大家都盯住了这个负面信息，完全没有人去理睬广告的本意：环保。这也是口碑传播的可怕之处。

3. 成本问题

口碑传播成本很低？真的不一定。如果策划得当、吸引眼球且正面，花费和效果之比（ROI）好，可能一本万利，但大多数情况可能都比较一般。

首先要有好的策划和运营，要有专业团队（或者购买专业服务）。武则天那个传播事件可是动用了国家机器来做的，谋划不可谓不周密，整个过程都是精心控制的，绝对不是由着老百姓自发地瞎编乱传的。杜蕾斯的微博段子做得好，也是专业团队持续经营的结果。然后要靠种子传播，要养水军。社交媒体传播也是有价格的。网络"大V"转发一条要多少钱，基本都是明码标价的。一个人唱独角戏不会有人理。一定要有人说、有人捧、有人骂还有人当托，这样才会热闹。

4. 不能只依靠互联网

即便在互联网思维鼓吹"口碑"可以颠覆一切的今天，美国著名媒体营销研究公司 Keller Fay Group 仍发现，90％以上的"口碑"是在线下口口相传形成的。

同时，传统媒体在受众心目中还是有权威感，受众的面也仍然很广。很多互联网事件的发酵和爆发常常是因为传统媒体介入了，然后才在更大的范围内引发传播。

口碑营销其实是企业众多营销环节中的一环，把口碑营销从营销中剥离，仅仅依靠口碑营销来建立企业品牌是不科学也是没有效率的。很多时候，传统营销还是占据着品牌宣传的重要阵地。做好传统营销，用口碑营销去补充补全传统营销达不到的地方，才是正确的营销技巧。

酒香也怕巷子深

古人云：酒香不怕巷子深。这强调的是传统手艺人的自信与骄傲。要说真的深居里巷卖好酒，那可能卖的是赏酒的情怀，求的是知己的缘分。

互联网思维中也有产品思维，号称只要产品做得好，利用用户的口碑就可以在互联网社交媒体上自发地传播，根本不需要费心投入巨额广告费。实际上完全不是这样。如今是酒香也怕巷子深。不做精密的策划，不大量投入人力物力，好的产品也不可能自动取得好的口碑。要想在消费者心目中留下深刻印象，一定要主动出击。

先看看古代商人怎么卖酒的。

北魏时商人刘白坠酿制的鹤觞酒在当地颇有名气，一新任地方官带此酒赴任所，路遇强盗，掠酒狂饮大醉，地方官趁机呼人擒之。此事在民间一传开，刘白坠趁机将酒改名为"擒奸酒"，巧妙地利用舆论扩大影响。果然，"擒奸酒"声名远扬，竟被当时游侠渲染为"不畏张弓拔刀，唯畏白坠春醪"（《洛阳伽蓝记》卷4）。

鹤觞酒想必是好酒，不然不会颇有名气，引得强盗掠酒后狂饮大醉。而商人刘白坠敏锐地捕捉到了事件营销的机会，将酒改名，酒不光美，而且有了"正能量"的故事，再加上已经形成的舆论传播基础，从而获得了更广泛的推广效果。

产品好，会有好口碑，此话不假，但并非不需要宣传。酒香更要借助一切机会让大家知道。在互联网时代，正因为互联网带来的信息大爆炸，一定要做好宣传的策划、执行。

互联网时代，受众的信息获取有3个特点：信息来源多、信息碎片化、信息吸收时间短。数据显示：中国网民每天发布和转发的微博信息达2.5亿条；微信用户每天平均阅读5.86篇文章，朋友圈分享阅读占订阅号流量的80％。

更令人沮丧的是，"文章读3秒钟即关闭"。英国卫报对其线上读者进行了阅读统计，10秒钟以内阅读完毕的文章超过89.6％，哪怕这篇文章编辑花了数小时才完成。

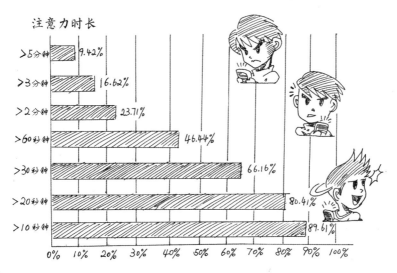

注意力时长

>5分钟	9.42%
>3分钟	16.62%
>2分钟	23.71%
>60秒钟	46.44%
>30秒钟	66.16%
>20秒钟	80.41%
>10秒钟	89.61%

英国《卫报》的用户注意力时长统计

互联网传播的第一个问题在于，资讯太多，所以受众的注意力是不集中的，没有耐心。即使有好的产品，受众也会熟视无睹，并且马上就会被大量的同类产品信息淹没。

互联网传播的第二个问题在于，看上去互联网传播资源异常丰富，不像传统媒体那么集中，其实不然。互联网媒体的优质资源是非常集中的。互联网行业就是注意力经济。你能想到的传播渠道资源，都早已经成了生意。效果显著的传播渠道，早就成了互联网巨头。

百度搜索每年收入的30％来自于医疗行业的广告投放。医疗机构在该领域的竞争非常激烈，有的医院为了提高自己的搜索效果，注册域名高达208个，新做网站300多个，购置服务器20余台，肝病、肝病医院、肝病治疗等优质关键词的首页排名至少占据2个排位，最多时候占据8个排位，这样这家医院每天的IP流量可以超过3000。仅仅为了能在激烈的搜索排名环节靠前出现，医院就花了这么大的代价与精力。

所以，"好酒也怕巷子深"，光靠卓越的产品让口碑自然发酵，在互联网如此发达的今天已经不可能了，因为受众连接触到产品的机会都没有。

"酒香不怕巷子深"有一个前提，那就是酒要够香。这一点与互联网思维一致，即产品要极致。但是，产品好到什么程度才算是酒够香呢？单靠"产品好"所积累的口碑与粉丝，能不能支持企业的长期可持续发展？让我们来看看邻国日本的企业经验。

日本是一个以匠人文化著称的国家，匠人们拥有极强的自尊心。工作做得好坏，和自己的人格荣辱直接相关。对自己的工作不负责任，任凭质量不好的产品流通到市面上，会被看成是匠人之耻。在这样的匠人文化的熏陶下，鬼冢八喜郎创立了亚瑟士（Asics）品牌，主攻跑步领域的慢跑、马拉松和越野跑鞋。

亚瑟士对于品质与细节的苛求，从其经典跑鞋 Tiger 的设计过程中可见一斑。1960 年左右，在 Tiger 的设计过程中，为使跑鞋更加舒适贴脚，亚瑟士测量了不少于 2 万人的脚，作为技术资料参考。此后，亚瑟士把这款经典跑鞋做了 20 代，每代都有新的技术改进。直到今天，它仍然是专业跑步领域的经典。

一个数字可以折射出亚瑟士在专业跑步领域的口碑。2015 年，在波士顿马拉松赛选手用鞋统计中，有超过 25% 的人选择亚瑟士跑鞋，而全球运动装备领域市场份额前两位的阿迪达斯和耐克的跑鞋占有率加起来还不到 17%。

亚瑟士与耐克的不同点在于，亚瑟士几乎没有规模化的市场营销行为以及明星效应的推动。作为当前的全球第五大运动品牌，亚瑟士的成功来自于极致的产品以及由此形成的口碑。但这也是其进一步寻求可持续发展所面临的问题。因为光依靠产品与专业口碑，能获取到的市场份额有限，未来要想进一步发展，需要有效地把口碑变现。

亚瑟士欧洲市场部门 CEO 卡麦伦一针见血地指出了亚瑟士的问题："作为

全球第五大运动品牌，亚瑟士'老虎条纹'的商标'被广泛认知为最好的跑鞋'，'但并非所有人都知道它们是亚瑟士的跑鞋'。"

2013 年，亚瑟士年收入增长跌至 4％左右。在此之后，亚瑟士制订了全球主要市场统一推广的传播计划，旨在通过亚瑟士"专业、无畏、探索"的品牌理念，激励不同年龄、不同水平的运动爱好者在奔跑中不断挑战自我，探索新领域。围绕这一主题，亚瑟士赞助了一系列体育赛事、通过极富感召力的微电影宣传片致敬无畏的奔跑者。同时，通过 15 部内容为亚瑟士赞助运动员分享其训练及膳食安排的短片，开展面向专业跑步者的内容营销。

此外，亚瑟士在热衷户外运动的北美和欧洲市场，加强门店网络建设，在曼哈顿开设合作经营店，在马德里、汉堡以及里约热内卢开设自营店。

得益于这些举措，2014 财年，亚瑟士美洲区销量大幅攀升 25.8％，达到 8.76 亿欧元，在欧洲，销量增长 22.9％，达到 7.72 亿欧元。

产品好，要形成口碑传播，少不了好的传播推广策划和执行，更少不了资金支持。我们看到的酒香不怕巷子深的例子，往往是饥饿营销或者精心策划的口碑传播而已。口碑传播也有非常专业的策划、执行和过程控制，不能任凭用户自发传播。

5.2　爆点与粉丝的陷阱

爆点是把双刃剑

爆点思维要求利用互联网的用户参与，引爆族群，引发口碑事件。但是，爆点是把双刃剑，用好了能引爆社群与受众，用不好却会误伤自己。

2015 年 7 月 14 日晚间，一则长达 1 分 11 秒的依衣库"试衣间不雅视频"在国内网络上发酵。很多人以为是商家的炒作。

就在围观群众纷纷表示"优衣库此次品牌营销成功"时，优衣库公开回应称，"有关网络上针对该事件是否为营销炒作，我们坚决予以否定。"优衣库可能无心营销，但是该事件疯狂的传播速度，让不少商家看到了"借势"营销的机会。在不到 24 小时的时间里，众多品牌围绕优衣库的不雅视频进行营销宣传，不过有的在发布后很快删除了。

由于该事件的关注度非常高，这些借势营销均取得了不错的转发量。但是，这些品牌希望在这次传播中传递给消费者的价值是什么？

首先，这不是一个好的传播主题，绝对会影响品牌的形象。仅仅因为短时间内成了爆点，就去跟风与借势，而忽略了自身品牌长期以来积累的用户口碑与品牌形象，实在不是明智的选择。

作为互联网营销界借势"楷模"的杜蕾斯，当天完全没有跟风。按理说，不雅视频和杜蕾斯太相关了，编个段子易如反掌。但是杜蕾斯有不同的选择。7 月 15 日，也正是新视野号飞跃冥王星并发回冥王星高清照片的历史性时刻。

杜蕾斯发出的微博非常简单，只有两个字：追你。并附上了一张冥王星的高清照片。

追冥王星还是追试衣间，杜蕾斯做出了自己的选择。而这些也正是企业在追逐爆点时需要做出的选择：不是看哪个事件的传播效应更强，而应该看哪个更贴近自身的品牌形象与传播意图。不要为了求快，而让爆点误伤了自己。

2014 年 9 月 29 日，英国伦敦地铁上出现了一群斯巴达勇士。这群勇士个个手拿长矛，神情严肃。其实，他们是在为电影《300 勇士：帝国崛起》3D、蓝光、DVD 的发行做宣传。他们手持长矛盾牌，英勇地冲进了伦敦地铁，在列车内与乘客亲切地互动。一时间，此举在伦敦城内传为佳话，而该电影发行的消息瞬间传遍全城。

几个月后，北京街头也突然出现了斯巴达 300 勇士，肌肉没那么发达，表情没那么凶悍，但也都是青壮年外籍男子。

这群"小鲜肉"版的斯巴达 300 勇士手里没有长矛与盾牌，取而代之的是一罐食物。他们整齐有序地排队走过新光天地，穿过万达广场，偶尔还借助一下电动三轮，最后来到了建外 SOHO。在建外 SOHO，引来了不少周边群众尤其是女性群众的围观与合影。同时，勇士们的行为也引起了朝阳区民警的关注。警方迅速出动，最后斯巴达勇士们在三里屯天桥上被民警全部"制服"。这就是继优衣库事件之后，再一次在互联网上引起广泛关注并迅速成为传播热点的北京斯巴达 300 勇士事件。

很显然这不是外国友人自发的行为艺术，而是一次精心策划的营销事件，目的在于利用这样"出位"的方式，制造话题，进而达到快速传播的目的。不知道 300 勇士被朝阳民警制服是不是计划内的安排，但从互联网上的反响来看，最后勇士们在天桥上被民警制服的生动场面，倒成了整个事件中最为欢乐的部分。

那么问题来了。既然是精心策划的事件营销，究竟推广的是什么产品？据说是"甜心摇滚沙拉"①，但是人们都淹没在民警制服勇士们的欢乐中了，传播显然没有达到效果，纯属花钱做了一场喜剧，点错了爆竹。被民警制服之后，甜心摇滚沙营销团队只能删除此前与"斯巴达勇士"相关的营销内容，并取消了接下来两天的推广活动。②

另一种情况是，爆点已经成功引爆了，但因为没有下一步的可持续经营，仅仅昙花一现。比如说脸萌。脸萌这款小应用几乎是瞬间爆红的。其用途主要是在微信这样的社交工具上画头像，传播速度非常快。但是新奇的感觉一过去，瞬间就没了踪影。脸萌没有能够开发出继续传播下去的吸引点，就像烟花一样，虽然灿烂但是短暂。

互联网传播追求新、奇、特。但是我们在策划新、奇、特的传播事件的时候，还是不能忘了传播的本质。我们希望在受众的心目中种下一颗种子，留下

---

① 亿邦动力网. 被制服的斯巴达勇士：送的是摇滚甜心沙拉 [EB/OL]. (2015-07-24) [2016-03-02]. http://www.ebrun.com/20150724/142171.shtml.

② 从百度指数看，事件发生当天"摇滚沙拉"一词的百度搜索量只有 1409 个，基本没能引起关联。

一个印象。当受众在面临选择的时候，能够像电影里的谢利源那样跳出我们的名字，选择我们的产品和服务。如果传播事件损害了品牌的形象，传播越广，效果越差。

粉丝的四个境界

商业预言家凯文·凯利（Kevin Kelly）在《技术元素》（*The Technium*）一书中提出著名的"1000 名铁杆粉丝假说"，意思是：任何创作艺术作品的人，只需拥有 1000 名铁杆粉丝便能糊口。

这一假说被粉丝思维的追捧者们奉为真理，并广为流传。然而，传播这一假说的信徒们，却未必注意到凯文·凯利的原文对假说的应用条件作了严格说明。

第一，需要 1000 名铁杆粉丝而非单纯的关注者（follower）。

凯文·凯利对铁杆粉丝的具体说明是："无论你创造出什么作品，他（她）都愿意付费购买。他们愿意驱车 200 英里来听你唱歌。即便手上已经有了你的低清版作品，他们仍愿意去购买重新发行的超豪华高清版套装。他们会在谷歌快讯里添加你的名字，时刻关注与你有关的信息。他们会收藏售卖你的绝版作品的 eBay 页面。他们参加你的首场演出。他们购买你的作品，要你在上面签名。他们购买与你相关的 T 恤、马克杯和帽子。他们迫不及待要欣赏你的下一部作品。"

很显然，我们俗称的粉丝，也就是关注微博和微信公众号的听众，只有很少部分符合"铁杆粉丝"的定义。

第二，拥有 1000 名铁杆粉丝仅能糊口。

凯文·凯利假定每名铁杆粉丝每年贡献 100 美元，1000 名铁杆粉丝总计贡献 10 万美元。这个数额仅约为美国人均年收入的 2 倍，并不能让你大富大贵。

第三，1000 名直接铁杆粉丝仅针对单个人。

凯文·凯利认为，如果你是一个二人组合或四人组合，你所需的额外粉丝和创作团队规模增长成正比。所以，一个拥有数十人的团队，需要的铁杆粉丝数量就大幅增加。

第四，这一假说仅仅是针对艺术家而言。

凯文·凯利的假说前提均为艺术家。这是因为艺术领域容易产生个人崇拜，并借此实现对自我身份的强烈认同。虽然商业领域中确实也存在苹果、哈雷、Mini 等拥有众多极度忠诚粉丝的"教派型品牌"（Cult Brand）①，但凯文·凯利并未探讨这一假说对企业品牌的适用性。

关于粉丝、铁杆粉丝的定义众多。在讨论粉丝思维之前，我们首先要界定粉丝的特点及分类。

通常，我们会把某个公众号或某微博名人的所有关注者和收听者，通称为粉丝。但是，这种广义的粉丝未必具备真正粉丝的特点。

在丽萨·A. 刘易斯（Lisa A. Lewis）编著的《崇拜的受众：粉丝文化和大众媒介》（*The Adoring Audience：Fan Culture and Popular Media*）一书中，认为粉丝受众最为明显的共同特点是：粉丝会在吸引他们的事物上面投入较多甚至是过量的时间；粉丝成员之间拥有强烈的认同感和感知能力。②

广义的互联网粉丝概念，大部分并不具备前面归纳的特点：有的粉丝纯粹是为了关注、转发所获得的奖励而来，对微博或微信发送的内容视而不

---

① Ragas, Matthew W & Bolivar J Bueno. *The Power of Cult Branding：How 9 Magnetic Brands Turned Customers Into Loyal Followers（and yours can，too！）*［M］. New York：Crown Business，2002：19.

② Lisa Lewis（ed.）. *The Adoring Audience：Fan Culture and Popular Media*［M］. London：Routledge，1992：9—10.

见；有的粉丝只是对微博或微信曾经发布的某段内容感兴趣，稍作关注。上述举例的两个群体，均不符合"投入较多时间"与"成员之间的认同感"这两项特征。

因此，互联网粉丝可以按照是否具备内心认同度，区分为"真粉丝"和"伪粉丝"。根据具体的粉丝行为，我们再将上述真伪粉丝分为由高到低的 4 个境界：将"真粉丝"分为盲从粉、铁杆粉①；将"伪粉丝"分为跟从粉、僵尸粉。

粉丝的 4 种类型

（1）盲从粉：内心认同度极高的粉丝，会额外采用象征性的行为来表达感情，比如穿着特制服装、购买特定道具等，部分粉丝甚至会实施不理智的破坏性行为。此类粉丝数量通常极少。

（2）铁杆粉：凯文·凯利所定义的粉丝类型，具有认同感、依恋感，拥有一定的消费者热诚（consumer devotion），在一定经济承受范围内，愿意收藏、展示、分享相关的商品和纪念品。

"罗辑思维"的售书实验和月饼实验就是铁杆粉丝行为的典型案例。

---

① Kenneth A. Hunt，Terry Bristol & R. Edward Bashaw. A Conceptual Approach to Classifying Sports Fans [J]. *Journal of Services Marketing*，1999，13（6）：439—452.

罗辑思维是一个拥有数百万粉丝的、每日分享互联网知识的微信订阅号，它在 2014 年做了两次微信销售尝试：第一次是在 6 月 17 日，尝试在微信上销售 499 元一套的精选图书包，5 小时卖完 8000 套；第二次是 7 月份预售 199 元一盒的月饼，13 天完成 20271 个订单，卖出 40038 盒月饼。

在罗辑思维的两次销售中，其商品并不具备很大的吸引力：图书包只是主讲人罗振宇的精选书目，月饼则更不是罗振宇所长。因此，这两次实验的意义更多是纪念品的性质，购买者也以铁杆粉丝为主。从上述销售数据我们可以发现，虽然罗辑思维拥有 500 万的庞大粉丝群体，但愿意支付 199 元以上的铁杆粉只有约 2 万名，占比约 1%。①

罗辑思维已是国内顶尖的自媒体，铁杆粉占比较高。参考它的销售数据，我们或许可以估计：发展 1000 名铁杆粉丝，至少需要有 10 万个粉丝。

（3）跟从粉：对品牌或者公众号的关注主要源自从众心理，或者对某一小部分资讯感兴趣，但不代表真的愿意把时间和精力花费在该品牌上面。在微博或微信上，有部分粉丝是由于品牌的营销活动而关注的，本身并不具备太大的热情和主动性。

（4）僵尸粉：机器批量操作的账户。僵尸粉会由于以下原因而出现：品牌为了虚构影响力，吸引新粉丝关注，因此购买僵尸粉；营销负责人为了完成推广指标而购买僵尸粉；不法商人利用僵尸粉套取营销活动奖励。

随着微信和微博的普及，卖僵尸粉俨然成为一个行业，有专业的供应商、有业务规范和价格。从僵尸粉的分类看，最低级的是买卖粉丝，只有账号，没有头像和行为；其次是"进化"的僵尸，用系统生成姓名；然后是活跃型僵尸，有时会突然一起转发某一句话；最高级的是克隆僵尸，会复制某一真实账

---

① 罗辑思维的微信粉丝数量在 2013 年年底达 108 万个、2014 年年底突破 300 万个，因此预计月饼活动期间约有 200 万个粉丝。

号的发言。越高级的僵尸粉，定价越高。①

从上述分类看，盲从粉和铁杆粉确实可以为品牌或个人带来直接收益，但人群占比不大。跟从粉也可能会带来少量收益，僵尸粉则毫无直接商业利益可图。按照上述分类定义，即使我们把讨论范围从微信及微博的关注者扩展到品牌的现实受众，盲从粉、铁杆粉和跟从粉的划分也依然有效。

得粉丝者未必得天下

粉丝思维的推崇者常说："得粉丝者得天下。"拥有大量粉丝，就一定能获得成功吗？在下列三种情况下，粉丝虽多却并没有用。

第一，拥有大量关注粉丝，但缺少铁杆粉丝。

例如新浪微博的"天气预报"账号拥有约 500 万个粉丝，与罗辑思维持平，但是"天气预报"微博有盲从粉或者铁杆粉，愿意购买其发售的纪念品吗？目前许多资讯型的自媒体都会落入这一陷阱，关注粉丝多而铁杆粉不足，变现能力弱。虽然这类自媒体可以通过广告获得一定的收益，但收益通常不高。

第二，粉丝虽多，但缺乏有价值的共同属性。

曾有一篇名为"5 万粉丝只有 50 人买单"的博客文章在互联网流传②，大意是：博主在她拥有 5 万粉丝的公众号上面卖乌鸡蛋，结果只有 50 人买单，她认为原因之一在于"没把东西卖给对的人"。

我们不知道这个故事究竟是真是假，但博主所归纳的原因有一定道理。如果你的粉丝并不具备某种有价值的共同属性，就很难找到"对的人"来买东西。

---

① 南都周刊. 僵粉经济学 [EB/OL]. (2011-09-27) [2016-03-02]. http://www.nbweekly.com /news /special /201109 /27551. aspx.

② 新浪博客. 农产品微信营销案例：5 万粉丝只有 50 人买单！微信电商失败 4 宗罪披露！[EB/OL]. (2014-04-24) [2016-03-02]. http: //blog. sina. com. cn /s /blog _ 6cf9f1c20101s175. html.

大概是在 2008 年，苹果应用程序部门的前任 CTO 让－马里·胡罗特（Jean-Marie Hullot）打造了一个在线的图片百科全书——Fotopedia。这一产品曾在 2011 年获得具有创投奥斯卡之称的 Crunchies "最佳平板应用奖"、累计下载量超 2000 万次、获得 1270 万美元的投资。然而，它还是在 2014 年倒闭了。胡罗特认为，Fotopedia 虽然 "在全球范围都获得了成功，但是它的广告业务始终不见起色，无法从数量庞大但地理位置分散的用户群体中获取利润。"①

第三，将 "错的东西" 卖给粉丝。

即使你拥有一批铁杆粉丝，也不代表你提供的所有产品他们都一定会购买。就算是罗辑思维，也不可能整天在公众号卖月饼，因为月饼并不是其听众所需要的 "对的东西"。适合罗辑思维经常销售的，必须与公众号本身定位、与听众的属性强相关，例如卖书。

粉丝现象并非互联网时代的新鲜事物，早在 1992 年，费斯克（Fiske）就在《粉丝文化经济》一文中将粉丝现象视为 "工业社会中通俗文化的普遍特征"②，互联网只是让个人与粉丝、品牌与粉丝之间的沟通更加便捷。

不可否认，研究粉丝的消费行为、社群文化、心理特征，确实有助于我们思考品牌应如何培养忠实的粉丝，从而最终形成拥有众多粉丝的 "教派型品牌"③。然而，过度神化粉丝思维却是不可取的，品牌或商品最终还是要落到某种吸引客户的本质上，例如性价比、外观、质量或功能。

---

① Frederic Lardinois. Fotopedia Will Shut Down Its Apps And Website On August 10 [EB/OL]. (2014-07-31) [2016-03-02]. http://techcrunch.com/2014/07/31/fotopedia-will-shut-down-its-apps-and-website-on-august-10/.

② Fiske J. The Cultural Economy of Fandom [A]. Lisa Lewis (ed.). *The Adoring Audience: Fan Culture and Popular Media* [M]. London: Routledge, 1992: 30—49.

③ 刘伟，王新新. 粉丝作为超常消费者的消费行为、社群文化与心理特征研究前沿探析 [J]. 外国经济与管理，2011 (7): 41—48.

综上，如果你拥有不错的产品、合理的定位，并获得了一大批有价值的铁杆粉丝，这对你的品牌或企业确实很有帮助。但在此之前，你先要观察并回避很多陷阱。

5.3 传统媒体不死

传统媒体从未离开

2013 年对于国内媒体界而言注定是不平凡的一年，这一年新旧媒体发生了巨大的变革。这样的时间点恰恰与互联网思维流行的时间不谋而合。

这一年新媒体的收入突然呈跳跃式增长，涨幅接近 200％，而在这之前，新媒体一直处于波澜不惊的状态。也是在这一年，传统传播媒体不断传来坏消息：6 大传统媒体上市公司业绩整体下滑；开了 14 年的《新闻晚报》即将关闭；电器龙头海尔集团通过邮件通知媒体，停止向平面媒体投放硬广告；广告大户联想公司大幅缩减传统媒体的广告成本……

种种的迹象不禁让人开始为传统传播渠道担忧：在当下互联网传播大行其道的时代，传统传播渠道将何去何从？

早在 2012 年，知名杂志《哈佛商业评论》上就刊登了一篇名为"传统营销已死"的文章。文章抛出一个爆炸性观点，认为伴随着互联网和社交媒体的发展，广告、公共关系、品牌推广以及企业宣传等传统营销手段已经失效。而今天，传统媒体衰落之声四起，不少人的态度相当悲观，"传统传播已死"的声音不绝于耳。

这样的情景倒是让人觉得有几分似曾相识。从人类有传播需求开始，传播的渠道就在不断演进和更迭，从报纸、杂志到广播、电视再到现在的微博、微信，新旧媒体之间的争辩一直没有停止过。"报纸已死论""广播已死论"早已经不是什么新鲜提法。

在20世纪30年代电视正式进入人们生活的时候，业界认为电视将成为广播的"灭顶之灾"，不少商家将广告战场转到了电视屏幕上。但这么多年过去了，广播媒体并没有因为电视的出现而消亡，在传播领域仍然占有一席之地，而现在又有很多商家又选择了回归。近几年在国内，受益于私家车的快速发展，广播广告成了一块香饽饽，广告收入反而迎来高速增长，据悉上海电台在2014年上半年就完成了全年广告任务的80％。

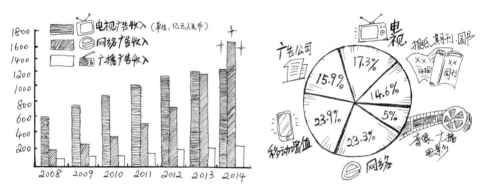

数据来源：中国传媒产业发展报告。

传媒收入增长及占比示意图

根据加拿大的传播大师麦克卢汉"媒介即人的延伸"的理论，广播就是人听力的延伸，有很多时候，我们是只能靠耳朵来接受信息的，比如说外出开车、在家里打扫卫生或者晨练散步的时候，有不少人都习惯于开着收音机，听听广播。

美国媒介理论家保罗·利文森所曾说过："一个媒体通常具备多种类型的功能，它在某一领域可能要比对手先进，而在另一领域可能又要落后于同一或不同的对手。"广播在听力方面领先于电视，谁也不可能开着车看电视节目，这种优势正是广播不可替代的地方。传统传播渠道和互联网相比，确实在效率和传播范围上要逊色一些，但传统媒体在权威性和传播效果等方面还是领先于互联网媒体。

而且，即使在互联网时代，我们也不能忽略传统媒体的影响力。举例来说，中国有 8 亿的农村人口，而农村的互联网普及率还不到 30％，在农村这样一个特殊的市场，传播目前还得依靠传统渠道。另外，拿电视来说，我们直观地认为现在上网的人越来越多，看电视的人越来越少。但一个名叫《爸爸去哪儿》的电视综艺节目，首播就可以覆盖观众 4 亿左右，重播累积覆盖全国三分之二的人口。这样的影响力，连互联网传播也是难以企及的。

因此，互联网传播只是传播渠道中发展的一个新阶段，它的确会对于传统渠道造成一定的冲击，但是不可能完全替代它。正如同当年广播没有取代报纸，电视没有取代广播一样，在很长的一段时间，传统传播渠道还会发挥重要的作用。说传统传播渠道已死为时过早。

传统媒体的新生

中国广告协会每年都会发布国内报纸广告的监测数据，2014 年的数据让人眼前一亮。2014 年排在全国报纸广告投入首位的不是别人，而是大名鼎鼎的阿里巴巴集团。这是互联网公司首次上榜，背后则是真金白银的投入。据悉 2014 年淘宝对于报纸的投放大幅增加，增幅达到了 8 倍以上，整体投入接近 4 亿元。

有人笑称马云拯救了"纸媒"，而实际上，这并不是马云的"善举"。因为它不是个案，在地铁、分众、广播、电视等很多传统媒体上，互联网企业都逐渐加大了投入，成为其中最活跃的一个群体。京东、淘宝等企业在地铁里面铺天盖地做起了广告，打起了电商广告大战；热门电视综艺节目中也出现互联网企业"开撕"的现象，在《爸爸去哪儿 3》广告商清单中，有一大半都是互联网企业，包括同程旅游、唯品会、贝贝网、赶集网等，而苏宁云商也为《中国好声音4》的学员定制个性化服装。

除了看上了报纸、电视这些常见的传统媒体外，互联网企业还涉足了一些更加古老和"原生态"的传统媒体，其中互联网企业集体下乡刷墙就是典型的一种。

在农村长大或者去过农村的人，应该对于农村的刷墙文化记忆深刻。当年诸如"只生一个好""要致富，先修路"之类的标语随处可见，深入人心。说起刷墙文化，最早要源于抗战时期，"打倒日本帝国主义""抗战到底、人人有责"的刷墙口号在战争中起到了很好的舆论宣传作用。

刷墙真正用于商业用途还是在改革开放后，吴晓波在《激荡三十年》一书中描述了三株口服液的刷墙盛况："他们把'三株口服液'刷在乡村每一个可以刷字的土墙、电线杆、道路护栏、牲口栏圈和茅厕上，以至于在后来的很多年里，所有来到中国乡村的人都会十分吃惊地发现，在每一个有人烟的角落，几乎都可以看到三株的墙体广告。"

而如今，刷墙又火了起来，各地也掀起了一股猛烈的刷墙风，而这背后的主导者居然又是互联网公司。

农村刷墙以京东、当当、淘宝等电商为首，而腾讯、360等互联网巨头也都紧随其后，开始在农村市场打起广告。据悉，京东2014年已经在145座城市完成了8000多幅刷墙广告。"刷墙广告是推动京东渠道下沉战略的市场举措之一，目的是让更多3至6线城市和地区用户了解认知京东。"京东CEO沈皓瑜曾公开表示。淘宝、腾讯、360等公司的名字也出现在越来越多的农村墙头。一场农村的刷墙大战悄然拉开。

互联网公司到了农村后，宣传也是相当接地气，洋溢着浓烈的乡土气息。我们不妨看看几家知名公司的广告词：

养猪种树铺马路，发财致富靠百度。——百度

赵四广坤谢大脚，村村都爱应用宝。——腾讯

要想娃儿长得好，360 家庭卫士少不了。——360

老乡见老乡，购物上当当。——当当网

互联网公司让刷墙火起来，有人也因此发了财。"村村乐"就是这样一家从刷墙起家的公司，5 年前起家的"村村乐"只做两种业务，一种是农村露天电影的前贴片广告，另外一种就是刷墙。而如今，它已经被誉为"全国最大的刷墙公司"，成为中国村镇的门户网站、村民交流的网络平台和 O2O 服务综合平台。据悉，村村乐目前年收入上千万元，估值达到 10 亿元。

各大互联网企业刷墙广告

"高大上"的互联网公司却在用"老土"的刷墙方式来做传播，看似没有什么技术含量，其实是因地制宜的聪明做法。农村的经济发展程度相对滞后，网络的普及程度还相对较低。很多农村地区甚至还处于"通信基本靠吼"的阶段。互联网传播的套路在农村的效果不会那么明显，而户外墙体在农村传播已

经有很长的历史，是大家喜闻乐见的一种形式，配上简洁、搞笑的广告词，是很对老乡的胃口的。

互联网企业在互联网传播方面有着天然的优势，本应该最不待见传统传播渠道的，结果恰恰相反。不管是淘宝牵手纸媒还是互联网企业下乡刷墙，至少说明：谈传统媒体已死还为时尚早。传统渠道不但没死，反而在互联网时代获得了新生，迎来了新的发展机遇，归根结底还是因为传统媒体在传播方面有着自身不可替代的优势。传统传播渠道的优势主要体现在以下两个方面。

1. 传统传播渠道的权威性

传统媒体的市场响应和传播速度比不上互联网媒体，但是这种慢也成为传统传播的一种优势。传统媒体往往对于信息来源和内容都有较为严格的审核与把关，在传播的环节上也会进行控制，因为一旦出了问题，媒体的品牌形象就会受损。久而久之，在消费者心中形成了一定的权威性和公信力。而权威性似乎成为互联网传播的硬伤，快速传播的背后隐含着信息虚假、人为炒作的风险，所以优衣库事件发生后，很多人的第一反应是这是优衣库的营销，这也在一定程度上透露出了互联网传播上的信任危机。

2. 特定区域与特定客户的聚集

选择一个传播渠道，最根本的还是要看这个渠道对于客户的辐射和影响力，没有覆盖面就谈不上转化率。传统的传播渠道在特定的区域和特定的客户聚集方面有着明显的优势。上海地铁平均客流量每天在 700 万人次左右，以上班的白领为主，而且他们的路线也是基本固定的，所以地铁里面打广告在覆盖面和持续性方面有不小的优势；在农村里面刷一面墙，全村的人马上都知道了，广告词说不定连村口的小孩都会背。这些客户都是真实的，渠道传递的价值和效果是真正摆在那里的，所以才会受到互联网企业的热捧。

互联网传播不便宜

人们总是喜欢便宜的东西。谈到互联网传播和传统传播渠道，有人总是喜欢将成本拿出来说事。

互联网的传播主要通过网络来完成，不用拉横幅，不用贴广告，也不用找人站在大街上吆喝发传单。可能只要在鼠标上轻轻一点，就会产生强大的传播效应。优衣库事件的视频在朋友圈不断转发，只用了不到一天的时间，几乎所有网民都知道了。正因为如此，近年来微博、微信、论坛、搜索等传播手段也被打上了"低成本"的标签。甚至有人喊出了互联网是一种"零成本"的传播方式，认为电视、报纸等传统的传播渠道是付费传播，而互联网传播更多的是基于"口碑"，属于免费传播。

这其实是一种误读，互联网传播看似毫不费力，实则都是花钱"操办"的，而且未必便宜。

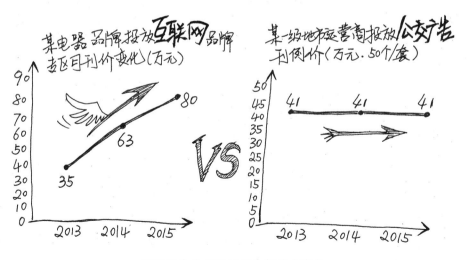

互联网广告与传统广告的成本变化

前面我们讲过了，互联网传播看似无心插柳，其实都是"处心积虑"。就拿微博来说，很多"大V"貌似只是随手发了一条微博，其实是"受人之托"。所以才会有何润东"大概8点20分发"这样啼笑皆非的事件。而类似这样的运作背后是要花钱的。笔者有个朋友在微博上有十几万个粉丝，也算是入门级"大V"了，时不时总是有人私信他，说让他转发一条微博广告，内容都是准备好的，他只要直发或转发，报酬马上就可以打到他账户。

"大V"发微博收费，其实已经是公开的秘密，甚至已经形成了一条成熟的产业链。从一些网络公关公司的商业报价，我们可以大致了解到微博转发的行情。微博"大V"主要可以分为明星名人、微博草根以及一些优质的自媒体等。费用最高的是明星名人，根据名气和粉丝数，收费从几万元到几十万元不等。比如像湖南卫视主持人何炅这样的人气王，拥有4000多万粉丝，委托其发一条微博公关公司报价高达40万元左右，而网络名人"琢磨先生"粉丝为178万人，一条微博的报价在4万元左右。微博草根和优质自媒体的影响力相比名人要差一些，报价则相对便宜，一般在几百元到几千元之间。

花几百几千块钱，就能够覆盖上百万甚至上千万的粉丝，这样的传播听上去还是挺实惠的。就算是请名人的微博，花个几十万元，和大公司一年的广告投入相比，也只是个零头。

但是，衡量传播划不划算，不能只看花了多少钱，更要看这样的投入带来了多少效果，即性价比。就目前来看，微博基于"大V"的传播方式效果一般，整体来说性价比并不高。

首先，用户真实性问题无法回避。根据国外的统计数据，社交网站的僵尸粉比例高得惊人。在Twitter上，Lady Gaga有2800万名粉丝，其中有超过72%的关注者都是"僵尸粉"——没有关注别人，没有关注者。虽然国内没有专门的统计数据，但是微博、微信中僵尸粉的比例肯定不低。为此，新浪微博于2015年1月正式启动了"垃圾粉丝清理计划"，不到几个月就清理了上百亿个垃圾关系。"大V"们的传播范围并不等同于他们的粉丝数，很大程度上是要打不少折扣的。

其次，"信息干扰"影响传播效果。微博的信息基本是不做控制的，整个微博平台每天能够产生上亿条内容，信息的总量已经超过了人们的处理能力。如果你有一段时间没有刷微博，一下子就会刷出一堆微博，而你未必有耐心把每一条都读一遍，或许只会阅读一下最新的几条。"大 V"们发的"小广告"很可能被其他信息淹没，最终能够看到的只是很少的一部分粉丝。

相比微博的大 V 传播，微信朋友圈广告业务就更怎是一个"贵"字了得。

微信的广告是直接推送到朋友圈，只要你刷朋友圈，就可以看到。朋友圈是熟人社交，单个用户的信息量是可控的，所以不用太担心信息干扰问题。更厉害的是，微信还可以根据自己掌握的数据向用户进行广告的精准推送，筛选条件包括地域、操作系统、互联方式、学历、年龄等。

微信这样的传播既有覆盖面又有精准性，将互联网传播的特点发挥得淋漓尽致，但价格不便宜。在朋友圈推送这样的一条广告，要付的费用可不少，关键是有钱还不一定能够享受这样的服务。

早些时候，相关知情人士透露了微信关于朋友圈推送广告的规则：目前只接受国际大品牌，如保时捷、高尔夫、可乐、联合利华等这种国际大品牌，并对广告内容进行严格审核。合作门槛为 500 万元起。在不定向任何条件的情况下，一天可达 2 亿多个账号，通投价格 40 元 /cpm，也就是一天将近 900 万元投入。核心城市定向，例如北京，价格为 140 元 /cpm，可转发则加收 20%。定向条件暂时仅包含地域、操作系统、互联方式、学历和年龄，每加一项条件都得加收费用。

以上几条规则，每一条都"秒杀"掉一大批企业。朋友圈广告推送不是所有企业都玩得起的。虽然现在微信适当放开了品牌的范围，但是门槛还是很高。面对这样的服务，很多企业也只能望洋兴叹了。

在互联网上，也存在低成本或者零成本传播的现象。微博、微信上每天都有诸如"花千骨大结局"之类的热门话题上榜。这类话题本身属于热点，具备自发传播的特点，网友们看到都会去转发，基本上不需要花费额外的传播成本。

但是对于商家的广告传播，不可能指望每个广告都制造一个话题，而且都能上头条，更多的还是要借助常规的手段来进行传播。在实际的操作中，要做好一个主题或者产品的传播，不是一两条微博、微信就可以搞定的，需要动用各方面的资源：可能要多找几个"大V"，甚至还要雇佣一些水军造势；一两天的传播是不够的，可能要持续数周或者数月；光靠互联网渠道进行传播是不够的，可能还要通过线下渠道进行联动……2012年母亲节期间，宝洁和百度联手发起"感谢妈妈"的品牌营销活动，据悉耗资3500万元。

所以看来，不管是传统渠道还是互联网传播渠道，既想要传播效果好，又想要不花钱或少花钱，大多数情况下都是奢望。

新旧融合是正道

无论是互联网传播渠道还是传统传播渠道，它们都有着自身的优势和缺陷，但是可以互补。在互联网时代，我们不能单纯地坚守传统传播渠道的阵地，也不能一味追捧互联网传播，需要更加注重两者之间的融合，让传播效果最大化。

加多宝凭借《中国好声音》一战成名，打响了品牌知名度。但是它在传播上的成功绝对不只是因为电视媒体或者一档综艺节目。加多宝的团队一直致力于打造多渠道、立体式的传播网络，尤其注重新旧传播渠道的融合。

在传统媒体上，电视是加多宝的主战场，各类报纸上也都可以看到加多宝的广告，甚至农村刷墙潮中也有好声音和加多宝的身影。在互联网传播方面，加多宝也是游刃有余。加多宝的微博账号有近400万名粉丝，而"中国好声音"微博账号也有 200 万名粉丝，在每一期的节目期间，微博上都会发起各类的活动。据悉，在《中国好声音》第二季，加多宝官方微博及官方网站的活动总参与互动量就高达 1.187 亿人次。

为了做好与电视的互动，加多宝还特意成立了一个十几人的团队，每周五《中国好声音》播出时，团队成员都会一起观看节目，并随时从中抓取亮点或者观众感兴趣的点，即时地形成创意，以海报、文字等形式进行内容输出到微博、微信等互联网渠道上。

新旧传播渠道的融合包含的是传播渠道的选择、传播渠道的组合与传播渠道的互动。要做好新旧渠道的融合，可以从三方面入手。

1. 针对不同的客户群体选择不同的传播渠道

每一种媒体只能影响一部分人，新媒体也不例外。绝大多数六旬以上的老人连微博账号都没有，他们根本不会知道大 V 们在说什么；要想让司机朋友们知道你的产品，在交通广播电台投放广告是绝佳的选择。企业可以根据自己产品的目标客户的结构，有针对性地选择新旧传播渠道的组合，并做到有所侧重。

2. 新旧渠道形成互补

新媒体在传播速度、精准性以及互动性方面优势明显，而传统媒体在权威性、内容性以及持续性等方面也有自身的优势。用新媒体来弥补传统媒体速度上的不足，借助传统媒体强化新媒体传播的持续性，取长补短、互相补充，这样传播的效果会更好。

3. 新旧渠道之间的互动

加多宝的做法给了我们很大的启示。新旧渠道在传播过程中其实并不是孤立的，尤其是现在，互联网让渠道之间的外延已经变得模糊。类似加多宝加强电视与微博的信息共享，强化新旧渠道之间的互动的做法，倒是值得我们借鉴。

5.4 传统企业的互联网传播困境

传统企业和互联网企业在互联网式的传播方面，水平确实相差甚远，特别是那些百年老店型的传统行业企业。这个互联网式的传播，我们的定义中包括了在互联网上的传播和那些具有创意的互联网思维式的传播。

笔者常听通信运营商的朋友说，因为运营商没有互联网基因，所以很多互联网企业式的营销做不起来。真的有互联网基因这种东西吗？为什么很多传统企业做不好互联网式的传播呢？

不能说传统行业的企业一定做不好互联网传播或者用不好互联网思维。杜蕾斯绝对是微博段子手里的标杆，几乎社会上每个热点都会被它炒作一番。那些段子都是打着擦边球，尺度把握精准，既幽默又紧扣品牌和产品。

可惜的是绝大多数传统品牌不像杜蕾斯，都太中规中矩，基本上就是把硬广告搬到网络上，在门户、社交上展示下，做个天猫店，搜索引擎上给官网买个竞价排名，在视频网站做个贴片广告等等。事件营销也会去做，但是大品牌做的特别出彩的爆发式网络传播事件确实比较少。

难道真的是因为传统企业缺少互联网基因吗？

专业团队难建

21世纪最贵的是什么？人才！

事实确实如此，尤其是深谙互联网规律的人才。偏偏互联网传播和传统媒体还不完全一样，互联网传播各种渠道的玩法也不一样。

门户网站的展示广告、视频网站的贴片广告，这些展示的广告似乎是和传统广告最接近的。传统广告，比如在报纸上投个版面或者电视上投放一个广告片，主要是看这个东西会有多少人看。报纸讲究发行量、传阅率，电视讲究收视率。网站广告主要是看这个网站有多少流量、PV（page view，页面访问量）、UV（unique visitor，独立用户访问数）之类，其实基本套路差不多。

到了搜索引擎这里，就开始复杂了。你得做 SEO① 吧？这虽然谈不上有多高的技术含量，但也算得上有点专业要求。要掌握各个搜索引擎的特点，要对网页进行改造，最大限度地符合搜索引擎收录的规则，把自己的搜索排名提前。甚至连网站的结构等等都要有所修改。因此还得了解点业务，要不然把网站改得面目全非，业务条线也不答应。

你还得去搜索引擎上买竞价排名和广告吧？这个也绝不是个手到擒来的活。你可以买关键词，如果别人搜索这个关键词的话，就能在搜索结果的页面上出现你家产品的链接。问题是怎么买关键词推广呢？把你的产品名字和品牌名字买了就完了？哪有那么简单。关键词组合的水平高低、竞价的时间点把握，和你要花的钱、能达到的规模息息相关。网上随便一搜，有许许多多文章教你怎么做。你要是对产品、行业、对手这些背景情况不太了解，看会了方法也做不好。关键词组合和时间点和这些都有关系。

要是你在天猫等购物平台开了个旗舰店，这里面有许多学问。如果好好做引流措施，多花点钱总会有效果。如果想把钱花在刀刃上，少不了要仔细研究。

到了社交营销这里就更复杂了。要策划传播内容、找水军、组织转发，有一大堆的事情。虽然有专业的社交媒体推广服务，但也不能什么都不管。杜蕾

---

① SEO（Search Engine Optimization），搜索引擎优化，指从自然搜索结果获得网站流量的技术和过程，是在了解搜索引擎自然排名机制的基础上，对网站进行内部及外部的调整优化，改进网站在搜索引擎中的关键词自然排名，获得更多流量，从而达成网站销售及品牌建设的目标及用途。

斯的营销，不是花钱就买得到的。

总之，如果没有几个专门干网络推广的人，这个事情很难做好。

问题来了。互联网行业待遇虚高那是出了名的。说虚高，是因为有点规模的互联网公司都不差钱，而要抢时间。拿到风投，就要在规定时间做出规定业绩来，这样才能找下一轮"接盘侠"卖个好价钱。钱不是问题，问题是招不到好的人。为了体现诚意，高薪加股权激励是普遍手段。

传统企业难道开不起高薪么？其实关键问题是，传统企业要平衡所有员工的薪资结构。招个投互联网广告的员工就给高薪，那边投电视广告的心里窝火不窝火？难道全员涨工资吗？所以为了公司内部团结，薪水不能太高，于是在人才市场上没有竞争力，自然找不到好的运作团队。

自己培养呢？虽然互联网媒体水挺深，但其实没有那么难。但是这种人才十分紧俏，培养出来了很容易就被人涨薪挖走。

那么外包呢？全外包不靠谱。外包水平良莠不齐且不持续，而且大主意还得自己拿，外包公司是负责执行的。

在第一个互联网基因——人才问题上，传统企业就输了一阵。

效果标准难定

可能有些土豪传统企业既不差钱，本身薪资水准又高，请几个互联网推广人员毫无压力。但接下来又有了一个新问题。互联网传播是个新玩意儿，做得好不好心理没谱，得评估一下效果。可是用什么标准来评估呢？

在传统媒体的传播效果评估中，最直接的是看投了多少钱广告，最后获得了多少销售额，这就是效果。但是实际上广告没那么快见效。消费者看了广告立刻下单的可能性比较小，大多数总得要酝酿一段时间。当然，像前面那个电影的例子那样酝酿许久的商品倒也不多。但是现在的一个传播战役也绝对不仅仅是投个广告那么简单，还得有公关。也不仅仅是直接推销产品信息、提高销量，还有提高品牌知名度和品牌格调等的目的。这样的话，还得看信息传播对消费者的心理效果。

当然，推广和传播不仅仅是一次只用一个渠道、一个方法。一般都是新老手段一起上，各种渠道配合。这样的话，每个媒体渠道、每种方法手段各自在营销中起到多大的作用很难量化。这个问题在互联网没有发明的时候就存在了。好在那个时候的媒体和推广渠道数量还不算太多，无非是几个电视台或电台、几张报纸或杂志，搞了几次公关活动、赞助了什么赛事活动之类的。在互联网时代，媒体和推广渠道数量大爆炸，这个问题就更复杂了。

评价传播效果分为直接和间接两种，都适用于传统媒体、公关和互联网的传播。

直接的效果就是多少人看到了，曝光程度有多大。电视电台看收视率收听率，报刊看发行量和传阅率。公关活动也是通过媒体传达出去的，也能够计算出大概覆盖了多大的人群。网站展示的广告、视频网站的贴片广告也是如此。当然还可以通过点击数来测量。很多企业在网站广告链接后面加上一个微网站来进一步展示详细的内容。社交营销就比较直接，看转发数量就可以。这样的互相比较，能够看出覆盖的人群有多少。

间接的效果是指不去考虑对销售的提升，而是考察受众是否对这个信息内容有印象，且这个印象是否符合你的目的。这个无法测量出来，只能去做调查了。这样就可以了解信息的知晓度在传播活动前后的变化。在这样的调查中，会询问受众是从什么渠道了解到这个信息的，似乎能把不同方式的效果区分开来。

然而，严格点讲，这并没有什么用。因为既然传播是多渠道的，受众也会从多个渠道了解到信息。这种叠加起来的效应构成了受众的总体印象。你去问他们是看了电视还是看了朋友的转发后印象更深刻，能得到什么结果呢？

这个效果傻傻分不清的话，也就无从判断传统的媒体和公关与互联网媒体和社会化营销哪个更强。大企业都是职业经理人掌舵。说穿了都是打工的，何必自己扛责任，一意孤行去搞石破天惊的互联网思维、爆点这些麻烦事呢？互联网媒体和社交营销都做，但是用不用心、有没有创意就天差地别了。

创新企业的领导人自己能说了算，因为自己就是老板。即使是请了职业经理人团队，也会充分授权，所以干起来包袱比较小，不用事事层层论证，只重视结果。

如果这种领导文化也是互联网基因的话，大部分传统企业又输了一阵。

不节省广告费

目标客户群、自身团队的专业性、对效果的不确定，都决定了传统企业不会只做互联网传播和社交营销，结果是在传统媒体广告和公关之外还得多做一块。问题是多投入能不能多拉动？这个问题没有统一答案，得看你干的是什么业务，市场发展情况如何。

如果业务处于快速增长期，而且下个阶段的发展客群目标有着比较明显的网络使用习惯和接受新事物的习惯，用互联网新媒体、社交网络营销就容易起到比较好的拉动效果。如果你同时还启动电商策略做线上销售的话，可能也不太会吃掉线下的销售份额。也就是说，这一块是增量。这是皆大欢喜的结果。

当然，传播对象是不是适应你的新模式的传播也得看清楚。比如，卖智能电动车、智能手环，显然应该全部采取线上推广的方式，多、快、好、省。

如果业务对象是根本不上网的老人，比如卖保健治疗仪，如果也以网络渠道为主，还弄什么社交营销，效果就不太好了。这种产品主要都在社区里面弄个小门面搞免费体验，老年人在这方面其实是有消费力和意愿的，没事干愿意在那里多试试、多做做，反正不要钱，有很多销售机会。所以，传播还是要看对象，不是只有高大上的广告和公关活动叫传播，这也是一种很好的传播。

如果业务已经全面饱和，那就不是传播的问题了。所以中国移动之类的通信运营商，新媒体新方式的推广也做了不少，增量依然会越来越小，毕竟潜在市场有限。

但是大多数的传统企业还处于中间状态。这个时候，既不能放弃传统媒体和公关方式，还必须积极在互联网媒体、社交网络上有巨大投入。

无论有没有互联网思维，做不做社交营销，很多企业都省不掉原来传统媒体那部分费用，只能两手抓两手都要硬。虽说竞争之下可能是不进则退，但从数字上看仅仅持平，甚至就算还有小幅增长的结果，一定也会使领导层对互联网推广不满意。说好的爆点哪去了？

很多传统企业面对的就是这样的局面。按市场演化来讲，它们处于成熟期甚至衰退期。而互联网思维传播大多针对的是新产品、新市场。如果这个也算互联网基因的话，传统行业企业又再输一阵。

品牌形象怕毁

现在有一种观点：如果不能流芳百世，也要遗臭万年。哪怕被人骂，也不能默默无闻。这个社会价值取向十分多元化，有人骂，就一定会有人夸。什么都没有，怕什么呢？

另一种观点是宁愿不流芳百世，也绝对不能遗臭万年。为什么呢？因为这种企业的品牌已经有知名度了，形象也已经固化下来了。如果标新立异，好的话能再上个小台阶，搞不好就垮了，风险大，收益却不大。

而且搞爆点、搞事件营销引导社会热议，难得很，还得看运气。

优衣库已经建立了广泛的品牌认同。它的品牌形象是健康阳光，而不是叛逆搞怪。从它选择的广告代言人，比如陈坤、高圆圆以及他们为优衣库拍摄的广告片里的形象就能看出来，它不想走叛逆路线。它的产品也是轻时尚、日常着装，主打舒适、质量好、价格低。两位年轻人在试衣间的出位表演虽然足够吸引眼球，但却不能够放大优衣库想要在消费者心目中留下的印象，传播得越多反而越麻烦。

社交营销之下，这个事件发酵以后，社会舆论往哪个方向发展，虽然可以通过精妙的手段来控制，但也常常会引出新的爆点，被人再加工。后来的各种试衣间笑话，很多品牌都被牵扯了进去。该事件对优衣库的形象并无好处，"三里屯优衣库"这个词都带有特定色彩了。

成熟品牌用这样的手段博眼球风险比较高，因此可以认定这不是优衣库的公关炒作。对于一些高格调的品牌，特别是高端奢侈类产品，就更要小心。当然也有好的效果的事件营销。

微信朋友圈广告试水的时候，宝马、Vivo 手机和可口可乐都参与了。与其说是广告，不如说一开始就抱有做事件营销的意图。朋友圈里互相都在问，你看到的是什么？腾讯用了什么大数据手段？后来传得很神，说这个投放是分析了用户的身份及朋友圈构成，然后根据你的消费力很准确地投放的，看到可乐广告的是普通青年，看到手机广告的是小资，看到豪车广告的就是土豪等等。传来传去，变成了大家都在等着看广告。除去广告投放的效果，这种传说所引发的关注，对三个参与品牌的提升效果更大。

事件营销和公关造势在互联网时代之前就很流行。互联网的出现极大加速了社会舆论的发酵，规模和速度都不可同日而语。但对这个过程的控制难度也直线上升。加上前面所述，传统大企业各层级的心态都是做好本职工作，首先保证不犯错。正面、稳妥一点，这样的传播方案至少能达到应该有的效果。互联网思维之下都是出奇兵，但风险也大。说不定好端端的品牌形象就被人玩坏了。

已有的品牌形象难以破旧立新，标新立异了又怕弄巧成拙，这也算是传统企业在互联网基因上的弱点。

如果互联网基因真的存在，在这里可以总结为：

（1）新开张，又有资金支持，不怕给人才开高价；

（2）不怕效果不好，大不了重头再来；

（3）混个脸熟为上，不需要端着，不怕形象错位。

说穿了，没有历史包袱，才能轻装上阵。这不知道算不算互联网基因，但是互联网时代的新企业家们都有这个共同优势。

6.

"免费"的皇帝新衣

"单单免费是不够的，它必须与付费搭配。"

——克里斯·安德森《免费: 商业的未来》

有一天，你在中国移动的微信公众号里签个合约，免费领了一台手机，条件是用中国移动的服务 2 年。如果选择的是 388 元或者更高的套餐（包含无限的国内语音、无限条短信、5GB 的 2G /3G /4G 全国通用流量），你甚至可以拿到最新款的手机，比如 iPhone 6，三星 Galaxy S6 Edge，或者国货当中的翘楚——华为 Mate 7。如果老板希望你每天 24 小时都不关机，就会给你报销高昂的套餐费。

偶尔会有个周末不用加班，你常去咖啡厅，店里有免费的 Wi-Fi 供你上网。其实即使不去咖啡厅，比如逛公园，或者在机场候机，只要你装上"Wi-Fi 万能钥匙"或者"360 免费 Wi-Fi"这样的手机软件，填上你的手机号码，一样可以免费使用 CMCC 或者 ChinaNet 这样的收费无线网络。互联网公司们帮你付了费。当然，你默认同意了冗长的"客户服务协议"，同意众多手机软件搜集你的信息并作它用。

你点了一杯咖啡，打开了"酷狗音乐"手机软件，插上耳机，开始免费收听歌曲，也许是马頔的《南山南》，或者苏运莹的那首《野子》。你觉得小众的歌曲才比较符合你的品味，虽然这两首歌已经很火了，然后再发出一条贴有歌词的朋友圈消息"南山有谷堆，北海有墓碑"……

你接着打开"网易新闻"或者"知乎日报"等应用，看免费的新闻或者鸡汤文章。新闻屏幕上是《被一位叫宁泽涛的男人刷了屏》，知乎也在教你冷门的知识《现实中的盗墓是怎样的？（多图）》。

当你需要出行的时候，你会抄起手机，用"多号通"或者"阿里小号"申请一个新的手机号码，用它在"一号专车"或神州专车上注册一个新账户（因为新用户会有50元用车券），然后叫一辆专车。不一会儿，专车司机穿着整齐开车到达，帮你打开车门，送你回家。在车上的时候，你闭上眼睛，心里偷着乐——这个注册小号免费打车的方法可不能告诉其他人，否则很快就会失灵了。

以上这些，凡是与互联网沾边的东西，似乎都是免费的。

早期的互联网确实有着浓浓的黑客文化。分享的精神带来了免费的互联网基因。但是作为生意来说，免费模式只是赚钱的一种途径。交叉销售、向第三方收费或者广告模式，都是老生常谈。

免费模式不是万灵药，不能适用于所有生意。如果认为通过免费聚集了规模，有了规模就一定赚大钱，那就太片面了。在互联网时代，用户免费使用服务本身也成了生产价值的过程，能给从业者带来收益，但也在享受免费的同时付出了代价。

6.1　互联网的免费基因

免费，总是有原因的。互联网产品之所以免费，主要有三个因素。

首先是"黑客文化"的因素。

在早期的互联网用户中，程序员，包括大量的黑客，都是最重要的组成部分，免费、共享、开源的黑客文化，深深地影响了脱胎于斯的互联网文化。信息就应该免费，权威就应该被挑战。每一个版本的 Windows 系统或者 Office 软件都被快速地破解、无偿地传播，黑客们还编写出 Linux 这样优秀的开放源代码的软件来替代以微软公司软件为代表的收费产品。免费的操作系统、免费的办公软件、免费的电子书、免费的社区、免费的音乐、免费的电影……对每一个程序员来说，"免费"就像基因一样被深深烙印在身上。在计算机世界的一切，不免费就是异类和奇葩，应该被消灭！

其次是"成本趋零"的因素。

早期互联网产品都是数字产品，例如新闻组、Email、论坛等等，除了服务器和宽带之外，并没有什么使用成本。在"北上广深"星罗棋布的城中村当中有一门常见的生意："代客下载最新电影、歌曲，1 元 /G"。数字信息趋近于 0 的边际成本，在经济学角度上为互联网商品采用"免费"定价烙上了第二个基因。那些尝试对数字产品全面收费的公司，在商业模式上多数是行不通的。要么加入免费的大军，要么退出互联网的舞台，没有其他的选择。

最后是"易于复制"的因素。

根据供需关系决定价格的经济学基本原理，即便产品的边际成本为零，只要有需求，价格也会高于零。但是经济学原理无法阻止黑客们破解一切收费信息的冲动，信息被破解后被免费放到互联网上，就打破了供需关系的平衡。这些被破解的应用程序、音乐和书籍等数字内容，通过最简单的文件复制方法，在互联网上以几乎零成本的方式，快速地进行传播，被其他所有的互联网客户所获得并使用。数字产品的易于复制和传播，保证了有价信息被破解后不必为二次流通支付生产和流通渠道的费用，最终使得一切能够规模推广的数字产品的边际成本都为 0，从而符合"免费"的第二个原因。甚至包括 BBS、Email 等平台产品也是如此，它们也能被破解和复制，并且轻易地加载在任何一台联网的服务器上。

这三个"免费的基因"确定了互联网产品定价的基础——当可预见的边际

成本趋近于 0 的时候，易于规模复制或者模仿的互联网产品就会被定价为免费。

一个最典型的免费案例就是 Email。Email 是在 1971 年由 Ray Tomlinson 发明的，用于阿帕网（ARPANET，互联网的前身）上用户之间的点对点信息交互。这个产品特别受欢迎，以至于不到两年时间，它产生的流量就占到了整个 ARPANET 流量的 70％。毫无疑问，这是早期互联网最为重要的一项产品。

Email 服务需要服务器支持，而此时的运算能力和存储都十分昂贵。一直到 20 世纪 90 年代初期互联网实现商业化的时候，1GB 存储器的价格仍然高达 1.1 万美元，远不是普通商业机构或者个人可以承受的。所以早期只有教育科研机构为少量的科研员工提供了 Email 账号。在中国，最早的电子邮件也是 1987 年在中国教育和科研网（CERNET）发出的。在随后的几年时间当中，企业客户逐步地开始建设属于自己的电子邮件服务器。

年份	每GB成本
2014	$0.03
2013	$0.05
2010	$0.09
2005	$1.24
2000	$11.00
1995	$1,120
1990	$11,200
1985	$105,000
1980	$437,500

存储成本变化推移

　　1995 年，每 GB 存储设备成本已经下降至 1000 美元左右。正像前文所说的那样，在可预见的边际成本趋向于 0 的时候，一些富有免费精神的计算机程序员们组建了公司，搭建起了免费的电子邮件服务。其中最重要的里程碑是在 1996 年 7 月，Hotmail 开始向每个客户提供 2MB 的免费电子邮箱，除了收发邮件，也可以存储少量的照片和音频等文件。免费，一下子激发了互联网用户的热情，他们蜂拥而至。Hotmail 只用了不到 2 年的时间，在 1998 年被微软公司收购时，就已经有 1000 万免费邮箱客户。而此时在中国，互联网用户刚刚突破 100 万人。

　　但是到了 2001 年年底，免费电子邮箱业务受到了商业利益的巨大挑战。2000 年全球互联网泡沫的破灭，让投资人们重新开始关注电子邮箱服务提供商的盈利，并提出了严苛的要求。尽管免费电子邮箱为互联网公司赢得了大量的客户，但是由于长时间投入却没有合理的盈利模式作为回报，在种种压力之下，全球最大的两家免费电子邮箱 Yahoo! 和 Hotmail 都开始尝试收费。

　　首先是雅虎在线。原本免费的电子信箱容量为 6MB，用户只要每年支付 19.99 美元的费用，就可以获得额外的 25MB 空间。接着是 Hotmail，其原来的存储空间为 2MB，可以用来存储数字照片和其他电子邮件附件。如果用户每年支付 12.95 美元的费用，还可以获得额外的 8MB 空间，而且允许用户发送超大附件。尽管 Hotmail 和 Yahoo! 没有同时停止免费邮箱服务，但是显然它们的重心已经调整到如何更好地为付费客户提供服务了。

　　我们都知道，2000 年互联网泡沫给整个世界留下了大量的光缆，信息传输的成本变得极低。电子邮件服务中原来十分昂贵的存储成本在 2002 年比 1996 年下降了 100 倍！每个 2MB 免费邮箱用户所需要的存储器成本仅仅为 2 美分！在边际成本趋向于零的明确趋势下，Hotmail 和 Yahoo! 给后来者留下了巨大的机会。

　　2004 年 4 月 1 日，Google 宣布提供电子邮件服务 Gmail，向客户免费提供 1GB 的免费空间，并且每个月增加 10MB。直到 2007 年 Yahoo! 和 Hotmail 也开放海量免费电子邮箱的时候，Gmail 已经获得了 9000 万个客户。2012 年 10 月，Gmail 用户数超过了 Hotmail，成为世界最大的电子邮箱服务提供商，而那时，给客户提供的名义上高达 2.8GB 的空间，成本仅 0.1 美元！

同一时期，在中国也发生了同样的事情。但是事情发展得更加极端。2002 年 3 月 18 日，中国最早并且是最大的免费邮件服务提供商 263 邮箱宣布彻底放弃免费邮件注册，并对现有的免费邮件用户实施收费，升级后的收费邮箱为每月 5 元（一年 50 元），拥有 15MB 空间，可发送 8MB 的大文件，并提供了跨手机平台收发邮件服务、防病毒、系统反垃圾邮件等应用功能。紧接着，新浪也宣布取消免费邮箱服务。此时，网易虽然也同步推出了收费的 200MB 大容量 VIP 邮箱，但是其 163 邮箱却在同时依然免费向互联网用户开放注册和使用。

仅仅在一年多以后，也就是 2003 年 5 月，网易 163 邮箱市场占有率跃居全国第一。之后几年时间，冠军宝座就一直被网易旗下的 163、126 和 yeah 邮箱牢牢占据至今。截至 2012 年年底，网易邮箱注册用户达 5 亿个，活跃用户达到 1.1 亿个，市场份额为 24.7%，仅次于 QQ 邮箱。此时排名第一的 QQ 邮箱当然也是免费的。

现在的我们已经是如此习惯免费的互联网世界。如果有一天，微信、微博向用户收取使用费，新浪新闻向客户收取信息费，百度搜索和大众点评向搜索用户收取资料检索费，我们有理由相信，立刻会有新的供应商提供更优质并且免费的服务。用户们也会用脚投票，马上在谩骂和疑惑中抛弃现有的服务商。

免费，可以在短期内快速发展用户，用户和流量是互联网企业商业模式的基础。当互联网产品和服务的边际成本趋向于零的时候，互联网企业带着与生俱来的免费基因，争相通过提供免费服务，获取海量客户，再通过合理设计的商业模式，将这部分客户流量变现。

6.2 传统行业早有免费策略

北宋的 "免费思维"

其实，互联网上铺天盖地的"免费"策略，放在古代也不是新鲜事。

北宋年间，有位名将叫种世衡，"毕业"后被分配到渑池县担任知县，朝廷给他下了 KPI（Key Performance Indicator，关键绩效指标）：修葺当地的一座寺庙。

修葺寺庙本非难事，工程一直也进行得很顺利，但是在临近结束时，工程队遇到了困难。庙中的梁木太过粗大，工程队全部人马上阵都无法将其搬运上山，工程就这么停滞不前。项目经理无奈，赶紧向种世衡打报告请示，希望财务部门拨款增加人手。

种世衡转念一想：自己前几个月刚刚参加完培训，应该用互联网思维来解决问题！他看到差役中有人擅长武术，就让他们把头剃了，假扮相扑力士游行街市，并宣布：相扑队初来乍到，给大家免费表演，将在庙中教人相扑（"欲诣庙中教手搏"）。

一听到有免费表演，全县的人都很兴奋，跑到庙前等开场。这时，种世衡走出来，假装为难地说：可是庙里的梁木还没搬上来呢，没法让相扑队表演啊……紧接着，群众里的内应搭话：我们大家帮忙把梁木搬上来，不就可以看表演了吗？

于是想看表演的观众们一哄而上，很快就把梁木搬运上山（"众欣然趋下山，共举之，须臾而上"）。当观众们开心地观看表演时，没有人注意到种世衡嘴边得意的笑容。

可见，早在千年以前，就有人应用"免费"策略来实现自己的目的，可能是政绩工程，也可能是出于商业目的。用户免费使用服务本身也成了生产价值的过程，能给业者带来收益，用户也在享受免费的同时付出了代价。这和现在的互联网思维如出一辙。

在如今的传统企业，同样存在着很多"免费"的案例，而且也很成功。不过，传统领域的免费跟互联网思维有着些许不同。互联网领域通常边际成本接近于零，因此适合采用"基础业务免费、增值业务收费"的模式。传统领域的基础业务边际成本一般远大于零，基础业务若要免费就需要大量补贴，并不现实，因此通常采用"基础业务收费、低成本增值业务免费"的模式。

传统领域的交叉销售

20 世纪 90 年代初，一首《我想有个家》红遍大江南北，在略带伤感的歌词中，寄托着国人对"家"这个温馨港湾的无限憧憬。

在国人眼中，"家"就是房子，所以很多人聊天的时候会说自己有几个"家"，对"家"的精心装扮成为中国人一生中最重要的活动，也孕育着巨大商机。

中国家具市场每年销售额逾万亿元，但大多数中国家具企业却都长不大。成立于 2004 年的尚品宅配，一开始只是家居领域的"门外汉"，但却成为销售额高达 40 亿元、企业估值达 300 亿元的家具行业"颠覆者"。

1994 年，华南理工大学教师李连柱辞职下海，创办软件企业，从事装饰装修建材家具设计软件的开发工作。转眼到了 2004 年，已经卖了 10 年的软件，李老师仍然觉得国内家具企业不太理解 IT 系统的巨大作用，决定开一个体验店来展示 IT 系统的威力。没想到，这个小小的体验店火了，最终成长为如今的尚品宅配，而李老师也从一个不会木工的 IT 男，摇身一变成为家具行业的领军者。

如今的尚品宅配，已经是"设计免费＋个性化定制"模式的代名词，通过设计软件为消费者提供免费的设计方案，再利用这个平台向消费者销售个性化定制家具。这个模式并不是凭空想出来的，而是尚品宅配一步一步摸索出来的。

当 2008 年尚品宅配购买大量数控设备、对接设计程序，然后正式明确"设计免费"的策略时，实际上并不是出于商业模式的考虑，凭借的只是一种 IT 人的直觉。因为李连柱是做设计软件出身，本能地会考虑如何完成从设计到生产的一体化流程；也因为李连柱擅长通过软件进行设计生产的标准化，并不觉得设计是一件高成本的事情，就是把一堆参数输入电脑而已，既然成本不高，那就干脆免费。

这一 IT 男的朴实想法，对家具行业来说却是颠覆性的：上门量尺寸和个性化设计，这个传统家居商家用来获取高额利润的增值服务，竟然被一个"门外汉"做成免费了！这种免费服务既得到了客户好评，企业也获得了丰厚收益。

对于客户来说，即使最后不订购尚品宅配的家具，也可以免费得到专业的上门量尺寸服务，并获得一张设计图，这是一种很好的体验；对于企业来说，虽然部分客户最终没有购买产品，但却需要花费宝贵的时间和设计师沟通，在这个过程中，客户已经充分认识了尚品宅配这个品牌。数据显示，享受尚品宅配量尺寸服务的客户中有 95％会到店体验，到店客户里面又有 6 成最终购买了产品。

我们尝试分析尚品宅配为何适合执行"设计免费＋个性化定制"的模式，而大量的家装企业却做不到。

在跟尚品宅配及行业内的其他企业沟通时我们发现，VR设计、数控机床、品牌建设乃至客户按需定制，这些要素一点都不罕见，大量的家装企业都拥有这些资源、技术或服务，尚品宅配的特殊能力在于：把设计及生产彻底标准化，并实现完全个性化的规模生产。这一能力是成功实现"免费＋收费"模式的前提。

从前面的章节我们已经知道，免费的本质之一是"交叉补贴"，特别是传统领域的免费模式，由于边际成本不为0，几乎都采用这样做法。客户可以要求尚品宅配提供免费的上门量尺寸和设计服务，但并不从尚品宅配购买商品。所以其"交叉补贴"的本质在于"付费人群给不付费人群提供补贴"。

按照传统企业的设计流程，量尺寸、设计、绘图，这一切都需要一个专业设计师花费几个工作日去完成，人工成本不低，并且还需要跟生产部门沟通该设计是否有生产的可能性。而对于尚品宅配而言，设计环节只是一系列的数据采集过程，通过标准化方式测量尺寸，通过标准化方式让客户选配设计风格，通过标准化方式录入系统，甚至可以根据参数直接进行生产。标准化的流程，让设计过程的人工成本和运营成本大幅下降。

如果一个传统企业免费提供设计服务，由于其设计服务成本较高，这部分成本必然将平摊到最终购买者的身上，导致购买者面对的价格偏高。而偏高的价格会缺乏市场竞争力，导致"免费设计—商品购买"的销售转化率下降。而尚品宅配的设计服务成本极低，不会推高最终商品价格，也能保持较高的销售转化率。这也是我们一直强调的：免费模式的前提，是免费业务的边际成本趋于零。

综上，尚品宅配的本质是：一名IT男将家装领域的某项重要增值服务的成本大幅降低，然后让这项服务免费，从而获得极大量的进店客户数。

这感觉很互联网，不是吗？

"妈妈,我是哪里来的啊?""充话费送的。"不知何时开始,这个段子非常热门,以至于"充话费送的"成为一句流行语。中国移动充话费送各种东西,成为人们日常生活中的惯例。

而在各种充话费送的东西里面,最受客户欢迎的,当属手机。所谓"送手机",就是运营商通过直接补贴、间接补贴的方式,让客户产生了买手机"不花钱"的美妙感觉。

运营商的营销方案是这样设计的。

第一种模式是直接补贴,就是减免手机价格,推送给客户的营销方案是"预存话费送手机""承诺消费送手机",客户预存一笔话费或承诺在网时长且保持固定额度的每月最低消费,就可以获得机价减免,最低可达到"0元购机"的优惠力度,即"不花钱"。例如,客户和运营商签订一份长达两年的使用协议就可以免费获得一台手机,然后未来每月所缴纳的电话费经过折现可以补贴当前的免费手机。

第二种模式是间接补贴,即购机赠送话费,由于话费是刚性需求,等同于现金，所以客户也乐于接受"买手机送话费"这样的折扣方式。当然，这种模式客户是要先掏出一笔真金白银的购机费的，所赠送的话费通常都要均摊至12个月以上逐月返还。

从 2005 年起，中国移动便开始大规模使用手机补贴的营销手段，2G／3G／4G 时代都沿用了手机补贴的模式。"不花钱"的手机送到客户手里，就可以保持客户在网并且固化了客户未来一两年的 ARPU（Average Revenue Per User，用户平均收入）贡献。

细心的读者可能会发现，中国移动用来"免费"的商品，其成本非常高。这是因为中国移动有办法让你"跑不了"：

其一，"充话费送手机"的资格只限定发放给部分在网时间较长、消费记录好的客户，这些客户都是高价值的、信用好的客户，因此流失率不高；

其二，在签订"充话费送手机"合约时，已经规定了客户未来 1 到 3 年的每月最低消费，而提前充进账户里的话费，就相当于一笔保证金。

对于高成本的"免费"，"跑不了"到底有多重要？我们可以通过一个反例来说明：2000 年时，美国曾有一家创业企业（NetPliance）推出了一款售价仅99 美元的计算机，该公司希望通过这一低价捆绑客户每月缴纳 21.95 美元的使用费。然而，产品一面世就被消费者破解了捆绑。于是，客户可以花 99 美元买到超廉价计算机，而不再缴纳月费，也就是——客户跑掉了。不出几个月，这款产品就宣告退市。

而按照中国移动 2015 年的统计，办理"充话费送手机"合约的客户，每月平均消费额度会有 33％的增幅，流量使用额度的增幅更是高达 73％。中国移动为"送手机"客户所补贴的每 1 块钱，在未来 3 年平均可以赚回 1.8 元。客户由于"送手机"活动得到了实惠，中国移动也并未由于送手机而亏本，虽然少赚了一点，但却捆绑住了一名高价值客户。

其中的原理就是"交叉补贴"，用客户日后的付费来补贴当前的免费。在各种消费品行业，长久以来都有这种"免费"营销手段，通过提供免费（或者至少是廉价得近乎免费）的平台产品，然后通过耗材或者服务，来获得丰厚的利润和收入。

天下没有免费的午餐。"预存话费送手机"，就是用将来补贴现在，只是不是当场付账而已。对于中国移动而言，这是一笔低风险的"利润递延"式交叉补贴：通过送手机的活动吸引客户预存未来几年的话费。实际上，客户享受的补贴，来自于自身未来的消费。

传统领域的交叉补贴

1605 年，德国《事件报》的出版，标志着世界上第一份印刷报纸的诞生。到了 1995 年，世界上第一份免费报纸诞生于瑞典的斯德哥尔摩。从此，报纸纷纷走上"免费"的道路。

2006 年 10 月，广州日报与广州地铁以 3000 万元创办资金，携手推出《羊城地铁报》。这是中国第一家真正意义上的免费地铁报，主要投放地区均在地铁站内。如今，《羊城地铁报》日均发行量已经超过 100 万份，跃居广州地区平面媒体发行量的第二位。

作为精准的地铁传媒，《羊城地铁报》根据地铁乘客的学历及消费水平较高这一特性，将核心读者锁定在 20～35 岁的年轻白领这一客户群，内容主打新闻信息、流行消费资讯和文艺副刊三大版块。考虑到地铁通勤时间短，《羊城地铁报》提供的均为新闻导读式的短消息，报道一般不超过 300 字。

由于《羊城地铁报》与其受众属性非常契合，每天上班沿途领取一份《羊城地铁报》，在地铁上快速阅读完，已经成为很多地铁上班族的习惯。

免费不代表亏损，粤传媒的高管透露，2007 年《羊城地铁报》已经实现 3000 万元以上的广告收入，而到了 2012 年已经实现盈利。

那么，一份免费的报纸到底是如何盈利的呢？

首先，趋近于零的边际成本控制。

在采编环节，作为日发行量约100万份的报纸，《羊城地铁报》没有设立记者岗位，所有新闻都来源于广州日报社及其他通讯社；而编辑人员也仅有20名左右，这些编辑需要负担搜索内容、文字编稿、图像处理、版式设计等多重工作。

在印刷环节，《羊城地铁报》采用招标方式选取低价的合作厂商负责印刷，并使用廉价纸张、廉价油墨印制。虽然不少读者反映印刷效果较差，但作为一份免费报纸，这一成本控制点并不会过度影响客户感知。

在发行环节，《羊城地铁报》集中在地铁站点发放，根据车站客流量进行精确派发，使得发行人员得到精简、物流成本得以控制，平均发行成本不到1元。

上述各环节的成本控制措施，均符合我们对"免费"模式的认知：商品的边际成本必须趋于零。我们可以举一个反例：《北京广播电视报》曾在2005年尝试过免费策略，在北京四环以内进行免费投递和赠阅，发行量激增500%并成为北京地区发行量最大的报纸，但是由于忽略超大发行量带来的成本控制问题，仅仅3个月后免费赠阅就宣告夭折。

其次，更大量的第三方广告收入。

由于《羊城地铁报》是一款免费报纸，读者对广告的宽容度较高，因此每期报纸的广告比例一般情况下会达到6成左右、有2～3版的整版广告，甚至还可以在头版发放整版广告。这么高比例、灵活的广告投放，如果放在传统收费报纸上，恐怕读者会直接拒买。因此，虽然报纸本身免费，但却可以提供更多的广告销售空间。

而与传统收费报纸相比，《羊城地铁报》的广告价格也非常低廉，走薄利多销路线。《广州日报》与《羊城地铁报》发行量相当，但是收费的《广州日报》每彩版的广告报价至少要30万元，而《羊城地铁报》仅为6万元每版。

配搭地铁沿线的精准客户受众，《羊城地铁报》的广告销售模式获得了很多中小型企业的青睐。

最后，区域的垄断优势。

广州地铁是《羊城地铁报》的大股东之一，因此《羊城地铁报》可以获得地铁沿线这一重要发行场所的长期垄断：自《羊城地铁报》发行之初，就已经跟广州地铁签订了 25 年的地铁独家发行权。

一定程度的垄断优势，对"免费"模式的报纸而言至关重要。可以想象，如果在地铁沿线，除了《羊城地铁报》之外还有各种免费的地铁报同时发放，客户会怎么做？全部拿一份，大概是多数客户的做法。此时每个客户花费在单份报纸上的时间成本被均摊了，免费报纸的广告价值也会随之下降。

当然，仅仅垄断地铁区域，在未来可能是不够的。当一名客户在上班途中分别收到免费社区报、免费公交报、免费地铁报、免费 CBD 报的时候，单份报纸的广告价值同样会被稀释。不过无论如何，免费报纸的竞争强度目前还是远远不及互联网那些以广告为目的免费资讯 App 来得猛烈。

从《羊城地铁报》的例子，我们可以看到，互联网 App 通过免费资讯获取流量进行广告变现的做法，实际上已经在传统领域里实践多年。流量换广告，也并非互联网的专利。

6.3 免费客户的价值

在社交网络"知乎"上流行着这样一句话："如果商家为你提供免费服务，那你就不是他们的客户，而是他们的产品。"客户在享受免费服务的过程中，一定直接或者间接地为商家创造了价值。对于商家来说，免费客户有四个方面的价值。

1. 网络价值

由于免费客户的存在，扩大了企业的市场规模，减少了获取第三方付费者的营销费用。当网络效应增加到足够大时，就能够为企业产生付费顾客。比如微信和微博，随着免费客户不断地加入，渐渐形成了一定规模的客户关系网络，微信和微博才具有了使用的价值和变现的价值。

2. 推荐价值

如果企业建立激励机制鼓励现有客户推荐新客户，无形中就使现有免费客户变成企业的销售人员，降低了企业获取新客户的成本，也变相为企业带来了收益。例如滴滴打车设计的活动就属于此类——老客户分享打车订单，新客户点击浏览后，新老客户均可获得一定金额的代金券。

3. 影响价值

免费客户出于兴趣、赢得关注等方面的原因，自发地直接或间接为企业带来更多的免费客户或者付费顾客。口碑营销就是这一维度的一种具体表现。好比"全民 K 歌"或者"唱吧"，客户觉得好玩，用软件中录了一首歌，就会发出链接给朋友们欣赏，从而带动了新客户的加入。

4. 知识价值

免费客户运用自己的信息和知识，积极主动地参与价值的共同创造和交付。例如在"知乎"上，用户们出于分享观点、结交朋友等方面的原因，会很积极并认真、严谨地回答陌生人提出的问题，答案通常非常高质量和专业。[①]

在互联网的环境下，由于整个世界的连接方式发生了变化，人与人的距离变得更短、更直接，免费客户的这四个价值的实现变得更快速、更方便。同时，因为扩张成本极低，所以企业也就更容易从中获得收益。

---

① 李剑南，李永强，邵晋. 基于顾客投入价值的视角捕捉免费顾客总价值——文献综述与分析框架 [J]. 开发研究，2014 (1)：73—76.

企业获得了规模的免费客户之后，就要利用用户规模和活跃浏览等行为来变现，这一点被称为互联网企业的"流量变现"。通过研究"流量变现"，我们就能探寻免费客户付出的代价。

免费的代价

我们在享受免费服务的时候，个人隐私已经完全暴露给了互联网公司。

当你在淘宝浏览或者购买尿不湿的时候，马云能立刻分析出来你的家里人可能快要生小孩了，母婴频道的商家广告很快就会出现在你的手机上。在百度地图搜索其他城市的路线时，李彦宏已经知道你在准备一次旅行，于是百度控股的"去哪儿"网会及时向你推送特价机票、酒店。经常在微信上看些有格调的文章，和朋友们聊五星级酒店，马化腾就会发现你是个有潜力的中产阶级用户，你的朋友圈很可能会出现一条奔驰或者路虎的广告。

尤其是你使用同一个手机号在不同的 App 上登录以后，经过数据的交换和分析，计算机那头的商家已经能够刻画出你的具体形象，并且抓住一切机会把你的信息转化成商机。其中有种变现的方式让人感到恐惧、你的信息被互联网公司明码标价给"卖了"。

2015 年 4 月，出现了这样一则新闻：《全国首个大数据交易所在贵阳挂牌腾讯京东完成首笔交易》。我们突然间发现，自己在腾讯等互联网平台上享受免费服务的时候，我们的隐私已经能公开交易了！

2015 年 4 月 14 日，全国首个大数据交易所——贵阳大数据交易所正式挂牌运营并完成首批大数据交易。贵州省委常委、贵阳市委书记陈刚出席交易仪式暨发布会并启动贵阳大数据交易所首批交易、贵州通 TSM 平台，为大数据交易商（贵阳）联盟授牌。贵阳大数据交易所预计在未来 3～5 年，日交易额将突破 100 亿元，将诞生一个万亿元级别的交易市场。此次完成的首批数据交易，卖方为深圳市腾讯计算机系统有限公司、广东省数字广东研究院，买方为京东云平台、中金数据系统有限公司。①

这些交易的数据都已经过"脱敏"处理，也就是通过某些技术处理把敏感的隐私数据保护起来。技术从来不是完美的，制度也经常有漏洞。谁也不能保证这些处理真的能够100％脱敏，也不能保证被采集的原始信息不被泄漏或者窃取。而且，至今我们都不能获悉这笔交易究竟包含了什么内容，根本不知道自己有什么资料已经被挂牌销售了。

互联网网站、手机软件和电脑应用都在随时搜集用户的各类信息，并加以分析，以便于找到其中的商业价值。其中有些信息的搜集涉嫌违法。

2012年10月12日，方舟子转发了新浪微博网友@Royflying的爆料帖《一把菜刀：360搜集隐私程序员级分析》，质疑360安全卫士搜集用户隐私。网友通过技术分析发现，360安全卫士频繁将大量用户使用其他软件的信息上传到服务器，用户无法知道上传信息的详情，即使取消"加入云安全计划"，仍然不能阻止这些信息的上传。这些信息将会暴露用户的生活习惯、作息时间以及比较私密的软件操作。360安全卫士的这个收集功能可以实时控制，可以在云端发布指令，很短时间令客户端停止或开启收集功能，同时收集过程中产生的文件都会被自动删除。这使得这一收集行为非常隐蔽。

2010—2014年，奇虎360与腾讯有过一系列互联网"撕逼"大战，史称"3Q大战"。两家公司公开互相指责对方侵犯用户隐私，事情愈演愈烈，甚至发展到了腾讯宣布在装有360软件的电脑上停止运行QQ软件，用户必须卸载360软件才可登录QQ，强迫用户"二选一"。可是，QQ启动时能知道电脑上是否安装了360软件，显然已经搜集了它不应该搜集的信息，这是不是也已经

---

① 孙惠楠. 全国首个大数据交易所在贵阳正式挂牌运营 [EB/OL]. (2015-04-15) [2016-03-02]. http：//epaper. gywb. cn/gyrb/html/2015-04/15/content _ 427834. htm.

侵犯了用户的隐私呢？双方为了各自的利益，弃用户利益于不顾，免费用户的权益是很难得到保障的。

官方交易和大牌公司搜集信息也许还可以受管制。如果搜索"社工库"这三个字，你将看到令自己毛骨悚然的结果！互联网上随处都能免费查到你的姓名、手机号、邮箱账号和密码等等。花上 1500 元，就能买到更多的不知名的黑客窃取或者汇总的隐蔽资料，包括个人身份、互联网各个账户和密码、照片，甚至是银行账号和密码……

例如，用户免费访问 www.findmima.com，在查询界面当中输入你想要查询的 QQ 号、邮箱名，该 QQ 号或者邮箱名曾用过的密码赫然在列。即使不是明文的密码，也会有密文特征串。只要疏于修改密码，互联网用户的一切都会展现在别有用心的人面前，一丝不挂。

网站开放免费查询的主要信息来自数次信息泄密安全事故，以及社工库成员平时通过路由拦截、cookies 分析等手段搜集整理并共享的信息，腾讯、天涯、小米和微博等知名网站均未能幸免。

社工库网的站长说，社工库是一个公开的、共享的数据库，个人能做的就是提高警惕并且经常修改密码。如果不能接受一丁点个人信息被泄漏，还是早点脱离互联网吧。

免费的模式

在《免费》一书中，作者克里斯安德森提出流量变现的方式有三大类①。

第一类是"直接交叉补贴"——用免费的商品吸引你掏腰包买其他的商品。

小米公司在生产手机之前，花了一年时间做 MIUI 系统。从 2010 年开始，

---

① 第四种免费包括送礼、盗版等，不属于正常商业模式的范畴，本书暂不讨论。

第一批客户们在免费尝鲜 MIUI 的同时也在发挥着他们的知识价值，帮助 MIUI 越改越好。由于出色的设计、良好的口碑，小米利用客户的影响价值在一年之内就积累了 50 万 MIUI 的粉丝。

2011 年，雷军推出小米第一台手机，以米粉为主的客户蜂拥而至，不到 36 小时就预订了 30 万台。到了 2015 年，MIUI 已突破 1 亿用户，并且是安卓内核下最好用且好看的中文操作系统，它一直都是客户选购小米手机最重要的原因之一。

咖啡粉生产企业向客户免费赠送咖啡机，但在每次添加咖啡粉时收费。水果店邀请客户免费品尝哈密瓜，希望客户在经过琳琅满目的货架时会购买其他水果……直接交叉补贴在传统领域和互联网领域都已经有了很多的应用。

第二类是"免费加收费模式"——向全体客户提供免费的基础服务，吸引其中一部分比例的客户购买增值服务。这个比例通常是 5%。

在史玉柱先生推出国内第一款免费网游《征途》之前，网络游戏一般是按照游戏时长来收费的。《征途》不收时长费用，随便玩家在线多久。不过在游戏中，只要你肯花钱，你就能比别人更快地升级，买到更好的装备，享受更多的便利。所以，有少量玩家甚至投入 200 万元购买顶级道具。"养 100 个人陪 1 个人玩。"天才商人史玉柱如是说。而这 1% 的用户最高能贡献 850 万美元的单月营收。

免费加收费还有其他的表现形式。

例如，商家在淘宝上免费开店，但是使用更美观和高级的店铺模板要收费，为了做产品推广而参加"直通车""聚划算"等活动要收费，购买淘宝"数据魔方"，帮助商家做市场分析也要缴纳费用，标准版每季度 90 元，专业版每年 3600 元。

Skype 可以提供基本的互联网通话服务，而互联网之外的网络通话则是需要付费的。QQ 向普通用户提供基础聊天服务，向付费用户提供云端保存聊天记录等增值服务。迅雷在提供基础的下载服务之外，也为 VIP 用户提供离线下载、种子点播等增值服务。这些都是在基础业务免费的基础上，吸引客户为增值服务付费。

第三类是"三方市场模式"——向客户免费提供内容、服务，但是向其他商家收取广告费或者服务费。

广播和电视节目就属于这种类型。电视台制作或者购买电视节目，免费向所有观众播放（有线电视的月租费不是电视台收取的），并且千方百计地制造营销热点，吸引尽可能多的观众观看。电视台根据节目内容的不同，刻画出观众的年龄、性别、爱好，然后同样将这些分门别类的观众卖给合适的商家，让商家在节目中冠名、露出品牌或者插播广告并向商家收取相应的广告费。《中国好声音》第二季的制作费高达 8000 万元，第一集首播收视率高达 3.62％，重播也有 1.58％，这意味着有 6700 万观众免费收看了这一集的节目。而这一季好声音节目的广告费总额据称有 10 亿元人民币，收益惊人。

最早的新闻网站也是采取这样的方式。免费提供实时新闻、深度报道，吸引用户访问和浏览，然后出售页面上的一些位置给商家打广告。广告收费的方式包括按照特定位置、特定时长收费，或者按照客户点击的次数收费等。

在多数情况下，这些基于免费的商业模式设计巧妙，会让用户不知不觉，并且心甘情愿地为商家直接贡献价值。

比如大型多人在线角色扮演游戏（MMORPG）的免费玩家，享受游戏的基本权限，只能使用普通的道具，耗时间打怪慢慢成长。而愿意付费的这小部分玩家，能力值成长速度惊人，道具指标极高，在游戏中享受"君临天下"般的畅快感。所以大部分始终免费的玩家，实际被打包成一个巨大的"陪太子读书"的团体，供付费玩家们杀戮、领导、指挥。没有免费玩家，不能形成对比，自然也就不会有人愿意付费。

还有 BBS、贴吧和微博等互联网产品也是类似的。客户免费使用微博，呼朋唤友为微博拉新用户，扩大用户规模；写新的微博，增加可读性；转发微博大号，增加影响力；在微博上互粉，沉淀了客户交往圈。客户们帮新浪微博火起来之后，新浪微博 2015 年第二季度的广告收入达到 8700 万美元，其中包括微号和 VIP 资格等增值服务收入 2000 万美元。

但是随着时间的推移，被用来变现的内容和变现的方式越来越丰富，渐渐地超出了用户的想象。有些方式严重影响了客户体验，就像百度搜索广告竞价排名。

百度搜索广告竞价排名一直饱受争议，用户输入关键字搜索，真正想看的内容经常被淹没在一大片广告之中，这些广告甚至很多都是虚假广告。根据福建省莆田市委书记的公开表述："2013 年百度广告总量 260 亿元，莆田的民营医院就占了 120 亿元"①。2015 年 4 月，莆田系医院买的关键字被百度封杀，在互联网上闹得沸沸扬扬。

百度和莆田系医院曾经是相互依存的利益同盟，前者为后者引流大量患者，后者则为前者贡献巨额广告收入。百度搜索关键词使用竞价排名规则，出价高者会被放在更靠前的位置。这就意味着，竞争者多的关键词，例如男科、不孕不育、无痛人流等，价格就会水涨船高，据称有的医疗热门关键词已经到了点击一次 999 元的价格。在百度引流一个患者的平均成本高达 3000 元，这就意味着到这家医院就诊的患者如果平均消费没有超过 3000 元，医院就会亏本。

人们不得不在百度搜索结果当中费大力气分辨，哪些搜索结果是广告，哪些搜索结果才是有效的。不仅是百度搜索，国内略有名气的搜狗搜索、360 搜索、腾讯搜搜，甚至雅虎中国，都是如此。这也是用户享受免费服务时要付出的代价。

---

① 刘薇，张玥. 莆田系和百度：相爱相杀 [EB/OL]. (2015-04-02) [2016-03-02]. http://www.infzm.com/content/108650.

免费的窘境

看互联网公司经营，传统行业会看到免费思维的威力。那么在"互联网＋"时代，传统的实体产品或者服务能否像互联网产品一样，利用免费模式快速扩大规模，然后利用交叉销售或者从第三方市场产生收益？

问题的答案取决于收益是否能大于成本。也就是，通过直接补贴模式向免费客户群交叉销售其他商品的收益，通过免费加收费模式从收费客户群（一般占客户总数的5％）当中的获得的收益，或者通过三方市场模式从广告主等第三方企业处获得的收益，能否大于免费赠送的产品的边际成本。

这三种模式的收益刚好与目前互联网公司的三类主要收入来源相对应，分别是增值服务、广告和销售利差。这三点在我国互联网三甲腾讯、阿里巴巴和百度身上体现得非常明确。

根据2015年第一季度财报，百度、阿里巴巴和腾讯三家的总营收为525.49亿元，广告占51％，增值业务占35％，佣金/价差占11％。在其他的互联网知名企业中，媒介类的新浪微博、优酷土豆等主要收入来源也是广告，电商类的小米、京东等则主要来自佣金/价差。通过增值服务来收费的，例如腾讯，在线游戏收入占增值服务费的绝大多数，占总营收的比例也达到了79％。

说穿了，多数的互联网公司几乎就是广告公司。免费后的收费，只能通过广告来回收成本。

可是，现实是很残酷的。一般的传统零售企业的营销推广费用从0.5％～20％不等，平均占总营收的2％左右。据统计，2014年，全国社会消费品零售总额高达26万亿元，而全国广告市场总容量也仅有5200亿元，其中互联网广告总量1565亿元。

来自 VisionMobile 的研究报告①表明，依赖广告的开发者有 17％获得了合理的生活水平，但靠销售产品来保持资金流动的则有 37％。来自广告的收入无法代替销售产品的收入。毫无疑问，广告的价值一定无法覆盖商品的价值。

如果退而求其次，转而从增值服务费上获取收益呢？答案是很难。在今天，无论吉列"送刀架卖刀片"这样的模式，或者电信运营商的"存话费送手机"的活动都难以为继，或者与免费的模式不符。

首先，吉列送刀架的行为不是把刀架的价格定为零，而只是阶段性地赠送，属于促销的范畴。

其次，如果吉列真的把刀架定价为零，并做规模销售，很快就会有其他企业仿制能够装在吉列刀架上的刀片，由于没有刀架的成本，仿制企业的刀片定价甚至会比吉列更低，那么吉列也就不能获得足够的收益来维持刀架的免费。

再次，假设吉列公司通过专利保护限制了其他企业不能仿制同型号的刀片，客户们完全有可能在购买和更换刀片的时候，把旧的刀架也扔掉，以换成新的免费刀架，这样吉列的刀片价格将不得不上调。而新的追随者只要设计新的刀架，并按成本定价，依然可以按低于吉列的价格销售刀片，从而赢得市场。

事实上，吉列公司在完成培养客户使用安全式剃须刀的习惯之后，就不再赠送刀架了。

再看"存话费送手机"的例子，它看上去的确像是先赠送了手机再通过增

---

① Developer Economics: State of The Developer Nation Q3 2015 [EB/OL]. (2015-07-30) [2016-03-02]. http://www.developereconomics.com/reports/developer-economics-state-of-the-developer-nation-q3-2015/.

值服务来获利，其实则不然。

首先，手机并不是运营商的产品，而是采购自终端厂家，它是运营商赠送给特定客户的促销品。所以手机的定价与运营商自身产品定价是没有关系的，运营商的主要产品是用来打电话、发短信、上网的无线通道。假设把赠送的手机定义为"增值服务"，那么这个活动的模式实际上是"基础产品收费，增值服务免费"的促销，也就是说主要产品依然收费，不符合免费模式的定义。

其次，手机厂家能否申请当虚拟运营商，也做"存话费送手机"的活动呢？答案也是否定的。因为手机的成本高，同时虚拟运营商获得的通道成本也很高。通常转售的价格接近于主运营商的零售价格，所以虚拟运营商不能提高服务资费来赚取足够的价差，来补贴手机的成本。

最后，运营商为什么不能把通道免费呢？国际电信运营商的平均利润率为10％左右。电信网络投资大，建设周期长，升级换代快，都给企业运营带来了高昂的成本。建好一张 3G 网络，辛苦 10 年才获取的利润，马上又会在建设更昂贵的 4G 网络时消耗殆尽。所以，边际成本高，通道也无法免费。

不过，有一点是非常有可能的——在国内，如果允许电信运营商用短信、彩信、语音等手段给客户加载广告的话，资费一定可以便宜不少。但是在"垃圾短信"投诉满天飞，国企管理日趋严苛的背景下，这一点在短期内是无法实现的。

真正要实现通信免费，破局的唯一办法是等待技术的进步。在大幅度降低通道成本和组网难度之后，浸淫在互联网文化当中多年的电信企业，终有一天会找到办法，实现免费。

总之，传统行业和互联网行业不同，随着规模的扩大，产品的边际成本并不会趋向于零。毕竟，实体的产品和线下的服务，所付出生产成本和人工损耗都是真金白银。互联网的"免费思维"其实是在别处赚钱来补偿免费模式的成本。而目前最有效的广告模式看上去容量有限，不足以容纳整个传统市场的转型，增值服务收费模式也由于市场自由竞争时成本远高于收益而难以推行。贸然学习免费思维开启爆发模式，往往在还没等到将流量变现这个大问题之前，就会先面临成本快速增加而导致的破产。

互联网企业家们深谙此理。他们高喊着"免费"的口号，但无论是发布互联网手机、互联网电视机、互联网自行车、互联网汽车，没有东西真的会免费。在产品方面，他们积极地融入了互联网的元素，令用户使用更便利、更具个性化。但是在价格方面，他们不但会收费，而且巴不得收得比谁都贵！

在这些硬件当中，与互联网联系最紧密，而且产品性质相对接近的是电视盒子。2012 年，受到苹果公司推出 Apple TV 和 Google 公司推出 Google TV 的启发，国内互联网企业突然一窝蜂地扎进电视盒子的开发中去。一两年间，乐视、小米、优酷、华为和阿里等各种盒子，包括山寨的电视盒子，上百种产品蜂拥上市，售价从 199 元到 2999 元不等。

为什么盒子不免费呢？如果按照"免费"的思维模式，应该可以尝试将成本可能是 99 元的盒子免费赠送，并且可以免费使用各种基本服务。再设计一种收费会员服务，9.9 元/月，可以同步观看最新大片，收看节目时都是高清片源，还可以跳过所有的免费会员不能避免的片头、片尾广告。同步收取的广告费用也用来补贴盒子的成本。

一算账，那可吃不消。假设赠送了 1000 万个盒子，收费会员比例达到 5%，在盒子的生命周期 36 个月内能收到 1.8 亿元。广告费用参考优酷土豆 2014 年业绩，5 亿用户只有 36 亿元广告费，那么 1000 万个盒子客户每年能带来 0.7 亿元收入。收入合计 2.5 亿元，而盒子总成本却高达 9.9 亿元，这家公司每年可以倒闭 4 次！根据创业板龙头企业乐视网的财报显示，2014 年以生产成本价格销售的乐视 TV 一共销售了 170 万台，亏损 5 亿元。

为什么至今免费思维之王周鸿祎也没有推出免费手机，道理或许就在此。

定价的回归

互联网发展到现在，已经从线上渗透到了线下。互联网企业的经营范围，已经不再局限于"比特"产品，而是与"原子经济"相融合，进入了"互联网＋"时代。电商和O2O都是典型的案例。前者运营一个交易平台，把传统商品放到互联网上销售。后者在线上推广和交易，在线下提供更加便利的服务。

这时候的互联网，既是品牌塑造、产品宣传的重要媒介，也是营销的重要渠道。信息和资金都在互联网上完成流转，而实物通过物流快速交付，服务通过调度，上门或者就近提供。

但是有别于互联网早期的纯"比特经济"时代，电商和O2O完全无法撼动"原子经济"的定价模式。在"互联网＋"时代，收费成为新常态，"免费"已经不再是价格的范畴，而是促销的范畴。也就是说，产品不是永久免费，通过交叉补贴和交叉销售来盈利。免费通常只是阶段性的，回到了传统商品"降价促销"或者"免费试用"的常态。

回顾免费的三个基因——黑客文化、边际成本趋零、易于复制，我们发现在"互联网＋"时代，收费替代免费是必然的。

首先，提供商品的主体主要是传统企业，而非信奉"自由、共享、免费"的互联网企业。无论怎么宣传"互联网思维"，传统企业家相信的是"一手交钱，一手交货"，追求的是把利润最大化。产品都是花了真金白银生产出来的，不会大规模地邀请客户免费享用服务。

其次，生产的边际成本无法趋向于零。如果在凡客上购买一件纯棉短袖衬衣，它在2009年的最低生产成本很可能是29.5元；如果在58同城找一个家政阿姨来打扫卫生，企业至少要支付最低工资18.5元/小时。

2014年网易的总收入为124亿元，网易维持5亿GB级邮箱用户规模，总成本不超过5000万元，支撑这个体量的免费邮箱用户绰绰有余。58同城网同年的总收入仅为16亿元人民币。如果58同城网按照网易Email服务的模式来推广家政服务，免费服务5亿人时的最低成本达92.5亿元，足够这家公司倒闭6次！

最后，"原子经济"中的商品难以复制。复制一个"比特"产品，理论上只是电脑上的一次复制、粘贴，或者互联网上的一次下载，复制的时间主要取决于网络传输的速度和硬盘读写的速度。在个人电脑上用370MB/s速度的固态硬盘复制一首4MB的歌曲需要0.01秒，如果全球30亿个互联网用户通过P2P软件复制同一首歌，理论上不用超过1分钟。

传统商品则复杂得多。一方面是商品产能有限。比如量产的汽车，2014年全球汽车产量约为8600万辆，给12亿名司机每人换一辆车的话，需要生产14年。如果是购买一块手工定制版的精雕细琢的瑞士手表，等上一年半载都算是快的了。

又比如各种上门服务O2O。按摩技师、美甲师、修车师傅不是复制、粘贴出来的，无法用流水线生产出来。一家一家上门服务，路途上的时间和精力损耗都是成本。别说免费模式，甚至连低价都不要指望了。上门服务方便、随性、质量高，就是别指望永远白菜价。

另一方面是商品的交付费时费力。在国内，即使用顺丰最快也要4小时才能完成一次同城速递。即便是在楼下必胜客宅急送购买一份比萨饼，最快也要20分钟才能享用到热腾腾的美味佳肴。到"河狸家"预约一次美甲服务，从下单到修完指甲，怎么说也要3个小时。如果是交付一件衬衫，以全球服装生产效率的楷模ZARA为例，从设计到进店销售至少也需要7天时间。如果算上招聘和培训员工的难度和时间，传统行业交付一件商品难度岂止百倍于互联网！

总而言之，如果没有免费的基因，免费策略就失去了基础，寸步难行。

Uber 们的 "皇帝新衣"

现在竞争如火如荼的打车服务、上门家政服务和送餐服务等，不再是纯数字产品，互联网开始有了实体产品的交付，甚至是个性化的服务要求。这时候，即使是在规模生产的情况下，服务当中所包含的硬件产品的成本也已经不可能被忽略。同时，投入的上门服务所产生人力成本（例如快递员、司机、家政阿姨等）日渐高企。两者共同组成了高昂的综合成本，这种成本已经完全不能通过卖广告、交叉销售或者卖数据的收入来支撑。

因此，"互联网＋"不得不回到商业原来的样子，直接获取价差成为最为主要的商业模式。

一边是"互联网产品一上来就免费"的规律，另一边是边际成本高昂，不得不收费。"收费"还是"免费"，迈向互联网的企业陷入了选择的困境。

很多人会说，滴滴、快的、优步等打车服务，不是一直不收司机份子钱，还补贴车费送乘客吗？然后用户数大爆发。这个是不是免费思维的胜利呢？

严格点说，这个是"散财童子"的胜利，而不是免费模式。从根本上讲，打车软件服务走的不是免费模式。

优步（Uber）就是值得分析的典型案例。Uber 在提供信息整合平台的时候，向司机（可能是公司或者个人）收取订单金额的 20％作为平台佣金，同时它又免费向乘客提供叫车服务，还经常做促销补贴乘客。在刚进入的市场，为了快速吸引大量司机，Uber 通常会把佣金率降低到 20％ 以下。而在较为成熟的市场，Uber 则将佣金率上调至 25％，2015 年 4 月在旧金山和圣迭戈甚至提升至 30％。

这时候，免费与收费交织在一起，将会发生什么样的化学反应？Uber 最终能成功吗？

Uber 给人的感觉跟其他硅谷的企业不一样，它很实在。

Uber 的创始人兼总裁特拉维斯·卡兰尼克（Travis Kalanick）本来也是一个热血的 IT 青年。1998 年他从加州大学伯克利分校辍学创业，创办的第一个项目 Scour.com 演变成为世界上第一个 P2P 文件下载资源搜索引擎。这样的搜索引擎很好地诠释了互联网精神，极大地方便了用户自由共享各类视频、音频和文档。正像我们之前所说的，由于只需要提供种子文件的索引和下载，对服务器和带宽要求不高，边际服务成本趋近于零，Scour.com 的服务自然是免费的。和当时几乎所有的互联网公司一样，特拉维斯·卡兰尼克希望通过其他方式把流量转化为收入。但是好景不长，这家网站于 2000 年被 29 家好莱坞公司起诉侵犯版权，要求巨额索赔。最终双方达成庭外和解，Scour.com 支付了 100 万美元后宣告破产。

有了第一次创业失败和 2000 年互联网泡沫的教训，特拉维斯·卡兰尼克显然已经意识到，免费不适合他。随后他经营了一家科技公司叫作 Red Swoosh，专门利用 P2P 技术提高文件传输效率，提高带宽利用率，节约企业的服务器开销。这家公司的主要商业模式就是面向企业客户销售他们的 SDK，提供网络技术支持，收取相应的产品和服务费用。

在 Red Swoosh 拿到第一桶金之后，特拉维斯·卡兰尼克显然意识到了直接收费比免费好太多。所以当他在 2009 年开始创办 Uber，期望解决客户们租车和打的难题的时候，提出的商业模式十分简洁和传统——通过 App 为司机和客户提供信息和交易平台，并在每单交易当中收取 20%～30% 不等的佣金。

特拉维斯·卡兰尼克的初衷，是希望整合私家车主的闲散时间和闲置车辆来提高社会效率。理想状态下，私家车主应该随时可以加入 Uber，并在空闲时间接单赚钱，这样乘客的选择变得更丰富，从而实现双赢。但是现实却不是这样的。根据大多数国家法律的规定，提供载客营运服务是需要牌照的，而且这种牌照的代价通常比较高，所以 Uber 的运营一直游走在各国法律的灰色地带。

优步中国提供几种车型，本质上就是两种经营形式。私家车主挂靠后当司机兼职开车，或者与专业租车公司合作，提供专车和专职司机租赁服务。优步中国一共有 5 种基本服务，收取不同费用，包括：10 万元车型叫人民优步，15 万车型叫 Uber X，20 万车型的叫 Uber Black，7 座车叫 Uber XL，40 万元以上的豪华轿车叫 Uber 尊享。当然，还有第六种是官方定制活动，有时是复仇者联盟英雄开的车，有时是一键呼叫直升机，还有时是 Uber 送餐……

Uber 进入各个城市的初期，用高额的双向补贴等手法快速扩大规模。

首先，Uber 设置了很低的门槛来招募私家车司机[①]。在中国大陆，拥有车龄 5 年以内、价值在 15 万元以上的私家车车主们只需要上传车辆行驶证、登记证，驾驶员驾驶证，再报告银行账户信息就可以加入 Uber 司机的行列。

在中国大陆，名义上 Uber 只能跟租车公司合作，并且只能提供专车而不能是出租车服务，所以 Uber 在中国催生了"Uber 司机挂靠"的产业。私家车主想要入职 Uber 的话，只要在互联网搜索关键字"Uber 司机"，就能找到大量有资质的挂靠公司的页面，简单地登记之后，便可以挂靠该公司成为 Uber 司机。这时候，司机们需要同意将每单收入的 5% 作为挂靠车队的"管理费用"。

有了第一批车和司机以后，Uber 鼓励司机们多接单，以便吸引更多的客户和更多的司机加入。所以，Uber 暂时不收取 20% 的佣金，并且反过来给司机发放高额补贴。补贴政策经常变化，经常是达量奖励，例如每周接单超过 90 单给予一次性补贴 1280 元。特殊时期的补贴折算下来甚至可以高达 5 元 / 千米，这还不算乘客正常支付的车费！

---

① 由于 Uber 招募司机的门槛过低，无须出租车资质和牌照，无须对司机做背景调查，埋下了不安全和不合法的隐患。Uber 公司在创建初期就意识到了法律的风险，4 人高管团队当中，赫然出现了 CLO（首席法律顾问）的职位。

例如，广州 Uber 在 2015 年 8 月 17 日至 8 月 23 日的奖励政策包括：早高峰 1.3 倍车费，每周做够 90 单奖励 1280 元等。而这样的奖励比起 2014 年年底至 2015 年春节后每单奖励 30 元的政策而言，已经是大幅度缩水了。

因此，Uber 每进入一个城市，私家车主们纷纷踊跃报名。解决了供给端以后，Uber 就要设法拉乘客。拉客的方法很传统，主要有让利促销、事件营销和大客户合作三个套路。

第一，让利促销，这是最为常见的运营方式。Uber 给出 10～30 元的大额乘车代金券，或者分阶段给出 5～8 折的乘车折扣券，主要通过司机或者乘客向交往圈传播这些促销券，吸引客户下载 Uber App 并叫车。

第二，事件营销，在新的城市或者国家制造营销事件，吸引客户关注。例如宣称开通"Uber 直升机"，为商务客户提供深圳福田区到广州珠江新城的航班。又例如，在好莱坞大片《复仇者联盟》上映前后，聘请模特打扮成钢铁侠、绿巨人、雷神索尔、美国队长和黑寡妇等角色，为乘客开车。更传统一点的方式，是雇佣外形靓丽的男女模特，驾驶玛莎拉蒂、法拉利或者奔驰、宝马等名牌轿车，为该城市中最早使用 Uber 的乘客服务，只收取接近普通的士的费用，或者象征性地收取 1 元车费。

第三，与大客户合作。为白领集中的企事业单位，或者学生规模较大的学校上门服务，现场安装 Uber App，并派发 50～100 元不等的代金券。

因为 Uber，客户以相对低廉的价格方便地叫到适合的车，不必忍受没有空车、拒载、停车费高和没有停车位的烦恼。因为 Uber，司机们不必长时间在街道上空驶，也不必一次性缴纳高昂的出租车牌照费用。再加上给乘客和司机大量的现金补贴，并且营销方式规模宏大而有效，Uber 快速地在目标城市打开了局面。

Uber 刺激了很多人，包括王石先生在哈佛的时候也说过："阿里和腾讯给我的刺激都不如 Uber！"很多乘客希望，有了 Uber，出租车变得更加方便、便宜。很多的士司机希望，有了 Uber，可以不再交份子钱，不再承担极为高昂的出租车牌照费用，从此开车致富。也有些白领希望，有了 Uber，自己在闲暇时间兼职开车赚钱，买楼、买进口奶粉不再是梦。

Uber 也是绿色环保的代名词。因为 Uber 出现以后，很多人都不开车了。所以很容易有一种结论：Uber 减少了路面上行驶的车辆，降低了碳排放，降低了城市的拥堵程度，也减少了繁华地段停车位的需求。

Uber 还是革命性商业模式的代名词。因为把私家车主们集合了起来，提高了车辆的利用率。并且 Uber 还可以通过现有的汽车网络扩展出 "Uber 送餐" "Uber 送花" 服务。参考 Uber 模式，还可以有 "Uber 手艺人"，把全世界的手艺人全都集合到一个平台上，向客户们提供一切能想象得到的所有的定制服务，并且都是 "一键到眼前" 的服务……

Uber 成了救世主，风头一时无两！

但是，不要被烧钱带来的繁荣蒙蔽了双眼，一定要冷静下来思考：Uber 的成功到底是因为什么？更进一步思考，也许就会产生疑问：Uber 真的能改变世界吗？

首先，Uber 最重要的成功要素，就是召集并整合私家车主进行载客服务，从而打破出租车垄断的牌照制度。但这在许多国家是违法的①。

---

① 李明. 德国法院颁布全国禁令 禁止 Uber 提供部分服务 [EB/OL]. (2015-03-18) [2016-03-02]. http://tech.sina.com.cn/i/2015-03-18/doc-iawzuney0861703.shtml.

试想一下，如果没有法律的限制，任何车辆都可以自由接载乘客的话，Uber 所谓叫车的便利和派车的效率，都不复存在了！在中国台湾地区，Uber 几乎没有市场，因为台湾几乎没有出租车的牌照限制，人人都可以通过合法程序申请提供载客服务。

其次，Uber 的成功来自烧钱营销。如果有巨额资本的支持[①]，有许多的营销精英都可以做到跟 Uber 一样甚至更好的营销推广效果。但是 Uber 在烧钱的同时，用高额的补贴挟持了一大群司机们集体对抗政府的管制，在部分法治国家利用"法不禁止即可行"的规则取得经营权或者不被取缔的权利。2010 年，当 Uber 服务在美国受阻的时候，特拉维斯·卡兰尼克呼吁司机们发了 5 万封 Email 和 3.7 万条 Twitter 向华盛顿政府施压。这恐怕也是为什么 Uber 把首席法律顾问放在这么重要位置的原因。

Uber 真正有效的贡献是利用互联网技术给驾、乘双方提供了连接的便利，通过优秀的调度算法提高了效率。但是，"滴滴打车"们能够提供同样的便利和效率，并且它们用出租车来提供服务，更符合法律法规的要求。如果 Uber 未来能够存活并且继续发展壮大，恐怕也只能是技术上的进步帮助它们提高了运营的效率，从而战胜了竞争企业，仅此而已。

"熙熙攘攘，皆为利往。"Uber 本质上就是一家出租车公司，一个叫车的平台，靠抽取每个订单 20%～30% 的佣金来盈利。回到了传统的靠佣金、靠购销价差获取收益的商业模式之下，我们很容易通过测算

---

① 彭琳、郑荣. 高瓴资本投资滴滴快的后再投 Uber［EB/OL］. (2015-06-25)［2016-03-02］. http：//news. xinhuanet. com /finance /2015-06 /25 /c _ 127948188. htm.

来分析 Uber 究竟还有没有未来。

Uber 在全世界各地的资费和补贴金额虽然不一样，但是司机们的收支项目却基本相同。我们选取广州作为样本城市，对司机的收益做简要分析。

广州实行出租车经营牌照制。2015 年全市共有 65 家出租车管理公司，合计 1.85 万个出租车长期牌照（无限期）。加上部分短期牌照，一共有出租车 2.4 万辆，司机 4.5 万人。市场上流通的长期牌照价格为 35 万～40 万元。出租车行驶 50 万公里需强制报废[①]。出租车资费为 2.6 元/公里。

如果一辆出租车由两名司机经营的话，每天行驶 400 公里，每月工作 30 天，收入大约为 2 万元。剔除交给出租车公司的费用平均 9800 元/月，每名司机收入大约为 5000 元/月。

如果广州的 Uber 进入到正常运营的状态，也就是像在大洋彼岸的旧金山那样，Uber 抽取 20% 的平台管理费，并且不再向司机发放补贴，Uber 司机们的收入将会非常尴尬。

2015 年在广州想当一名人民优步的司机，需要先算算下面这笔账：

人民优步乘车单价是 1.6 元/千米，0.35 元/分钟。

广州城区平均时速 30.28 千米/小时[②]，时距并计，折合 2.3 元/千米。

2015 年第二季度 Uber 平均每天在线司机超过 3 万人，司机平均接单速度 2 单/小时，行驶里程 8 千米/单。

---

① 《广州市客运出租汽车车辆技术管理规定》规定："客运出租汽车车辆自《机动车行驶证》登记日期起满 8 年或累计行驶里程数超过 50 万公里的，必须退出客运出租市场。"

② 广州市交通运输研究所. 广州市年度交通白皮书（2013）[EB/OL]. (2014-03-31) [2016-03-02]. http://www.gztri.com/UserData/DocHtml/1/2014/3/31/53531624170.html.

不难计算，如果是私家车兼职做 Uber，那么在不计算车辆折旧的情况下，私家车营运成本大约为 0.85 元/千米（其中油耗 0.6 元/千米，保养 0.15 元/千米，保洁和其他 0.1 元/千米），剔除 Uber 佣金 20% 和挂靠公司 5% 的提成后的收入为 1.73 元/千米，每小时获利 14.08 元，略低于每天开车 10 小时的出租车司机的时薪，更低于 18.3 元/小时的"广州市 2015 年非全日制职工最低工资标准"！

哪怕人民优步完全不收取佣金，时薪也仅能提高到 23.2 元。离开了补贴，不会有多少私家车主愿意去开 Uber 兼职的。这也是为什么一直到本书完稿的 2015 年年底，无论是滴滴快车还是人民优步，都无法停止烧钱补贴司机接单。

通过测算，真相很骨感地摆在每个人的面前。

或许有人会说，同样是收取佣金，Uber 在美国市场不是发展得很好吗？那么不妨再来看看 Uber 在美国的发展。

在美国市场，Uber 专注的是高端市场，专车费用比出租车贵 50% 左右，同时还有搬家、午餐外卖、送圣诞树等个性化的服务。但如果仍然是以个人注册的司机作为主要车辆来源，很难保证服务的专业性和一致性，同时也容易被复制、被取代。因而 Uber 提供的专车服务，属于 B2C 模式，就像是打车行业的天猫一样，对接的是乘客与专车租赁公司。这时候，Uber 免费向乘客提供服务，凝聚流量，通过后向收费向专车公司收取佣金，补贴自身的运营费用并获取价值剩余，这才是可行的商业模式。

所以在中国，无论是滴滴还是优步，拼私家车载客市场都是不能长久的。在培养了用户的习惯以后，它们都应该安静地做"0"佣金的"打的"平台，做"顺风车"的客户拼单平台，汇聚用户流量；同时，通过专车服务、代驾服务获取利润。这也即是"免费"的第一种模式——直接交叉补贴。

不知道特拉维斯·卡兰尼克的内心是否还是真正的黑客。也许他所做的事情，就是编一个非常漂亮的故事，让贪得无厌的资本家们把钱都拿出来，由他通过 Uber 捐给全世界生活得并不好的出租车司机们和经济条件不那么好的乘客们。

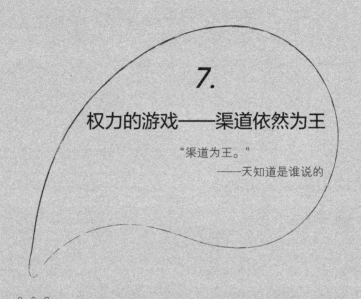

7.

权力的游戏——渠道依然为王

"渠道为王。"

——天知道是谁说的

在 4P 营销理论中，渠道（place）是一个非常重要的环节。

"渠道为王"，这个词眼在过去许多年里面，一直不断地被传统厂商、零售商提起。抢夺市场就是抢夺渠道，飘柔洗发水在抢销售渠道、可口可乐在抢销售渠道……每一个产品都是这么卖出去的。

走过千禧年，渠道从粗放式的思维，开始逐渐转向渠道扁平化、减少渠道层级，然后再转向深度营销渠道、追求最终渠道的掌控力。因为厂商发现，层级过多的、掌控力不强的渠道会吞食大量利润空间，缩减渠道成本是提升产品竞争力的有效手段。

时钟再次转动，经过了淘宝、天猫以及众多电商疯狂发展的 10 年，许多企业忽然意识到，原来有了互联网，不需要渠道也能接触到客户并卖出商品。这是一件多么令人欣喜的事情啊！这符合以减法为核心的互联网思维，互联网不就是减掉不必要的部分么？而渠道，看上去是如此的不必要。

于是，如今当你在百度搜索中敲入"互联网思维"时，会看到很多文章带着"去渠道化"的关键词，认为互联网的奥卡姆剃刀首先要砍向渠道，仿佛渠道就是阻碍历史前进的罪人一般。事实是否真的如此？

在展开讨论之前，我们有必要界定一下"去渠道化"的内在含义：

第一种观点是"去门店化"。认为实体门店的租金过高，可以被互联网＋物流的组合拳，以低成本的方式替代；第二种观点是"去中间商"，也就是砍掉分销，这是渠道扁平化的一种极致状况，从产品提供商（厂商）到消费者的整条供应链中没有其他的中间环节，又称为直销。

那么，问题来了，"去渠道化"是否真的靠谱？下面，我们将从垂直餐饮、互联网男装、手机网上直销等领域的案例出发，探讨互联网时代的渠道策略，并揭开日益壮大的互联网中间商的秘密。

7.1 难舍难分的门店

民以食为天，当"互联网＋"的热潮吹向日常生活时，餐饮成为巨大热点。

以 2015 年第一季度的数据计算，全国餐饮收入累计达到 7458 亿元①，是全国手机营业额的 3 倍。这个巨大的市场空间，似乎足以容纳 100 个 10 亿美元级的创业机会。于是，一股"互联网＋"风潮向着我们面前的碗筷奔袭而来。

从 10 年前开始，市场上就依次开始出现"大众点评"这样的信息分享平台、"饿了么"这样的订餐交互平台，最后餐饮的"互联网＋"越过平台们，走到最传统的、最垂直的领地——厨房。慢慢地，除了"互联网＋"，许多垂直餐饮企业也顺应互联网思维，开始"去门店化"。

2012 年的北京，在 SNS（社交网络）营销还不是特别红火的年代，一

---

① 人民网. 国家统计局: 2015 年第一季度 GDP 增长 7% [EB/OL]. (2015-04-15) [2016-03-02]. http://politics.people.com.cn/n/2015/0415/c1001-26848788.html.

条"美女老板娘开宝马送煎饼"的话题一夜之间传遍微博圈，让黄太吉煎饼店名气大涨。黄太吉的老板赫畅用宝马车炒热了他的煎饼，迅速复制出大量分店。

此时，垂直餐饮的"互联网＋"，加入的是营销宣传的创新。

2013年，雕爷牛腩来了，用一张号称"500万中奖彩票"换来的配方，开了一间轻奢餐厅。雕爷牛腩做了很多特别的营销：让客户过门而不得入的餐厅封测期，在店里"偶遇"苍井空老师，这些营销都赚足了观众的眼球。

2014年，伏牛堂米粉来了。北大毕业生张天一在环球中心开了一间互联网思维的常德米粉店，他建立的几十个QQ群、微信群被数万个在京的湖南人簇拥着，甚至受到了《人民日报》、中央电视台的关注。

于是，SNS环境下的明星效应与社群营销，也加进了垂直餐饮。

然而到此为止，垂直餐饮领域其实仍然很传统：在厨房里做菜，再端到店里的桌子给客户享用。

一个垂直餐饮服务跟客户之间的互动由三部分组成：

1. 信息交互：客户了解餐饮品牌，勾起购买欲望；客户将订购信息告诉店铺；

2. 资金交互：客户将购买餐点的费用交给店铺；

3. 实物交互：店铺生产餐点，并将餐点交给客户。

在传统的餐饮方式里，兰州拉面的招牌会告诉你这里有面，你进店告诉老板你要点一碗牛肉面并付钱，老板煮好面端给你，整个环节都在线下实体店完成。整个经营里面，大量的毛利被店铺租金吞食。

在上述的例子里，发生改变的只是招揽客户的手段，黄太吉煎饼、雕爷牛腩、伏牛堂米粉，你是从微博、微信、QQ群里面知道的，而不是从它们家的招牌上。但无论是煎饼、牛腩还是米粉，还是要到店里吃的，消费行为的闭环还是要在实体门店完成。

但是，从 2014 年开始，垂直餐饮开始彻底"上网"。如果你是一名北京的上班族，早上到公司，你可以让"早餐佳"送一份早餐；中午想减肥，可以要一份"甜心摇滚沙拉"；晚上想吃烤鸭，可以微信搜索"叫个鸭子"下单……而依托"饿了么"、美团外卖等进行经营的无门店餐厅，更是不计其数。

还是那碗兰州拉面，只是变成你在微信或订餐平台上看见它然后下单（信息交互）、支付餐费（资金交互），等待送货员把面送到你的门口（实物交互）。

一切似乎很美好，在商业旺地每平方米租金高达数千元的时代，把一切的交互"互联网＋"化、去掉实体门店，多么符合互联网思维的减法，好像真的省下了最大的一块成本。这不就是一个最好的 O2O（Online To Offline）商机吗？

再看看美国，远在洛杉矶的 Sprig 和 SpoonRocket 的 Uber 式快餐生意做得多么美妙，仿佛无门店的餐饮已经是未来的趋势。

无门店餐饮之殇

杭州的呆鹅早餐在创业过程中受到互联网界的很多关注，可以作为垂直餐饮 O2O 的一个典型案例。而呆鹅在经营过程中遇到的问题，或许正是众多垂直餐饮外卖项目所面临的普遍难点。

2014 年 3 月，蓝耀栋从阿里巴巴离职，进行一个中高端的早餐 O2O 项目，从各种可行性研究而言，该项目似乎都是合理的：

（1）利润高。餐饮行业毛利率高达 6 成以上，并且能够实现快速的现金流回笼，是一种标准的"小而美"项目。

（2）市场大。早在 2010 年，中国烹饪协会的数据就指出，全国在外就餐的早餐市场规模已达 1876 亿元，市场容量巨大。

（3）有潜力。早餐是一个待开发的潜力市场，目前的早餐大多数呈现低价特征，走高端路线的星巴克式早餐很少，具有向"轻奢"转型的机会。

（4）有痛点。上班族吃早餐最在乎省时间，送餐到工位能打动白领们。

这个项目看上去十分可行，于是，蓝耀栋实现了这一构想，一个定价19元的中高端早餐外送O2O项目在杭州落地了，初期的服务范围，就在他的老东家阿里巴巴所在的杭州未来科技城。

然而，当呆鹅早餐花费76万元，完成了产品研发、平台建设、品牌营销、团队建设等工作，并且获得体验客户的好评和重复购买之后，其早餐的日客单数却一直停留在50～100单，无法进一步增长。而经营成本也并不如想象中那么的轻。

首先，失去了实体店的天然引流作用，流量的获取没有想象中那么简单。一个纯互联网化的垂直餐饮品牌，获取流量的方式不外乎SNS社群营销、订餐平台引流、地面推广引流等。SNS的社群营销，需要初期的粉丝、长期的耕耘、话题的打造等，这些都需要成本；订餐平台需要同时跟无数个商家共同竞争流量，而且，早餐时段使用订餐App的人实际上也不多；地面派发传单引流是餐饮品牌最常使用的手段，但由于只有2‰的转换率，成本不低，按照呆鹅的经验，单个客户的地推营销费用高达50元。

其次，失去了实体门店的体验作用，品牌调性难以提升。在垂直餐饮领域，除了菜品质量之外，就餐环境也是树立品牌形象的重要元素。如果没有星巴克舒适的氛围和帅气的服务生，几十元的星巴克早餐就不容易卖出。那么，为了维系一个高格调的线上品牌，需要花费的营销成本必然将大幅增加（例如邀请明星试吃）。

最后也是最关键的一点，失去实体门店这一天然的实物交互场所，垂直餐饮企业就必须组建庞大的配送团队。如果要实现类似早餐这种短时间的并发式配送，成本会进一步增长。如果不提升价格，就无法承受高昂的物流费用；如果提升价格，就难以获得足以盈利的客户数量，这一悖论对呆鹅产生致命的影响。

于是在 2014 年的圣诞节，经过 9 个月的尝试之后，呆鹅早餐宣告结业。后来，呆鹅团队试图凭借经验转战上海，但在经过一段时间的调研之后，结论仍然是不可行。

反观一个所有上班族都经常见到的商业模式——早餐车。装着牛奶、包子的早餐车沿街销售，无须开发平台、无须引流、无须物流。虽然售价不高，但只要设点合理，一天也能卖出 100 份早餐，由于经营成本低廉，利润远高于"互联网＋"的早餐。

无门店不是万能药。实体门店虽然租金高昂，但去实体化之后，如果不能以低成本解决引流、品牌、物流等问题，增加的成本其实更高。

在杭州的呆鹅早餐停止营业之前，北京的凉皮外卖 O2O 品牌"西木良伴"，早在 2014 年秋天就已凋零。

2014 年年初，两个 IT 大男孩一心想把街边摊的凉皮生意做成白领女性的优选外卖，于是在北京的建外 SOHO 建立"西木良伴"品牌。整个项目一共筹备 3 个月，推广 5 个月，包括前期设计、开模、找代工……虽然精益求精且充满互联网思维，却逃不开引流与物流的重担。

如果一个外卖项目能盈利，重要的只有两件事情：要么客户多，要么单价高。当西木良伴选择凉皮这一略小众的低价产品时，其实已经选择了游戏的"困难模式"。毕竟凉皮难以长期替代正餐，这导致客户规模做不大；凉皮也无法像稀缺海鲜一样卖出高价。

在物流方面，西木良伴则遇到与呆鹅同样的困局：一份凉皮的生产成本只有 5 元，但是配送成本却高达 8 元。

自建物流成本如此之大，互联网品牌首先会考虑物流外包的方式，西木良伴也不例外。但是，物流外包的探索失败了，创始人栗明是这样评价的："主要矛盾在于服务速度掌控力太弱。比如用户下单，如果是我们自己配送，最多半个小时到货，而这些合作方则不能很快送达，需要一个小时，甚至一个半小时。这样的用户体验很差，哪怕凉皮再好吃也没有回头客。"①

由于餐饮具有强烈的时间和保鲜度需求，在垂直餐饮领域，物流外包并不容易。

如果西木良伴有个实体店，凭借着创始人对互联网的理解，也许这碗凉皮会凭着格调卖出高价，会像伏牛堂的米粉一样生存下去。在项目结束之后，栗明自己也承认：开出实体店，就是对企业最好的展示和宣传。

从商业本质而言，"互联网＋"是为零售领域开拓出的一个新兴信息交互场所，是基于互联网获取订单的一种零售，这是任何传统行业都不可避免的一条道路。

但是"无门店"则未必适合于一切企业，它至少需要以下三个基本前提：

（1）零售单价大幅高于物流单价；

（2）保质期较长，通过物流配送实物，不会造成商品的质量下降；

（3）订单的时间集中度不能过高，避免特定时间的并发配送需求量过大。

很可惜，我们前面讨论的两个餐饮垂直领域案例，并不具备上述前提。所以，呆鹅和西木良伴的"无门店"，看上去远远没有小米手机和野兽派花店等来得靠谱。

假设呆鹅和西木良伴卖的不是早餐和凉皮，而是一种客单价更高的餐品，物流负担就不会显得那么重，情况是否就会有所改善呢？

在百度工作了 10 年的曲博，同样在 2014 年创业，给北京吃货们带来了"叫个鸭子"。凭借百度贴吧式的"无节操"宣传，这只鸭子火了，获得了华谊

---

① 亿邦动力网. 凉皮失败回忆录：外卖 O2O 会倒在 3.0 时代？ [EB/OL]. (2015-04-07) [2016-03-02]. http：//www.ebrun.com /20150407 /130122.shtml.

兄弟创始人王中磊等人的天使投资。

截至本书写作时，"叫个鸭子"已经运作一年多，经营良好。烤鸭对应的百元级别客单价，让物流成本占比显得不那么沉重；而烤鸭订单并发量和及时度要求也并不是那么高。"叫个鸭子"所需要攻克的，只是如何让烤鸭穿过大街小巷走进家门时，仍然很美味。

这么看，无门店餐饮仍然是有机会的，但这种模式依然有瓶颈：老用户有足够的忠诚度，但新增用户速度缓慢。正如呆鹅早餐一直难以突破的 100 单日销量大关，"叫个鸭子"也不例外。我们可以通过"叫个鸭子"的百度指数变化，来推论它的客户数发展。过去半年里，"叫个鸭子"的百度指数并未有实质性增长。即使曲博登上了中央电视台《生活早参考》节目，使得当天（3 月 9 日）百度搜索量暴增，但也很快归于平淡。

关于无门店经营的潮流，研究零售业态演变的麦克奈尔（Mcnair）在 1958 年提出的"零售之轮假说"足以进行解释：当一个新型零售业态出现时，最初都采取低成本、低毛利、低价格的经营政策从而快速进入零售领域。当它取得成功时，必然会出现大量效仿者，最终激烈的竞争使其不得不采取价格以外的竞争策略，这势必要增加费用支出，使之转化为高费用、高价格、高毛利的零售组织。①

无门店的电商零售对传统零售的冲击确实如同"零售之轮假说"所述，但是这种情况却未必能够同样复制在垂直餐饮领域。如果企业所在的经营领域没法满足低成本、低毛利、低价格的要求，就无法对传统零售业态产生冲击，难以在竞争中胜出。

---

① Stanley C. Hollander. The Wheel of Retailing [J]. *Journal of Marketing*，1960，25（1）：37—42.

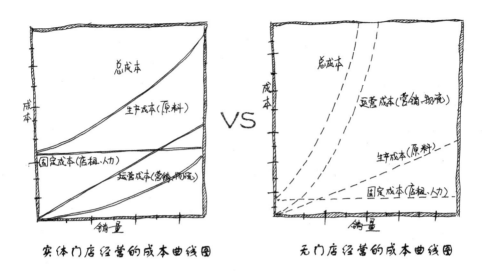

实体门店经营的成本曲线图　VS　**无门店经营的成本曲线图**

　　我们可以通过经济学分析来说明呆鹅早餐和西木良伴的失败原因。以上两个图，是快餐型产品采用实体门店/无门店经营的成本曲线图。总成本是由固定成本、生产成本及运营成本构成，无门店经营可以节省大量固定成本（店面租金），但是需要支付较高的运营成本（推广和物流费用）。

　　当把总成本摊分到每个产品，计算平均成本时，就能看出无门店和实体门店的区别（见下图）。由于单件物流及营销成本太高，而早餐及凉皮的单价太低，导致无门店型经营者难以把成本控制到销售价格以下；而实体门店经营者则可以通过门店招揽客户的低营销成本方式，通过较大量的客单摊分固定成本，从而获利。

　　如果销售"叫个鸭子"这种高单价商品，情况会有所改善。高客单价有助于减少物流及营销成本的影响，在下页右图中标注①的范围，无门店型经营者可以获得利润。但是，由于无门店模式的变动成本上涨飞快（主要体现为拓展新客户难度大），其销量发展空间并不大。

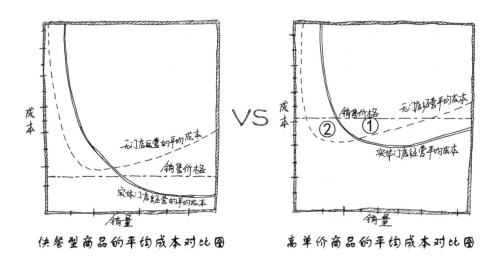

快餐型商品的平均成本对比图　　　　　高单价商品的平均成本对比图

那么，按照经济学推论，什么情况下无门店餐饮才能比实体门店经营状况更好呢？当面向客单价更高的小众需求时，也许会存在机会，即右上图里面②的范围内。私人派对、企业冷餐会等外卖餐饮需求，就是一个典型的例子。

"互联网+" 不减门店

由于难以实现低成本，进而采用低毛利、低价格对传统零售业态进行快速进攻，垂直餐饮的"去门店化"之路并非一帆风顺。但是，如果仅将餐饮O2O作为实体门店的一种有益补充，无疑是利大于弊的，从地面飞向空中的"哈哈镜鸭脖"可以给我们启示。

2011年12月，演员刘诗诗把买来的几盒哈哈镜鸭脖放上微博时，让这个品牌瞬间成为若曦粉们的头牌零食。实际上，这个小小的鸭脖生意，早在2003年就已经在簋街开业。2012年，哈哈镜开始试水O2O。

当哈哈镜启动O2O业务时，它在全国有超过2000家门店、在北京有1800家销售点。这些据点，是它通过O2O实现销量增长的有利条件。它将线下加盟商变成配送点，使平均配送距离大幅缩短。而为了减少配送时间，当客户在哈哈镜的 App 或微信下单后，订单会推送给周边门店抢单，从而实现 15 分钟内就送货。

为何哈哈镜的 O2O 能够做得起来？我们仅考虑跟实体门店密切相关的实物交互环节：哈哈镜的客单价在 50 元以上，物流成本不算过重；大量配送点＋竞争抢单的方式，则解决了库存仓储、配送路径、配送时间等问题。这些都是呆鹅和西木良伴无法解决的痛点。

呆鹅和西木良伴们试图从天而降，冲进外卖 O2O 领域。而哈哈镜走了地面升空之路：基于庞大的线下渠道，拓展线上的 O2O 经营，它实现"互联网＋"了，但是并不是"无门店"。

就目前看来，哈哈镜的餐饮 O2O 是很成功的。但是，它的线上销量其实只占全公司销量的 20％。正是依托 80％ 的实体门店销售，才为哈哈镜带来了20％ 的无门店销量，哈哈镜 O2O 的成功，很大程度还是依赖线下实体店的资源整合。

因此，一个拥有传统渠道的餐饮企业来实现"互联网＋"，要远比一个凭空而生的互联网思维餐饮企业，走得更加稳健。

我们不妨跳出熟食领域，扩展到生鲜领域看看其他 O2O 的渠道案例。

2013 年年底，三名中国人民大学毕业的上班族饱受晚餐之苦，决定以互联网的形式在地铁口创办一家半成品净菜的实体店。2014 年 3 月，"青年菜君"回龙观店开始营业。至此，北京青年白领们的晚餐问题开始有了新的解决方案——在网站预定，在回家的路上把半成品生鲜带走。

作为一间互联网创业公司，"青年菜君"采用的是"有门店"而非"无门店"的方式。

创业之初，"青年菜君"对生鲜行业进行研究，发现了两大困局：

（1）如果采用即时销售方式，由于货品的需求不可控，且半成品生鲜保质期短，会导致大量的库存损耗；

（2）如果采用送货上门形式，冷链配送会成为难点。"最后 1 公里"宅配的物流成本非常高，这个问题与前述的餐饮 O2O 困境一样。

因此，"青年菜君"设计了以下商业模式：

（1）信息交互和资金交互在线上完成：用户通过互联网提前预订菜品，解决销售环节的损耗问题；

（2）实物交互在实体门店完成：在地铁口开设取货门店，在社区便利店建立自提点，解决冷链宅配问题。通过线上与线下各司其职，在信息交互、资金交互、实体交互方面发挥所长。

如果采用上述商业模式，"青年菜君"确实是如同创始人所说"用互联网的方式改造传统行业"。但是，这个模式真的靠谱吗？实体门店的租金并不便宜，但它有两个附带价值：吸引过路客的价值、贴近客户住处的"最后 1 公里"价值。如果只靠互联网下单、引流，而无视这两个附带价值，是对成本的巨大浪费。

因此，运作了一段时间后的"青年菜君"，既在门店内进行现场销售，也提供送货到家的服务。于是，创业之初的两大困境终究没能回避掉，它们又回来了！

那这两个困境应该如何解决呢？"青年菜君"最终采用了非常传统的做法：以招商加盟的方式，通过大量的门店扩张进行区域覆盖，以取得规模优势。

经过一年多时间的探索，"青年菜君"如今终于找到了稳定的经营模式。但是，这个模式并没有那么互联网，更像是一个线下的生鲜连锁品牌，只是它仍然保持着互联网预定的服务。

那么，生鲜商业的未来必须走上这条"互联网＋"的道路吗？

如果你在 2015 年到过广州，会发现广州街头如雨后春笋般出现了许多"钱大妈"生鲜超市，甚至在一个街区内有 3 家之多。截至 2015 年 6 月，"钱大妈"已经在广州、深圳、东莞等地建立起将近 80 多家专卖店。

钱大妈所面向的需求与"青年菜君"类似，都是让客户顺路带走晚餐所需的生鲜。不过，与"青年菜君"有所不同的是，它走了一条无互联网的传统道路：从前期开始就实行统一供货、加盟运营，通过加盟店快速扩张，广泛布点覆盖城市每个高档小区，信息交互、资金交互、实物交互全部放在线下实体店进行。

为了解决库存损耗的困境，同时吸引客户到店，钱大妈的店面每天19：00开始打折，每隔半个小时降1折，直至免费派送，以此确保零库存过夜，并让客户留下"不卖隔夜菜"的印象。

一个加盟品牌，如果不能让加盟店有稳定的利润，就难以持续发展。经笔者了解，加盟店在销售产品时，实际上达不到钱大妈号称的30％毛利率，如果当天销量不足，19点后又必须降价，毛利率还会更低。要以不高的毛利率来弥补人工、租金等成本，加盟店需要更大量的销售机会。

销售机会在哪？也许就在"互联网＋"。如果钱大妈拓展互联网销售，通过网络预定和送货上门，再增加25％的营业额，或许就可以让加盟店活得好些。

因此，面对同一市场需求，无论从互联网领域进入，或者从传统领域进入，最终可能殊途同归，终点都在"门店＋互联网"。

"门店＋互联网" 的未来

无门店的"呆鹅早餐"和"西木良伴"，最终倒在了引流和物流的双重困局上；选择高客单价产品的"叫个鸭子"，如今维持着小规模运营，但无门店方式终究难以做大。

充分借助实体门店进行O2O的哈哈镜，走得比呆鹅和西木良伴更远，并通过O2O带来的销量增长反哺了实体门店。

雄心勃勃的"青年菜君"从互联网而来，最终变成以实体门店为主、互联网为辅的商业模式；传统模式的"钱大妈"扩张迅猛，但内有忧患，未来需要"互联网＋"来提升销量。

综上，第一，实体门店在吸引客流、实物交互、客户体验方面仍有着重要作用，盲目砍掉门店，可能会导致营销、物流等成本的大幅增加，甚至入不敷出；

第二，随着市场竞争的加剧，行业利润的进一步挤压，"互联网＋"是实体门店销量不可或缺的销量增长源。

因此，餐饮业的未来，就在于"门店＋互联网"的结合，让门店和互联网在信息交互、资金交互、实物交互方面各司其职、发挥所长，获取每一个销售机会。这一观点同样适用于其他行业，例如洗衣店、便利店等。

7.2 踏上实地的电商

互联网电商的细分

自从 2003 年淘宝网成立后，零售电商行业就以一种疯狂的速度扩张。到了 2014 年，中国零售业电子商务销售额已经达到 4262 亿美元，每 100 元的零售交易中就有 10 元发生在互联网上，占比 10.1%[1]。在零售电商初步发展的 2005 年，互联网零售占比只有 0.3%[2]。10 年间，互联网消费占比提升了

---

① 199it. eMarketer：2014 年中国零售业电子商务销售额将达到 4262.6 亿美元［EB/OL］.（2015-01-09）［2016-03-02］. http：//www. 199it. com /archives /318558. html.

② 2005 年，国内零售业电子商务销售额为 193 亿元（iResearch 数据）；国内社会消费品零售总额为 68353 亿元（国家统计局数据）。

30 倍。

零售电商主要有三种模式:

(1) 平台电商:以淘宝和天猫为典型代表,提供一个广泛的交易平台,让买卖双方互动;

(2) 综合电商:以当当和京东为典型代表,做全方位的综合电商,既有自营产品,也有第三方产品;

(3) 垂直电商:聚焦某一具体领域,例如酒仙网是酒类的垂直电商,麦乐购是母婴类的垂直电商。

平台电商和综合电商都需要大量的资源和资金沉淀,而且淘宝、天猫、京东、苏宁易购等已各自割据一方。因此,对于初创企业或传统企业而言,市场机会主要存在于垂直电商领域。过去 10 年,当大众渐渐习惯于"买买买"时,垂直电商也随之蓬勃发展。

如今,你在"血拼"时可能会想起很多垂直电商品牌:买坚果会想起"三只松鼠",褚橙应该在"本来生活"买,想要一瓶精油就先到"阿芙"看看,成人用品最好查查"春水堂"……这些品牌,有的自建网站、有的在天猫等平台设立旗舰店,它们都凭借互联网经营在自己的垂直领域里打下了一片天地。

观察上述提到的几个垂直电商例子,它们还可以进一步细分为两种:

(1) 单品类门户:企业经营的是流量入口,商品及其品牌由供应商提供。例如"本来生活"会卖褚橙,也会卖 EDO 薯片;"春水堂"会卖杜蕾斯的产品,也会销售一些纯自营的产品。

(2) 自营品牌店:企业经营的是商品供应、品牌建设、流量入口等全流程。例如"三只松鼠"销售的坚果都是自有品牌;"阿芙"精油卖的也都是自营的产品。

作为流量入口的"单品类超市",它所承担的更多是互联网分销渠道的作用;而作为覆盖产业链全流程的"自营品牌店",它跟线下传统品牌同样贯穿产和销，具有天然的竞争关系，例如"三只松鼠"和"好想你枣"除了线上和线下的区分之外，商业模式其实非常类似：生产商品、打造品牌、寻找销售触点、完成销售过程。

我们把目光聚焦在互联网的"自营品牌店"，分析网店和线下门店之间的关系。在讨论之前，我们需要明确"自营品牌店"的定义范围。"自营品牌店"分成独立建站和入驻平台两种方式：前者的例子是野兽派花店，具有自己的独立网站；后者的例子是"三只松鼠"，在天猫开旗舰店。上述两种实现方式关系类似于"在购物商城开店"和"在街铺开店"的关系，并没有本质区别。

男装典范的陨落

爱美是人之天性，在电商领域中，服装零售领域一直最受客户关注。在每一年的电商品类份额排名之中，服装鞋帽类的份额一直排名第一，用户购买率达 76%。然而，这个领域竞争也最为激烈。许多曾经赫赫有名的互联网时尚品牌，如今早已消散在历史之中。

2004 年，一名美国海归踏上了回国的旅程，他在美国的职位是从事邮购和网络直销的服装公司 Land's End 的亚太地区采购部副总裁。这段从业经验对他影响巨大，并最终给中国服装市场带来显赫一时、最终却空余骂名的品牌 PPG。

这位海归名叫李亮，他在回国的一年里发现了巨大的商机：当时的国内知名服装品牌都还在花费重金建设分销渠道和实体门店，而他的老东家 Land's End 早在 1995 年就开始尝试用采用网络进行销售，如果把这一模式照搬到国内，就能节省大量渠道成本，迅速抢占市场，收获利润。

于是在 2005 年 10 月，李亮创建了 PPG 服饰有限公司，专注于男式衬衫的生产与销售，中国服装行业历史的新一页就此翻开。谁都不会想到，在此后的 3 年里，PPG 会走过犹如过山车一般的历程，而它的跟随者们在后续的多年间仍然继续着同样的故事。

产品的切入口，是牛津纺衬衫。这一当时尚未在国内流行的细分品类，具有丰富的文化内涵，其标准化的生产也可以支撑面向中低端客户的低定价。

不要实体销售门店，节省了 50％～70％的渠道成本，通过网站直销以 99元的超低价打动市场；不要工厂，全部采用 OEM 代工模式生产，这种轻资产模式可以快速提升产能。在整个商业模式中，PPG 只负责产品设计、仓储和市场推广，轻装上路。一切都特别美好，PPG 创业当月就已经售出了 7000 件衬衣。

据说，创业初期的 PPG 在《青年报》上投入 1 万元广告，销售额会提升1.5 万元；在《地铁风》上投放 9000 元广告，销售额会提升 1.8 万元。[①] 广告可以转换为收入，进一步转换为利润，PPG 认为这是一个非常稳健的获利模式，于是开始增加广告方面的投入，大幅拓展市场。

寻求风投资金—投放广告—获得销售量—再寻求资金……PPG 进入了这样的循环。渐渐地，《青年报》《地铁风》这些目标客户精准的媒介，由于受众数量太少，已经无法满足 PPG 对销售增长的需求，于是它开始做更大、更贵的广告。

请吴彦祖当代言人，在电视上喊出"YES! PPG"的口号；一线城市的公交站牌、地铁广告，被 PPG 抢占……随处可见的 PPG，广告费用的投入越来越高，PPG 曾宣扬，2007 年至少要花掉 2 亿元做广告，要知道当年中国广告业市场规模总量还不足 2000 亿元，也就是说，PPG 这个创业型的公司竟然买下了全国千分之一以上的广告，并依托这些广告快速攀上了行业前三甲。

---

① 新浪. 警惕！商业模式"狂热症"[EB/OL]. (2008-09-16) [2016-03-02]. http：// tech. sina. com./i/2008-09-16 /19532459150. shtml.

投放广告，需要大额的资金；向风投寻求资金，需要做出漂亮的增长曲线；追求销量快速增长，需要大量投放广告。然而，广告投放的边际收益是递减的，极大量的广告投放成本使其不可能维持高收益率。原本的良性循环变成了无法解开的死锁。PPG 开始拖欠供货商的货款，用来支付广告费。

PPG 的轻模式非常适合创业公司，但也有巨大风险：模仿门槛极低。原本服装直销市场是 PPG 一家独占的蓝海，但 PPG 创造出的神话让无数服装业甚至外行人红了眼，2007 年下半年，宝鸟、凡客诚品以及无数的竞争对手争相涌入了这一行业。

蓝海变成红海，最直接的结果有两个：

一是价格战，99 元的价格被打穿，68 元甚至更低的产品出现了，PPG 被迫以 3～5 折的特价迎战，销售额拦腰砍半；

二是广告效率进一步下降，面对各种同类的衬衣品牌，消费者不再像最初那样容易感到惊喜。

根本停不下来。被捆绑在命运之轮上的 PPG，没有任何方式可以脱离"投放广告—销量增长—寻求投资—投放广告"这一循环，而红海的到来，让"投放广告—销量增长"之间的环节彻底断裂。终于，之前遗留的所有问题同时爆发，风投不再提供资金，供应商追欠并停止供货，PPG 无力继续支付广告费。

2008 年年底，李亮不顾 PPG 的众多欠款，把公司账上最后的 2000 多万元转移到美国。不再有新的订单，不再有供应商为 PPG 生产，高管团队纷纷离去，服装电商最初的神话，就此陨落。

人类总是盲目自信，以至于历史总是在不断重复。在过后的数年，一系列的时尚垂直电商公司走上相似的道路，又走向相似的结局，其中包括：凡客诚品、乐淘网、酷运动、袜管家、初刻……以至于乐淘网的 CEO 毕胜甚至语出惊人："垂直电商就是一场骗局。"下面的成本及毛利饼图来自于毕胜算的一笔账，或许已经足够说明问题：你卖出一件 100 元的产品，其中就有 51 元要花在运营上①。

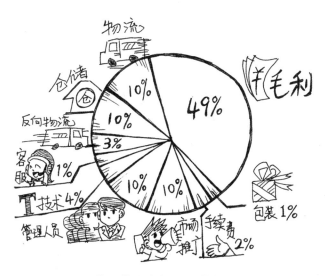

毕胜算的成本及毛利饼图

如果你不能获得 50％以上的毛利率，就注定要亏本。而 50％的毛利率，在红海市场中并不容易。

线上摔倒，线下翻身

很少有人知道，有一间巨头级 T 恤工厂隐藏在广东佛山。金红棉，一个不为消费者所知的企业，在过去十几年的代工历程中，垄断了国内一线品牌 T 恤之中 80％的订单，也接到过阿玛尼的贴牌生产订单。②

2010 年，金红棉回顾多年的代工生产经历，找到一个转型的机会：自己代

① 虎嗅. 毕胜：我是失败的，但我毕业了［EB／OL］.（2012-08-03）［2016-03-02］. http：//www. huxiu. com /article /2328 /1. html.

② 南方日报. 阿科登：服装"隐形冠军"的"轻"转身［EB／OL］.（2012-11-02）［2016-03-02］. http：//epaper. southcn. com /nfdaily /html /2012-11 /02 /content _ 7138532. htm.

工的高档衬衣以 200 元价格销售给一线品牌，竟可以被卖出千元以上的高价！如果公司建立网站，直接向最终客户销售，不就可以获得更多利润了吗？于是，一个全新的男装电商品牌——阿科登诞生了。

"那时，我们是服装创业企业中的'富二代'。"阿科登的老板这么说过。

确实如此。在那个年代，多数互联网服装创业公司，都是揣着百万资金跳入行业的，即使是凡客诚品也只有 1000 万元的启动资金。而阿科登的启动资金，有将近 1 个亿元人民币。

那时的创业团队想得很简单，做互联网电商，不就是做个网站而已吗？我们要做就做最好的！2011 年，他们聘请 IBM 团队，花费过千万元资金，建立起自营的独立品牌电商网站及全套运作后台。

有了网站，还需要设计师、运营人员……于是，上百人的庞大团队建立起来了。要销售，得提前准备库存。阿科登直接投入 3000 万元现金，生产了大量备货。

2011—2012 年，阿科登一共花费超过 5500 万元的成本，然而，市场却给了这个初生的品牌一个巨大的打击：2012 年的总营收不足 400 万元，在极端萧条的日子里，阿科登的日销量甚至不足 10 套。为什么会出现这种困境？

第一，失误的定价。

阿科登的衬衣生产成本平均在 150 元，创始团队认为，互联网没有渠道成本，适合走低价竞争路线，因此只叠加了 50％毛利作为定价。

实际上，服装行业由于竞争激烈，市场成本相当高。费用控制能力最强的 ZARA，也要保持 60％的定价毛利率才能盈利。更多服装品牌则需要 80％的定价毛利率。

80％和 50％的定价毛利率，意味着什么？用具体数据说明可能更容易理解：一件成本为 150 元的衣服，大多数服装品牌必须卖 750 元才能盈利；而阿科登，以 300 元就卖出去了。

需要特别注意的是，50％只是定价毛利率，而不是实际毛利率。由于互联网渠道的销售远远不及预计，而公司的仓库早已被过量生产的服装堆满，阿科登开始打折，以199元的价格销售商品，这时的实际毛利率，仅为25％，每件毛利只有49元。

第二，引流的无力。

当初的创始团队，认为互联网的事情就应该在互联网解决，因此并未大规模投放广告。实际上，这也是符合当时大多数人的想法的。在那个年代，PPG过量投放传统广告导致死亡，而凡客诚品依赖互联网引流正做得风生水起。

然而，作为独立电商网站，缺少大规模广告的阿科登引流能力其实很差。2012年，获得一个客户访问量的成本大概是0.4元，已经远高于凡客诚品创业之时。而没有先打响知名度的阿科登，客户销售转化率更是远低于2％的同行平均水平，这一切都导致极高的单客户获取成本（到了2015年，服装行业的单客户访问成本已经涨到2元，行业环境更加严峻）。

创始团队也试图建立天猫旗舰店，从电商平台获取流量。但是，天猫上仅服装商家就有8000个，阿科登能够获取的流量仍然是杯水车薪。

大量资金投入进去，却几乎没有产生销售额。2012年年底，阿科登已经濒死。在遭遇互联网挫折之后，阿科登挖角IBM资深顾问陈子聪担任项目操盘手。他在中山大学获得了电商领域相关专业的博士学位，并在IBM多年从事电商研究。接手阿科登时，他向公司董事会提出两个要求：第一，必须拓展线下门店，实现线上线下的渠道联动；第二，必须提升档次，拉高零售价，确保毛利率足以支撑市场费用。

于是，一系列的改革举措开始了。阿科登陆续在全国各大购物广场，建立起13个旗舰店和折扣店，并在互联网进行对应的设置：第一，独立电商网站和天猫旗舰店与实体旗舰店同款同价，并实现交叉宣传；第二，淘宝C店与实体折扣店同款同价，并分别对应宣传线下和线上旗舰店。

2013 年，阿科登起死回生，并持续保持着 200％以上的年增长率。如今的阿科登定位于千元级的高端时尚男装，通过互联网与实体门店的互动，将品牌传递给消费者。它的线下销售占比已经达到 60％，不再是一个唯互联网的电商品牌。

当互联网的品牌们逐一散去，成功降落地面的阿科登仍然稳健地发展着，暂时没有性命之忧。

让我们把眼光转向女装领域，看看服装电商之中公认的成功者：天猫女装 TOP 10 中仅有的两个纯互联网品牌——韩都衣舍和茵曼。它们都做过同样的事情：开门店。茵曼启动了代号为"千城万店"的 5 年计划，大举开展线下布局①；而韩都衣舍也早在 2012 年就在山东试点开设实体门店。

落地生根，才是互联网服装的涅槃之道。

线下崛起， 线上延伸

如果说阿科登的互联网伤痛来自于渠道引流，埃沃的互联网伤痛则来自于客户体验。

在 PPG 们肆意掠夺观众眼球的 2007 年，几个年轻人凭借着宝洁的市场经验，创办了埃沃——专注于时尚定制的男装电商品牌，他们希望用定制颠覆传统成衣市场，让私人定制随手可得。然而，当花费数月打造完成电商网站之后，埃沃被市场的现实泼了一盆冷水，瞬间醒悟。

埃沃的最大卖点是量体裁衣，保证每件衣服都合乎客户的身形。而互联网由于物理时空的限制，根本无法为客户提供专业的量身服务，这使得本身极好的一个商业概念，在实际体验中化为乌有。即使是到了现在，部分品牌在尝试进行线上量衣时，也只能采用视频教学的方式，请客户自己量出数据，这种复

---

① 胡晶. 茵曼的新"＋"法 [J]. 纺织服装周刊，2015（22）：49.

杂度让客户望而却步。

除了量体裁衣这一过程无法实现，我们还可以进一步讨论网购服装的局限性：

（1）颜色及款式的误解：相信多数人都有过"看上去很美"的网购经历，显示器与实物是有色差的，而通过照片展示的款式，也会由于拍摄角度等问题，不能清晰地展现。

（2）尊贵感的现场服务：顶级品牌服饰的购买者，与实体门店之间往往不仅是购买者与销售者的关系。门店可以成为会所，成为尊贵客户娱乐休憩的场所；门店的客户经理，会成为服装顾问和导购，为尊贵客户提供专业意见并挑选商品。这些附加值都难以在互联网上实现。

因此，网购服装往往只会成为低价、性价比高的象征。

发现互联网局限的埃沃，迅速开始线下门店的拓展。凭借着前期对量体裁衣的标准化流程的塑造，门店的发展状况良好，花费了 8 年时间，成为一间拥有 100 多家门店、年销售额达 1 亿多元的服装品牌。初创之时建立的独立电商网站，早已被抛之脑后。

然而，这样一家拥有互联网基因、从空中着陆的企业，真的愿意从此驻足地面，不再飞翔吗？

当"互联网＋"的浪潮袭来时，埃沃已经谋划再次升空。它以一个量衣 O2O 的 App——"易裁缝"，承载起升空的野心。

埃沃的 CTO 胡日升向我们讲述了他构想的升空路径。这名 IT 男曾就职于宝洁，又在男装行业浸淫多年。

如今，埃沃所面临的难题是如何提升单个门店的销售额。纯粹依靠实体门店的经营，已经难以获得销量的规模增长，因此它将眼光再次放向互联网，寻找两方面诉求：

（1）通过便捷服务，提升初次购买率：通过上门量衣，覆盖更多人群，以此获得更多的新客户。埃沃的量体裁衣，购买流程很长，需要较长的量身时间，如果客户有非常精准的要求，还需要二次到店进行微调，这些门槛都成了提升初次销售转化率的阻碍，上门量衣则有助于减少客户的麻烦。

（2）通过产品展现，提升重复购买率：依托手机应用，展现不同要素搭配下的服装。定制服装的特点，是颜色、细节均可自由搭配，但实体门店无法储存所有可能的搭配款式，只能依据基本款式辅以客户的自行想象。通过手机应用的实时生成效果，可以给客户提供更形象的直观感觉，从而促使已有量身数据的客户再次购买。

与初创之时不同，埃沃并不需要把收入、利润、客户数之类的重担压在这个空中战场上。升空，只是借助信息手段优化客户体验，让自己在地面过得更好。

其实，在埃沃之外，许许多多的男装品牌早已向着天上飞去，开始了空中大反攻。

我们来数数 2014 年 11 月天猫男装 TOP 10 的品牌①：杰克琼斯、战地吉普、马克华菲、恒源祥、太平鸟、GXG、罗蒙、海澜之家、七匹狼、劲霸。

逐个看去，除了战地吉普以外，其余名牌全部都来自线下。其实，自从 2012 年开始，线下品牌就已经占据天猫男装 TOP 10 销售额的八成，纯粹的互联网男装品牌，大多已被挤出前列。

传统的线下企业具有被客户接受的现场品牌及价格体系，走向互联网其实不难：在定价方面，商品的价格早已被大众认知和接受，无须采用降低毛利率的低价方式抢占市场；在流量方面，借助现成的品牌知名度，可以获得一部分天然的主动流量，并提升到店客户的购买转化率。

当线下品牌大肆入侵互联网时，土生土长的互联网品牌们，显得没有多少优势。

_____

① 选择 11 月是因为包含"双十一"，数据较具典型意义。

终将降落的纸飞机

对于前文所提到的互联网男装品牌案例，我们看到三种类型的企业：

PPG等一系列时尚垂直电商企业依托大量的推广费用获得了市场的认可，但是始终无法获得高于线下渠道的成本使用效率，当红海到来、价格战开始、引流成本增加时，泡沫就破灭了。

传统企业转型而来的阿科登初期无视互联网高昂的营销费用，盲目投资致使大量亏损，后期走"线下门店＋互联网"的结合之路，终于成功翻身。

拥有互联网基因的埃沃从发展线下门店起家，并借助互联网的优势助力线下门店运营，这种以线下为根基、渗透进入互联网的方式已成主流，挤占了纯互联网品牌的空间。

互联网的初创企业们，犹如蓝天下的白色纸飞机，轻灵、自由而奔放，向着童真年代那个改变世界的梦想飞去。

然而，纸飞机又是如此脆弱、不堪一击，一阵狂风就会将它吹散。

所以，着陆吧，在温暖的大地上化身为小小的蒲公英，等待长大的那一天，让种子乘着狂风飞向远方。

7.3 无法割舍的分销

不新鲜的 "无分销"

在互联网电商刚刚兴起之时，很多人欢呼着"渠道为王"的时代已渐行渐远，过去被渠道商层层压价，以至于利润递减的时光，似乎已经一去不复返。

互联网有着无上限的货架、无门槛的信息流，似乎预示着一种全新的商业模式到来——无分销经营。无分销经营也即直销，真的是一种全新的商业模式吗？

姜太公出山之前，曾经"屠牛于朝歌，卖饭于孟津"。《周礼·司市》记载了那个年代的墟市场景："大市，日昃而市，百族为主；朝市，朝时而市，商贾为主；夕市，夕时而市，贩夫贩妇为主。"当姜太公在朝歌墟市贩卖牛肉时，考虑到当时的市场环境和屠牛的产量，我们有理由认为他就是一个直销型的卖方。

为什么姜太公不需要分销渠道？我们用三个交互（信息交互、资金交互、实物交互）来分析，古代墟市已经满足了销售过程中的所有交互行为：

（1）信息交互：供应商和购买者都知道，想要买卖东西，就要"赶集"，于是墟市成了集中的信息交互场所，姜太公的牛肉质量及价格信息都可以明确传递给全体客户，客户的购买量也已当面告知姜太公；

（2）资金交互：当"以物换物"升级为"现金等价物"之后，姜太公在墟市上当面收到牛肉的货款，不会存在任何资金交互问题；

（3）实物交互：货品在墟市上当场交易，姜太公把牛肉的所有权和使用权现场交给客户，同样不存在问题。

也就是说，当一个供应商只在一个城镇进行销售时，墟市完全可以满足交易过程的所有交互行为。而古代生产力不强，多数供应商也难以提供超出单个城镇的商品供应量。姜太公屠牛，难以同时满足数个城镇的牛肉需求。

然而，我们不妨假设姜太公会使用法术，日屠百牛并做成几十吨肉干，准备销往所有邻近城镇，此时直销还适合吗？

同样要面对三个交互问题：

（1）如何将信息告知给其他城镇的买方？

（2）资金如何回收并防止各种回款风险（如回款周期慢）？

（3）实物如何交付给买方？

在古代的通信和交通条件下，如果姜太公派驻自己的雇员到每个城镇驻点卖肉干，被卷款潜逃的风险很大。

面对邻镇市场，姜太公的最佳方式是：把牛肉干以较低价格批量卖给邻镇商人，由各镇商人负责自己镇上的销售，并赚取差价。于是分销渠道出现了。

如果供应商所面对市场领域内，信息是完全互通的、资金与实物交割是无门槛的，那么直销完全可以满足交易需求，无须分销渠道；反之，如果信息互通难度大、资金存在周转及风险门槛、实物存在时间距离门槛时，分销渠道就有存在的意义。

反观电商发展之初的卖家狂欢：

（1）由于淘宝店较少，同一品类的供应商不多，交易信息的互通不存在问题；

（2）由于支付宝的存在，交易没有周转问题和风险问题；

（3）由于物流配送的存在，大多数实物交互也不存在问题。

因此，初期的互联网电商，确实非常适合直销，并造就了许多以淘品牌为代表的无分销企业：七格格、植物语、飘飘龙、麦包包、绿盒子……互联网直销节省了渠道费用，可以为品牌商带来更多的利润。

不过，随着互联网的快速发展，淘宝、天猫的卖家越来越多，信息量不断增长、冗余、过剩，客户已经不能像逛集市一样看完淘宝上面所有的商店和商品。为了让客户能够注意到自己的品牌，淘品牌们需要购买置顶位置、投放首页广告。当广告费占比大于分销渠道的返点时，分销模式的盈利能力就会超过直销。

如今，互联网交易信息贫瘠的电商红利期已过，互联网推广费用不断抬高，新晋淘品牌已经大幅减少。

其实，除了费用方面的考虑以外，互联网直销模式还有其他的优点。例如卖坚果的"三只松鼠"，就从库存管理、产品质量的角度考虑，选择了无分销模式。

2012年，章燎原带着5个人在安徽芜湖创建"三只松鼠"品牌，从此江湖留下松鼠老爹"章三疯"（章燎原的绰号）的传说。

从2013年开始，"三只松鼠"一直是坚果行业的全网第一。我们不赘述松鼠老爹的成功历程，只讨论"三只松鼠"对无分销模式的坚持。松鼠老爹执着地认为，要保证坚果产品的品质，就要缩短与消费者的距离，而分销必然会增加流通环节，会破坏产品的新鲜度，进而影响消费体验。并且，为了满足全国的商品配送，"三只松鼠"建了很多低温仓储仓，并自建物流发货，保证新鲜度。

在"三只松鼠"的例子中，他们考虑的是实物交互问题。分销商是以赚取价差为目的的，不会在品牌经营和商品质量方面下过多的功夫，并且在仓储配送方面不够专业，无法满足"三只松鼠"在实物配送方面的高要求，因此松鼠老爹选择了直销模式。

下面，我们将深入讨论手机市场中直销与分销的利与弊。

手机分销的 "罗生门"

作为金山软件的前总裁、知名天使投资人，雷军在 40 岁生日后，终于重新出山，凭借智能手机的浪潮试图再次奠定自己的江湖大佬地位。2010 年 4 月，小米科技成立。

一个创业企业从零开始，4 年就达到国内手机年销量第一的位置，也许已经是我们这个时代最杰出的创业者。

小米初期的引爆和成功，可以归结为多方面原因：互联网电商的红利期、出色的社群营销能力、通过预购实现配件期货采购……

但是无论如何，引起大量客户的兴趣并最终购买，才是小米的成功里面最不可缺的一个模块，而这个模块，来自超出客户预期的超低定价。

在小米 M2 发布后，摩根士丹利发表了《半价的苹果》(*A Half Priced iPhone in China*) 一文，分析出小米 M2 的制造成本约 1700 元[①]，并用配置类似的 HTC ONE X 作对比。我们同样用这两款手机进行比较，做出小米 M2 全生命周期的成本与售价图，进而讨论小米为何如此吸引人。

从经济学获取最大化利润的角度，传统厂商为了获得最大的消费者剩余，会在上市之初定出高价，然后随着生命周期逐步调低价格。以 2012 年 4 月上市的 HTC ONE X 为例，上市价格为 4699 元，然后逐步走低；8 月份小米 M2 发布时，HTC ONE X 跌至 2999 元，10 月份小米 M2 首轮销售时，HTC ONE X 报价为 2750 元。

而小米则以明显的价格优势吸引客户。可以认为，传统厂商是利润导向的，而小米是规模导向的。

---

① 网易科技. 摩根士丹利发布报告：小米 2 物料成本为 272 美元 [EB/OL]. (2012-08-27) [2016-03-02]. http: //tech. 163. com /12 /0827 /11 /89TL4V7N00094MOK. html.

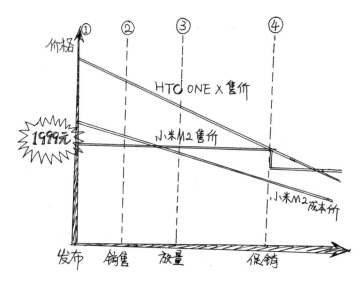

小米 M2 全生命周期成本与售价图

小米手机的低价策略可以分成 4 个环节：

（1）发布环节：当小米宣布 M2 定价 1999 元并开始预售的时候，相似配置的 HTC ONE X 还在 2999 元的高位价格，这一明显的对比，使小米 M2 迅速引爆，并获得大量的客户预购。此刻，小米是不能真的给客户供货的，因为成本价高于售价，如果马上供货会亏本。

（2）销售环节：当小米 M2 正式上市，并给预购客户发货时，它依然拥有低于竞品的价格，而此时成本价与销售价已经相差无几，小米 M2 的销售虽然不能获利，但是也不会亏太多。此时小米不会过多出货，因此市场上会有一种产品稀缺、买不到的感觉。

（3）放量环节：当成本开始低于售价时，小米开始放量供应 M2，这是整个产品周期里面最关键的时间段，是一个产品真正的获利期。

（4）促销环节：当竞品价格已经跌到小米 M2 的售价附近时，M2 已经再无价格优势，此时进入清货期，小米采用降价的方式出货，并推出新品。

由于渠道销售的属性不同，上述的小米模式，只能在互联网环境下实现。

传统厂商通过渠道铺货销售时，信息交互（主要是价格）、资金交互、实物交互是一次性同时完成的，而小米把信息交互、资金交互的时间提前，制造出超高性价比的感觉，并在成本合适的时间再进行实物交互，充分利用了互联网便于信息传递的特征。

然而，这一方式也有弊端，这一弊端造就了小米最大的罗生门——黄牛。由于小米产品在销售的全过程一直保持相对低价，从经济学角度看，买方存在大量消费者剩余。假定你不在意品牌，本来愿意以 2999 元买 HTC ONE X，这时差不多配置的小米以 1999 元进入市场，你买了一台，感觉自己"赚到了" 1000 元，这 1000 元就是你的消费者剩余。

有消费者剩余的存在，就有了黄牛存在的空间：如果你没抢到货而黄牛抢到了，以 2499 元卖给你，你还是觉得自己"赚到了"500 元。

由于黄牛的存在，各种版本的罗生门开始出现。有人说，黄牛里面的大牛，从倒卖小米手机中赚到了上千万元；有人说，小米可能故意压货给黄牛，从而制造稀缺的假象；有人说，小米的热销全部都是靠黄牛炒起来的……

对此，我们分析：

(1) 倒卖小米手机的黄牛确实存在，而且数量不少，因为在小米 M2 时代，北上广出现大量打着小米旗号的手机店，在其他手机店也有 M2 销售。

(2) 黄牛的存在，恰恰证明了消费者剩余的存在，更证明了小米当时的热销。黄牛追求快钱，抢到的手机一定会到达最终客户手里，不会压货。所以，即使没有黄牛，小米也可以完成同样的销量。我们曾经与小米市场部员工沟通过，小米确实一直在跟黄牛做斗争，并通过技术手段提升黄牛抢货的门槛。

如今，小米的市场占有率已提升到 14%，上面所述的互联网直销之路是否依然适用呢？

按照小米自己发布的数据，2014 年小米手机线上出货量仅为 57%，超过四成的手机通过线下渠道出货（数据来自赛诺市场趋势预测）。

小米的线下分销主要由两块构成，一是运营商渠道，二是进入普天通讯、爱施德这些老牌的手机分销平台。笔者向各大连锁渠道了解过门店所售的小米手机进货渠道，均为分销平台供货。

为什么小米必须走到线下？其一，客户增长带来的属性变化。在小米 M2 及之前的时代，小米手机的目标用户群主要是那些喜欢跑分刷机的"发烧友"，他们为小米的低价而欣喜若狂，小米为他们带来大量消费者剩余。而如今小米面对的大量客户，是更加务实的普通消费者，他们只想购买一台 2000 元左右的、看上去不错的手机，对高配置之类并不感冒。这些客户认为小米 M2 的竞品是其他 2000 元手机，而非 2999 元的 HTC ONE X，小米 1999 元的定价无法使他们获得消费者剩余。因此，前面论述的低价引爆模式，对市场扩张后的小米而言并不适用，如今的小米，调价的次数和频度比以往任何时候都要更猛烈。

其二，电商份额的极限。如今手机销售的电商份额已经达到 20％，过去每年 50％～80％的手机电商销量年增长率，在 2015 年骤降到 26％，已经可以看见市场的天花板。同时，荣耀、大神、努比亚等传统厂商的互联网品牌也在不断袭来。小米要想在目前 14％的市场占有率下进一步突破，只能冲进实体渠道，跟传统厂商在线下一决高下。

随着小米不断壮大，它也开始向传统厂商靠拢，我们未来将会看到小米的线下销量占比不断提升。无论小米公司承不承认，线下渠道已经成为小米手机"看得见"的有力延伸。

不仅是小米，贾跃亭的乐视也面临同样的困境。

致力于打造完整视频生态系统的乐视，在其第一代智能电视 X60 的发布会上把"去渠道化"作为其拥抱互联网的主要特征之一。然而，到了 2015 年 5 月，乐视电视已经宣布将在全国 15 个城市召开"超级合伙人"招募大会，并预计年底线下 LePar 网点达到 3000 个。

原因其实不难解释。2014 年，中国智能电视销售量约 3000 万台，乐视的市场占有率为 5％左右，约 150 万台。① 而目前国内彩电销售的电商份额仅 18％②，乐视希望 2015 年出货 400 万台，这个目标完全无法单靠互联网完成。乐视在 2015 年上半年的出货量仅为 100 万台，实施线下分销战略，已经成为必然。

其实，在近几年的手机市场上，小米并非唯一的赢家。

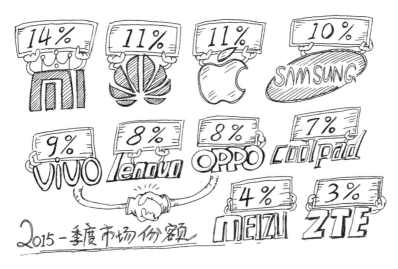

数据来源：IHS Technology。

2015 年第一季度国内手机销量排行

在 2013 年第一季度的国内手机销量排行榜上，OPPO 以 2.9％的市场份额勉强排进前 10 名，小米和 VIVO 甚至进不了前 10 名；到了 2015 年第一季

---

① 乐视. 2014 智能电视应用行业报告［EB/OL］. (2015-02-06) ［2016-03-02］. http：//www. 199it. com/archives/328082. html.

② 奥维云网（AVC）. 2014 年中国彩电市场年度报告："拼"［EB/OL］. (2015-02-11) ［2016-03-02］. http：//www. avc-mr. com/research/r1/p1/2015-02-11/1292. html.

度，走互联网路线的小米以 14％的市场份额稳居第 1，而走线下深度分销路线的 VIVO 和 OPPO 的市场份额也分别涨到 9％和 8％，名列第 5 名和第 7 名。

看上去，小米确实是第一。然而，手机行业有一个公开的秘密：VIVO 和 OPPO 师出同门，它们同属步步高体系。如果我们把 VIVO 和 OPPO 的市场占有率加起来，排行榜霸主位置会发生变更：步步高体系才是真正的霸主。

1999 年年初，段永平将步步高电子有限公司分拆成股权和人事相互独立、互无从属关系的三家公司，分别从事通信业务（由沈炜负责）、教育电子业务（由黄一禾负责）、视听业务（由陈明永负责），三家公司不互相持股，但是步步高的四位大佬（段永平、沈炜、黄一禾、陈明永）却作为个人股东在三家公司都拥有股份。

2002 年，步步高视听公司关闭，原班人马就地成立广东欧珀，推出 OPPO 手机；2011 年，步步高通信推出智能手机品牌，即 VIVO 手机。

因此，OPPO 和 VIVO 两家公司，在公司主体上没有任何关系，但是公司股东、高层员工、企业文化等方面却有着千丝万缕的紧密联系，甚至有媒体推测，OPPO 和 VIVO 在产品研发方面有一定的技术共享。这种"貌离神合"的关系，也解释了 OPPO 和 VIVO 在市场上的竞合关系：双方在一线市场相互打得不可开交，但在经营策略上却有着强烈的内在一致性。

在 OPPO 与 VIVO 出现之前，手机厂商基本都是采用传统分销的方式抢占市场。我们先用一个传统厂商的典型渠道体系，来分析传统分销渠道的三大关键角色。

1. 全国/区域代理商（National/District Distribution）

全国分销商直接从厂商进货，并通过分支机构向全国、下级分销商、零售商供货；区、省、小区域分销商从厂商进货，并向下级分销商或零售商供货。

代理商与厂商之间是批发关系。厂商向代理商压货，代理商全额付款，完全获得商品所有权、获得购销差价并承担商品滞销风险。

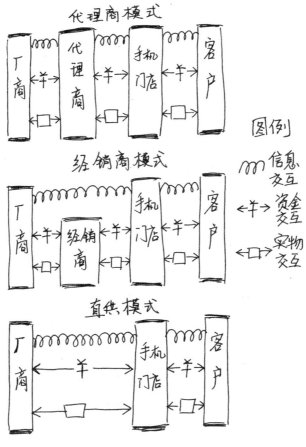

传统厂商典型渠道体系

2. 经销商 (FD/NFD，National Fulfillment Distribution)

经销商是一种辅助厂商拓展市场的角色，他们只作为资金和物流的平台获取佣金，销售层面由厂商的分区负责。

在此模式下，厂商负责向手机门店批发，经销商只负责过程中的垫资和物流运输，不承担商品滞销风险。

3. 直供 (Direct Retail Partner)

厂商直接向其零售合作伙伴（通常是全国或地区连锁店）供货。这种模式最简单，中间环节最少。

很明显，每当中间环节增加、交互次数增多，厂商对渠道的控制力都会下降。以诺基亚为例，其直供占比仅为2成（2009年数据），大量销售都是通过多层级的分销结构产生的。而分销结构会有以下问题：

（1）摊薄利润：每一层分销都会获取一定的利润或佣金，使得最终向客户销售手机的门店利润被摊薄，销售意愿降低；

（2）零售价格不可控：由于层层分销，厂商对手机门店基本没有控制力，导致在最终渠道容易引起价格战，进一步压低手机门店的利润；

（3）串货难以管控：由于不同渠道获得商品存在价差（通过直销获得手机的门店必定比从分销商拿货的门店成本更低），导致串货的存在，这会使得渠道价格体系混乱、区域性的定向促销难以开展，同时，串货的出现也会扰乱区域零售价格，再次让手机门店受损；

（4）门店销售触点不可控：由于厂商对手机门店缺乏控制力，而多层分销又导致单机型的利润波动巨大，因此门店的主推品牌机型变化频繁，天生逐利的手机门店只会主推当前利润最高的机型，没有任何品牌销售的忠诚度。

正是上述的这些弊端，使得传统品牌厂商们在OPPO、VIVO腾飞的数年间原地踏步，甚至倒退千里。那OPPO和VIVO是如何异军突起的呢？

在互联网时代，OPPO和VIVO的快速发展并未依赖互联网，它们依然沿着传统厂商的路径耕耘线下分销渠道，但采用了与传统手机厂商不同的分销模式——深度分销。

深度分销，是厂家对于渠道网络运作参与程度很深的一种分销模式。在理想的消费品深度分销模式中，厂家需要做销售人员的管理、渠道网络的开发、销售门店的维护、陈列与促销的执行等主要工作，经销商只负责部分物流和资金流。

实际上，诺基亚等传统厂商也一直走在从传统分销向深度分销过渡的路上，例如诺基亚发明的省级直控经销商，对比传统分销商就是一种进步。但是，在手机行业里面，却从未有人像 OPPO 和 VIVO 一样，把深度分销做得这么彻底。

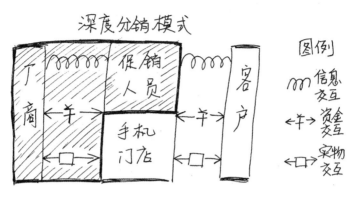

OPPO 和 VIVO 的深度分销模式

OPPO 和 VIVO 的分销渠道模式非常扁平，没有分销商、经销商，全部手机都由厂家直供给手机门店，让手机门店享受最大化的价差。

但是，如果只做到这一点，OPPO 和 VIVO 充其量只能成为渠道扁平化的佼佼者。它们做出的另一项重要变革是：建立起数万人的促销团队，并大量派驻进有实力的手机门店。

我们以 OPPO 在珠三角地区的布局为例，来说明它的促销团队和渠道覆盖是多么广泛。到 2015 年年中，OPPO 仅在广佛 6 市（广州、佛山、韶关、清远、肇庆、云浮）就有 3730 人的促销团队，紧密合作的直供门店达到 4276 家，渠道占有率超过八成，每月卖出将近 15 万台手机。

为何如此众多的手机店愿意跟 OPPO、VIVO 合作呢？我们从门店老板的角度分析：

（1）销售的便利性：门店老板只需向厂家订一定数量的货（通常是几十台）并提供销售柜台，OPPO 和 VIVO 就会派驻专业促销员负责销售，对于门店而言省去了大量员工管理、培训的工作；

（2）利润的保障：由于没有中间分销环节，价差均可以被门店获得；而厂家派驻促销员销售的方式，又可以保证所有门店均按厂家指导价销售并防止串货，价差不会因市场乱象而难以控制。

基于上述两点，门店老板觉得跟 OPPO、VIVO 合作，既省心又获利更多。而 OPPO、VIVO 也因此获得远超其他品牌的销售触点。如今，当你在二三线城市的手机店选购手机时，会发现大量的店员向你推荐 OPPO 及 VIVO 手机，原因就在于此。

相对于小米对重度发烧友的耕耘，OPPO 和 VIVO 的模式更加聚焦于二三线城市。

当小米电商在一线城市充分攫取互联网红利的同时，OPPO 与 VIVO 抓住二三线城市多数客户仍然在门店购机的习惯，通过深度分销成为市场霸主。2014 年的 VIVO 手机销量之中，二三线城市、县级城市占 60%，经济发达地区和省会城市占 40%。而这一局面，随着品牌的发展正在逐步改变，统治了二三线城市的 OPPO 和 VIVO，已经开始反攻北、上、广、深等一线城市。

谈起互联网冲击，VIVO 的 CMO 冯磊这样认为："线下传统的商业模式在进化，互联网电商不能很好地解决不擅长网购的乡镇市场，电商的成本不低，促使很多电商品牌也走线下渠道……电商利用时间差、低成本的优势对线下造成冲击，但迟早要回到线下，实现 O2O。线上品牌和电商新销售模式并未给 VIVO 带来冲击。"①

---

① 周伟婷. 冯磊：vivo 凭什么卖高价？[EB/OL]. (2014-09-09) [2016-03-02]. http://www.vmarketing.cn/index.php? mod=news&ac=content&id=7674.

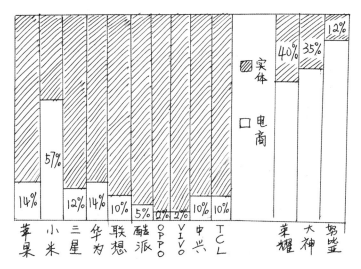

数据来源：赛诺市场趋势预测。

2014 年主要品牌电商/实体渠道销售结构

上面的数据图非常有意思。当小米逐步从互联网落到地面之时，当荣耀、大神、努比亚纷纷加入互联网直销战线之时，OPPO 和 VIVO 这一对手机市场的隐秘霸主却完全不为互联网所动，仍然精心构造着庞大的线下分销帝国（OPPO 另外成立了子公司"一加"，运营互联网手机品牌）。

可见，互联网直销，并不是通向成功的唯一道路。

高耸入云的"天猫大厦"

不知你是否想过，如果天猫是一座实体购物广场，它应该有多少层楼高呢？我们不妨一起推算一下。

2015 年，续约成功的天猫店铺数为 134167 家。① 假定我们买下一块占地

---

① 中国电子商务研究中心.【B2C 数据】2015 年续约成功的天猫店铺数为 134167 家 [EB/OL]. (2015-01-03)[2016-03-02]. http：//b2b. toocle. com/detail-6222036. html.

面积约 6 万平方米的土地，每层楼容纳 200 个商户，我们的"天猫大厦"至少需要 671 层，是世界最高建筑迪拜塔的 4 倍。如果按照层高 5 米计算，"天猫大厦"高度为 3355 米，从地面望上去，已经有一半在云层以上。当你走进这座 671 层的 Shopping Mall，你有精力把全部店铺看完吗？

如今的天猫与淘宝已经出现信息爆炸，2014 年财年天猫销售额是 5050 亿元①，甚至比深圳市 2014 年社会消费品零售总额还要高出 4％。消费者再也无法看完所有的商品，正如上一节所说，无法实现完全的信息交互。这时，卖方为了让商品信息到达客户面前，似乎只能花费大价钱在天猫首页上面投放广告了。其实，天猫还提供了另一个方案——天猫供销平台。也就是说，你可以在天猫和淘宝找到分销商。

前面我们论述过，当信息交互、资金交互、实物交互中的某方面出现问题时，分销渠道就有存在的意义。在天猫和淘宝上，分销商的作用就是解决信息交互问题。

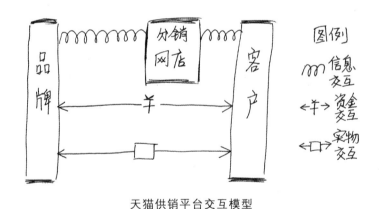

天猫供销平台交互模型

上面的交互模型图说明了天猫/淘宝的分销关系：为了让更多的客户接触到商品信息，品牌除了开设自己的天猫旗舰店以外，也利用众多网店进行商品

① 数据来自阿里巴巴招股书。

的分销，这些网店有的善于刷排行榜、有的拥有自己的 QQ 群熟客，总之这些网店可以找到一些特定的客户来购买商品。

不过，天猫/淘宝的分销，并不是线下分销商那样的购销，而是代销。分销网店只需要向客户推荐商品，如果客户下单购买，会由品牌方直接发货，货款也会直接交给品牌方（支付宝按照约定自动把其中一部分转给分销网店）。

目前天猫/淘宝的店铺类型主要分 4 种：

（1）旗舰店：每个品牌只能建立一个旗舰店，一般由品牌自己运营或者授权给最主要的代运营商运营，例如目前国内最大的互联网代运营商——宝尊电商，就负责了微软、耐克等品牌的天猫旗舰店代运营。

（2）专卖店：每个专卖店只能销售一个品牌的产品，但专卖店不一定是品牌自营，可以由品牌授权给其分销渠道运营，例如七匹狼男装的天猫专卖店有 100 多家，基本都是其分销商。

（3）专营店：专门经营某一品类的网店（例如化妆品、食物等），不限定销售的品牌，它们既可能自采货品进行购销（类似于传统分销商），也可能通过天猫供销平台进行代销。

（4）淘宝 C 店：在淘宝进行经营的小店，类似于线下的小门店，同样既有购销也有代销。

分销商可以给品牌带来好处，因此任何品牌都不会抗拒分销商。按照渠道结构的职能放弃理论，如果一个市场流通中间商比生产者执行一项职能的效率更高的话，后者就会把这项市场流通职能转移给前者。

天猫/淘宝的分销完全符合上述逻辑。在信息交互范畴，纳入大量网店作为分销商，可以有效将商品信息拓展到这些网店所拥有的细分市场，只要这种分销的成本比天猫的广告费更低，品牌商就会选择分销；而在资金交互和实物交互范畴，把这两部分职能交给网店并不能带来效率的提升，因此直接由品牌商负责。

从天猫供销平台的例子我们会发现，当许多人拿着互联网思维高喊"去中间商"时，作为互联网销售主战场的天猫/淘宝，已经广泛建立起一套互联网分销机制。

7.4　线上分销的崛起

强势的手游渠道商

2014 年到 2015 年年初，国内共计出现近 2 万款手机游戏，其中手机网游3600 款。[①] 中国手机游戏用户规模接近 5 亿人，每 3 个中国人中就有 1 个手机游戏玩家。[②]

就在这个令人兴奋、令人快乐的领域，短短 5 年间，发生了渠道结构的大变脸。在讨论手游行业的渠道结构变迁之前，我们得先简单说说这一领域的企业分工情况。

开发商：顾名思义，是把产品开发出来的企业；

发行商：负责游戏运营的企业，职责包括确定受众人群、制订推广计划及资源需求、产品预热、玩家营销等；

渠道商：通过自己所拥有的渠道，将游戏推广给客户，吸引他们下载。

还记得《愤怒的小鸟》吗？EA 子公司 Chillingo 发行的这款游戏于 2009年 12 月登陆苹果 App Store，到了 2010 年，其总下载量超过了 5000 万次。那

---

①　艾瑞咨询. 艾瑞咨询：2015 年中国移动游戏行业研究［EB/OL］.（2015-06-09）［2016-03-02］. http：//www. 199it. com/archives/354100. html.

②　引自中国音数协游戏工委（GPC）《2014 年中国游戏产业报告》。

一年，我们的身边有多少朋友沉浸在打绿猪的爽快感之中。那时，业内的观点是：移动互联网最火的是手游，手游行业最热的是发行。

在智能手机游戏不多、精品游戏更少的年代，一旦出现一款好的游戏，就很容易在客户群之中口口相传，就像《愤怒的小鸟》迅速爆红的故事一样。因此，那时的发行商最吃香，只要把国外的好游戏引进国内并发行，就能获得大量的客户。

从2012年开始，手机游戏井喷，事情正在发生变化，最直观地体现在发行商与渠道商的分成关系上。2012年，发行商与渠道商一般是五五分成，到了2013年年初，分成比例变成四六开，到了2013年年底，手游发行商已经被迫接受二八分成的合约。到现在，游戏渠道的分成费用已经增长了5倍以上。

原因其实很简单，游戏数量爆发式增长，仅凭游戏的高质量便能吸引众多粉丝争相下载的时代彻底过去。再好的游戏，如果没有合适的推广渠道，也只能被淹没在游戏的海洋。于是，发行商没落了，渠道商崛起了。

手游发行商有中国手游、触控、飞流、乐逗、昆仑、蜂巢等；手游渠道商有360、百度、腾讯、UC、小米、豌豆荚等。假定你不是一名重度手游发烧友，在上述名称中，你更熟悉的是发行商还是渠道商？显然是后者。

就在手游渠道商全面接管产业链的2013年下半年，有一款完全抛开渠道商的游戏横空出世，可以视为手游领域的直销案例。

2013年7月18日，盛大游戏发行的《扩散型百万亚瑟王》开始公测，瞬间引爆手游圈。这是一款日本著名游戏开发商SQUARE-ENIX操刀的超一流手机网游，并联合日本最热门的剧本家、画师、声优作为制作班底，早在进入国内之前，就已经在日本、韩国取得巨大成功，一直排在手游综合收入榜前列。

推出《扩散型百万亚瑟王》之前，盛大并未拥有太多手游发行及运营的经验，但是凭借多年的端游（电脑端网络游戏）运营资源及能力，盛大信心满满。因此，盛大选择了端游的推广方式：以铺天盖地的广告拉动客户，以实现群聚效应——短时间发展大量客户从而实现客户群的自我维持和发展。

盛大的营销攻势可谓精准而疯狂。

首先，是广告媒体的精准选择。《扩散型百万亚瑟王》是一款面向二次元动漫发烧友的游戏，因此盛大选择了匹配的平台和形式，例如 Acfun 及 Bilibili 弹幕视频网站、有妖气动漫、Cosplay（角色扮演）活动……或许二次元圈外人对这些平台及活动不甚了解，但对于圈内人而言，这些都是心目中的圣域，因此受众重合度较高，流失率也相比普通用户低很多。

其次，是广告资源的疯狂投放。据悉，《扩散型百万亚瑟王》首测当天，就投入了超过 200 万元的广告费，而在整个宣传过程中，其广告费总计超过 1000 万元。我们可以大致列举盛大购买的百万元级广告资源：微博手机客户端的进入页展示广告及微博话题广告栏；大量明星的微博宣传（快乐大本营五名主持人、波多野结衣、使徒子、叫兽易小星等）；Acfun 和 Bilibili 两大弹幕网站连续数月的广告；China Joy（国内最大的动漫展会）展览期间场馆附近的地铁广告……

精准的烧钱式营销效果非常显著，公测当天，《扩散型百万亚瑟王》的百度指数冲到接近 10 万，当晚 11 点正式冲入苹果 App Store 收入榜第二位，带动盛大股价当天上涨 17.79％。上线两周收入已高达 3000 万元人民币。[①]

然而，烧钱式营销是无法持续的，而游戏的运营需要有新客户的持续注入。由于手游行业的洗牌过快，预期中的短期的客户爆发式增长并未转化成客户群的自我维持。没有手游渠道商的常规推广，《扩散型百万亚瑟王》的关注度不断下降。2014 年上半年，开服之初的老玩家已经流失得所剩无几，而新

① 娄池. 盛大《百万亚瑟王》双周营收达 3000 万人民币 [EB/OL]. (2013-08-06) [2016-03-02]. http：//tech. qq. com /a /20130806 /011198. htm.

玩家却迟迟未来。

　　我们无法得知《扩散型百万亚瑟王》为盛大带来多少利润或亏损，但是有一点：2014 年盛大推出的《魔物狩猎者》《锁链战记》等新款游戏都没有继续《扩散型百万亚瑟王》的浩大声势。

　　盛大的"去中间商"策略，看上去并没有那么成功，手游渠道商们依然快乐地接管了产业链的核心。我们可以借助渠道权力理论来复盘这一过程。

　　渠道权力，指的是渠道成员的潜在影响力，当一名渠道成员可以迫使其他渠道成员去做它们原本不会去做的事情，前者就是渠道权力的拥有者。① 当手游渠道商迫使手游发行商将分成合约从五五分改成八二分时，说明手游渠道商对发行商拥有非常强的权力，也就是发行商对渠道商有依赖性。

　　渠道权力可以分为强制权与非强制权，前者是"我有权不跟你合作让你蒙受损失"的权力，后者则是借助奖赏、法律资质、感召力、专业能力等影响对方合作意愿的权力。

　　显然，在手游领域的权力转移中，双方转移的是强制权。在 2012 年之前，精品手游稀缺，发行商占据主导地位，如果发行商拒绝把精品手游放给渠道商分发，则渠道商将失去大量主动寻找并下载游戏的客户，并因此失去利润；在 2012 年以后，市面上手机游戏过多，精品手游本身难以吸引客户，必须依靠各大渠道平台引流，如果渠道商拒绝上架发行商的游戏，则发行商将失去大量客户。

　　当然，如今作为渠道权力的弱势方，发行商必定会千方百计改变这一现状，例如发展手游渠道商的替代品（如终端预装）甚至自己成为渠道商，又例如建立发行商联盟提升话语权……也许发行商的各种应对举措终将再次改

---

　　① 有兴趣深入了解渠道权力理论的读者，可以阅读斯特恩（Louis W. Stern）等人撰写的《营销渠道（第 7 版）》一书中"渠道权力"章节的论述。

变手游领域的渠道权力分配，但无论如何，目前的手游行业，仍是渠道商的天下。

低效率的微商分销

谈到互联网的中间商，一个不得不提的关键词就是微商。

2014 年，微商几乎刷遍了每个人的微信朋友圈，一夜之间，似乎每个人身边都有好多个朋友在微信卖东西。按照艾媒咨询统计，2014 年已有 914 万人参与到微商大军中[①]，大致与淘宝 C 店的总量持平。

坊间一直流传着这样的说法，2014 年的微商们，80％在卖面膜。我们假定这个说法过于夸大，并以 50％的微商在卖面膜进行估算，也有约 450 万个微商在卖面膜，这个数量是淘宝面膜店的 20 倍，俨然是一个面膜帝国。

我们来做一个不精确但数量级还算靠谱的测算。

市场调查机构英敏特集团（Mintel Group Ltd.）估算，2014 年中国面膜总交易金额为 65 亿元[②]，按照天猫销量前 10 名的面膜均价每盒 113.8 元计算，共计卖出 5600 万盒，按照化妆品类目三成左右的网购占比，再减去 1/3 的网购销量产生于 B2C 平台，留给 C2C 的市场还有 1120 万盒，也就是 12.7 亿元的销售额。

我们假定那 20 多万间可怜的淘宝 C 店一张面膜都没卖出去，或者这些淘宝店 100％都是微商们开的。这 450 万个微商，平均每人 1 年只卖出去不到 3 盒面膜！那一大堆依靠面膜发财、月入百万、买豪车、住豪宅的微商从业者们，你们在哪里？

---

① 艾媒咨询. 2014—2015 中国微商研究报告.

② Mintel 英敏特. 中国面膜市场年均增长 20％，预计于 2019 年达到 130 亿 [EB/OL]. (2015-04-28) [2016-03-02]. http：//mt. sohu. com /20150428 /n412030630. shtml.

另一方面，依靠微商进行销售的品牌们，却好像活得非常红火。看看微商面膜在各路新闻中的争相报道：

俏十岁 2014 年年销售额过 10 亿元；①

思埠 2015 年 1—3 月纳税额度高达 5000 万元；②

"叫我女王"面膜上市 2 月销量破 3 亿片；③

自（2014 年）9 月份建立以来，韩束微商的月平均销售额达到了 1 亿元。④

……

这些微商品牌卖出去的面膜总和，大概足够给全体地球人用几年吧。这些面膜到底卖到哪里去了？

让我们回到正常的商业逻辑，用数据和理论来分析这个诡异的"面膜帝国"。

目前关于微商的资料鱼龙混杂、数据真实度堪忧，甚至实地调研都难以获得准确数据，为了保证用于本节分析的数据相对公正客观，笔者选择 3 份相对客观中立的研究机构报告作为数据来源，并进行相互佐证，确保数量级上的可信度⑤，包括：艾媒咨询的《2014—2015 中国微商研究报告》、七星会新媒体研究院的《微商生存现状调查分析报告》、易观智库的《中国微商市场专题研究报告 2015》。

我们可以根据上述报告中的数据及主观判断，归纳出一些事实：

---

① 北京晨报. 五级面膜代理商也能利润翻倍［EB/OL］.（2015-01-12）［2016-03-02］. http：//bjcb. morningpost. com. cn/html/2015-01/12/content _ 329463. htm.

② 亿邦动力网. 思埠董事长发声：从没想做生产销售型企业［EB/OL］.（2015-04-11）［2016-03-02］. http：//www. ebrun. com/20150411/130699. shtml.

③ 中华网. "叫我女王"面膜上市 2 月销量破 3 亿创业届奇迹［EB/OL］.（2015-02-11）［2016-03-02］. http：//finance. china. com/fin/sx/201502/11/7581569. html.

④ 刘惜墨. 看韩束怎么用 3 个月将"微商"销售额做到上亿？［EB/OL］.（2015-02-11）［2016-03-02］. http：//www. iheima. com/project/2014/1210/148269. shtml.

⑤ 引用数据只采纳至 10%的数量级，如遇数据冲突，采用偏保守数据。

（1）微商代理层级极多：六成微商参与者处于三级以下代理，只有一成到两成的客户直接向公司取货，八成以上都是向代理商拿货。

（2）大部分微商代理并不具备销售能力：微商参与者大多从未涉足电商领域（八成）；这些人大量来自城乡接合部（三成）；月收入不高（七成低于3000元），且大多数未接受任何培训（八成）。从上述特征，我们可以认为，目前从事微商代理的大多数人，由于平均素质不高，并不具备销售商品并获利的能力。八成客户认为拓展客户很难，可以印证这一点。

（3）下线微商代理并未赚到钱：超过九成的微商月销售额不足1万元，同样，超过九成的微商月成交客户数不足10人。而且，八成客户对从事微商的经历表示不满意。结合八成以上都是向代理商拿货这一事实，我们有理由相信，除了直接拿货的总代理以外，其余微商代理几乎都不赚钱。

（4）微商代理可能存在大进大出现象：四成以上客户从事微商不足半年，超过一年的不足一成，结合第2点和第3点关于微商代理的销售能力差、并未赚钱的结论，有理由认为微商群体人员流动性较大，一部分人亏本退出，又有另一部分人加入进来。

（5）两成以上微商亏损退出：愿意囤货的微商参与者占四成，接受囤货的货价中位值在1000～5000元，结合大多数微商代理缺乏能力、并未赚钱、流失率大的结论，加上八成参与者对微商经历不满，可以估算至少有两成参与者是亏损退出。

（6）下线代理的滞销面膜总额至少超过5亿元：如果我们假定450万个面膜微商基本符合"四成微商愿意囤货"的推论，则有180万个微商是进行囤货销售，按照1000元计算每人的囤货进行估算，全年至少产生渠道面膜囤货18亿元。前述我们论证过，微商的年面膜销量不可能超过12.7亿元（即C2C的总销售额），因此必然存在5.3亿元以上的渠道滞销。

以上事实，一定程度上已经说明了"面膜帝国"——多层代理式的个人微商——的乱象。我们仍可以通过理论来解释多层级微商分销的乱象根源。

观点一：多层级的微商分销是低效率的。

新制度经济学认为，渠道作为一种制度安排，其结果应当使整个渠道系统的交易费用最小。当某一渠道结构的交易费用并非最小时，它就是低效率的，不具有竞争力。上面提到的交易费用，指的是渠道系统之中的各方在交易前后所产生的各种与此交易相关的费用，例如各级分销商的企业运营费用、客户搜索商品信息的时间费用、为了将货品送达客户手上而产生的物流费用等。

巴克林（Louis P. Bucklin）[①] 等人从渠道服务输出量（Service Output）的角度提出一个分析模型，将分销渠道理解为两个大的部分：商业子系统和最终消费者，商业子系统主要包括制造商、批发商和零售商。当商业子系统的服

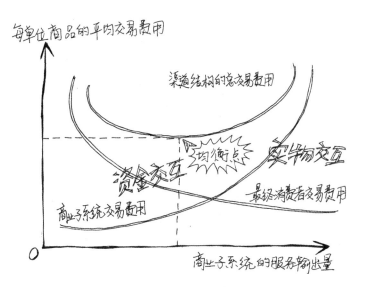

商业子系统与商品平均交易费用分析模型

---

① Louis P. Bucklin, Venkatram Ramaswamy & Sumit K. Majumdar. Analyzing Channel Structures of Business Markets via the Structure-output Paradigm [J]. *International Journal of Research in Marketing*, 1996（13）: 73—87.

务输出量越高（也就是提供越多的服务），则最终消费者购买商品所需的交易费用越低（例如信息搜寻成本、地理便利性成本等）。①

上图是巴克林等人所建立的经济学模型。当商业子系统的服务输出量不足时，系统内交易费用较低，可以用较低价格向客户提供商品，但是客户获得商品的难度过大，以至于销量不足；② 当商业子系统的服务输出量过高时，客户虽然购买方便，但由于系统内交易费用过高，抬高商品价格导致不具备竞争力，同样会销量不足。

我们可以以不同渠道的面膜售价为例，来分析多层级微商分销的效率。

电商直营面膜单片均价为 4.93 元，③ 而微商面膜品牌单片均价为 24.5 元。④

可以发现，微商面膜品牌的销售价格均高于电商直销品牌，且除了一叶子面膜以外，其他微商面膜的单片价格高达直销面膜的 4～8 倍。

如果我们认为目前的天猫旗舰店式直销属于有效率的渠道，那根据前述理论就可以认为多层级微商渠道属于低效率的渠道结构——过度的渠道服务费用

---

① 我们沿用前述的三个交互（信息交互、资金交互、实物交互）来细化解释：假定商业子系统拓展更多的实体门店或销售渠道（信息交互）、提供免费的分期付款服务（资金交互）、提供更广泛更快捷的送货服务（实物交互），那么该系统的服务输出量就越高，也代表着商业子系统需要支付的交易费用越高；但是，商业子系统提供的上述服务，让最终消费者节省了搜寻商品信息的费用、资金的占用成本、交付商品的等待费用及物流费用，因此最终消费者需要支付的交易费用减少了。

② 例如：我愿意以 3 元价格把这本书卖给你，但你必须自己来印刷厂取书。

③ 我们认为天猫旗舰店是电商直营渠道的显著代表，因此以天猫商城贴片式面膜的平均售价作为电商直营面膜的均价。统计方式为：以 2015 年 8 月 15 日为统计时点，在天猫商城单款面膜产品销量 TOP 50 名单中随机抽取 10 款，计算得出这些产品在品牌旗舰店的单片均价为 4.93 元。

④ 我们选择前面新闻提及的俏十岁、黛莱美（思埠）、叫我女王、一叶子（韩束）四个品牌在微商销售的品牌进行分析，并认为个人淘宝 C 店定价与微商定价有较大重合度。统计方式为：以 2015 年 8 月 15 日为统计时点，抽取上述四个品牌面膜各自在淘宝 C 店单款销量 Top 5，计算得出其单片均价为 24.5 元。

导致售价的飙升，这种低效率的结果是最终客户的购买量不足。

前文曾讲过"零售之轮假设"，此处同样适用。一个具有竞争力的新型零售业态，必须能够提供低成本、低价格的商品或服务，显然多层级微商分销不具备这一特征。

观点二：多层级微商分销的驱动力，来源于品牌商的无风险收益。

2004 年国内学者何全胜曾在《直销的本质》一书中，通过销售成本的测算证明了线下多层级分销是一种低效率的渠道结构。我们也可以借助前面多次提到的三个交互，从销售成本的角度论证互联网的多层级分销更加缺乏效率。

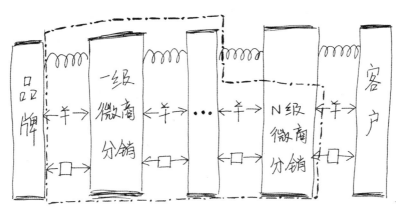

多层级微商分销交互模型

在上图的多层级微商分销交互模型中，出现了 $3 \times (N+1)$ 次交互，而每一次的交互都会带来成本，例如一级微商与二级微商之间的实物交互，至少要产生物流成本。对比本节前面所述的天猫供销平台模型，我们会发现这些无谓增加的交互环节，几乎没有带来多少价值。实际上，基于互联网的信息交互的便利性，图中虚线框之内的部分完全可以砍掉：只要让最终接触客户的 N 级微商分销直接对口品牌商、负责产品的代销即可。①

那么，为何多层级微商分销仍会如此盛行？因为这种模式对品牌商极为有利。同样在《直销的本质》一书中，何全胜基于"租佃理论"和信息经济学证明了这一点。简单而言就是：品牌商以"经销关系"向大量的微商参与者压货，将资金占用成本、滞销风险全部转嫁到个体微商身上，品牌商不必支付薪水、负担保险，部分品牌甚至把宣传费用也节省了下来；而微商们承担了宣传工作，完成从发现顾客、洽谈、送货、售后服务的整个销售过程。但是，大部分微商却只能获得低于社会平均水平的收入，乃至滞销亏损。

因此，对于采用多层级微商分销的品牌商来说，最好的策略并非优化产品、发展最终消费者，而是利用信息不对称来编织梦想，鼓动各级微商发展下线代理，通过乘数效应无限扩大微商代理总量，实现品牌商自身的无风险获利。

这时，传销的前提已经成立：以扩张金字塔式分销网络为核心，而非以发展最终消费者为核心。

观点三：多层级微商分销具有无限拓展分销结构的传销本质。

当金字塔式分销结构存在，且上级代理的销售报酬并非仅仅来自商品利润本身，而是更多来自于下线代理的数量时，便可以定义为传销。

通过前述分析，我们知道：由于渠道结构的低效率，多层级微商分销并不具有实现规模化销售的前提，事实上底层微商参与者也确实积压了大量的滞销

---

① 出于快速拓展分销商的考虑，部分品牌（例如手机流量充值服务商）会有二级微商拓展三级微商乃至多级微商，并让二级微商赚取一定差价。我们认为，在品牌发展初期，从拓展代理商角度而言，各级微商之间的信息交互确有一定价值；但长远而言，当三级微商已经直接与品牌商建立起顺畅的资金交互及实物交互关系时，三级微商与品牌商之间不再需要二级微商的存在，二级微商如果继续获得差价，将会无端抬高三级微商的成本，进而刺激N级微商选择投向竞争品牌。因此，为快速拓展分销商而存在的多级微商，仅能视为一种短期的渠道拓展奖励，并不具备长期运营的效率。

商品。在这种明显供大于求的情况下，上级代理的利润从何而来呢？

很明显，由于商品不具有价格优势（甚至大多不具有品牌优势），上级代理发展一批愿意囤货的微商下线的性价比，远高于拓展一批真实客户。而最终带着滞销商品退出的底层微商们，则必须为品牌商和上级代理的利润买单。

讨论至此，我们已经可以给"面膜帝国"一个明确的定性。如果一个面膜品牌满足以下所有条件：（1）主要通过多层级微商分销进行销售；（2）商品价格数倍于竞品，且难以确定其品质明显优于竞品；（3）微商代理热衷于发展下线而非发展客户；（4）大量底层微商代理拥有滞压商品，我们可以认定这个品牌属于传销。

那么，有没有符合商业逻辑的微商模式呢？答案是有的。不过其有一个特性：分销结构是单层级的，也就是你的微店可以直接向品牌商代销或购销。因为我们已经论述过，在互联网场景下多层级的微商分销并不具备效率优势，而单层级的微商在并未增加多少运营成本的情况下[1]，本身确实具备优于淘宝 C 店的特性：降低消费者的交易费用。

罗格·R. 贝当古（Roger R. Betancourt）在《零售与分销经济学》一书中认为消费者参与零售活动会遇到 6 种成本：时间成本、运输成本、调整成本（例如因缺货而改变原来的订购需求）、心理成本（购物过程的不快）、储存成本和信息成本。[2]

微商确实可以降低消费者的心理成本和信息成本。作为关系圈交互的微商，卖方与买方存在着一定程度的日常交往（至少买家可以通过朋友圈对卖家有一定了解），这使得客户购物的心理成本适度降低；而微商通过朋友圈分享信息的销售模式，将"客上我门"的淘宝 C 店销售模式转变为"我上客门"，

---

① 相对淘宝 C 店的直接分销而言，只是多发几条朋友圈，多跟客户进行沟通。

② 罗格·贝当古. 零售与分销经济学 [M]. 北京：中国人民大学出版社，2009：20—23.

并作为商品领域的专业者为客户提供建议，也可以减少客户的信息成本。

例如，微信朋友圈的代购型微商就有存在的合理性。作为代购者，微商承担起买手的专业职责：深入了解特定商品领域、寻找并获得物美价廉的货源，从而使得购买者可以从价格、品质、心理感知等各方面获益。又例如京东微店等平台，正在提供类似于天猫供销平台的单层级分销，也是一种合理的商业模式。

不断壮大的中间商

当互联网思维的脑残粉们高喊着"去中间商"之时，我们需要清醒地看到，互联网已经产生了大量的中间商，并发生着各种类似于传统领域的渠道变化，例如渠道权力的更替，又例如传销。

互联网及物流的发展，确实使交易过程的各种交互变得更加便捷，也使得渠道结构更加扁平化。但是，只要我们身处信息爆炸的时代，"信息搜寻成本"这一魔障就会一直伴随着我们。

而中间商，常常可以帮我们在一定程度上消除魔障。

图书在版编目(CIP)数据

别再迷恋互联网思维 / 陶旭骏等著. —杭州：浙江
大学出版社，2016.6

　ISBN 978-7-308-15830-5

　Ⅰ.①别… Ⅱ.①陶… Ⅲ.①互联网络—应用—企业
管理—研究 Ⅳ.①F270.7

　中国版本图书馆 CIP 数据核字（2016）第 101004 号

别再迷恋互联网思维

陶旭骏　等　著

策　　划	杭州蓝狮子文化创意股份有限公司
责任编辑	杨　茜
责任校对	杨利军
出版发行	浙江大学出版社
	（杭州市天目山路 148 号　邮政编码 310007）
	（网址：http://www.zjupress.com）
排　　版	杭州林智广告有限公司
印　　刷	杭州钱江彩色印务有限公司
开　　本	710mm×1000mm　1/16
印　　张	18.25
字　　数	248 千
版 印 次	2016 年 6 月第 1 版　2016 年 6 月第 1 次印刷
书　　号	ISBN 978-7-308-15830-5
定　　价	49.00 元
